東洋古典百選 · 12

內 訓

昭惠王后 韓氏

李 民 樹 譯解

一信書籍出版社

내훈(內訓)

차례

책머리에 ········ 5

내훈 서(內訓序) ········ 9

제1권

제1 언행장(言行章) ········16

제2 효친장(孝親章) ········44

제3 혼례장(昏禮章) ········69

제2권

제4 부부장(夫婦章) ········80

  1. 상편(上篇) / 80

  2. 하편(下篇) / 116

제3권

제5 모의장(母儀章) ······164

제6 돈목장(敦睦章) ······190

제7 염검장(廉儉章) ······201

발문(跋文) ······215

● 책머리에

모두 3권 4책 7장으로 된 내훈(內訓)은 소혜왕후(昭惠王后) 한씨(韓氏)가 펴낸 책이다.

소혜왕후(1437~1504)는 추존왕(追尊王) 덕종(德宗)의 비(妃)로서, 본관은 청주이며 좌의정 한 확(韓確)의 따님이다. 1455년(세조 1년)에 수빈(粹嬪)에 책봉되었고, 아들 성종(成宗)이 즉위한 후 1471년(성종 2년)에 인수대비(仁粹大妃)로 추봉(追封)되었다가, 1504년에 소혜로 개봉(改封)되었다.

불교에도 조예가 깊어 범(梵)·한(漢)·국(國), 삼자체(三字體)로 쓴 불서(佛書)가 유명했으며, 특히 부녀자의 예의범절을 가르치기 위한 교양의 지침서라 할 수 있는 내훈이야말로 그의 진가를 나타내는 결정(結晶)이라 하겠다.

소생(所生)은 성종, 월산대군(月山大君), 명숙공주(明淑公主)가 있고, 능은 광주(廣州) 경릉(敬陵)이다.

이 책의 내용을 살펴 보면, 첫머리에 실린 저자의 서문으로 시작하여,

제1권의 1장은 언행장(言行章)으로, 여자의 말과 행동의 중요함에 대해서 말하고 있는데, 여기에는 이씨여계(李氏女戒)·곡례(曲禮)·소의(少儀)·논어(論語)·예기(禮記)·여교(女教)·맹자(孟子)에서 뽑은 말들을 실었고,

2장은 효친장(孝親章)으로, 시부모에의 효도에 대해서 말하고 있으며, 여기에는 여교·내칙(內則)·곡례·예기에서 간추린 말들이 실려 있다.

3장은 혼례장(昏禮章)으로, 혼인의 소중함과 혼인에서 행하는 예절 등에 대해서 말하고 있으며, 여기에는 혼의(昏儀)·예기·사혼례(士昏禮)에서 뽑은 말들이 실려 있다.

다음 제2권의 4장은 부부장(夫婦章) 상하(上下)로, 상에서는 남편과 아내 사이의 도리에 대해서 가르치고 있는데, 여기에는 여교·방씨(方氏)여교·안씨가훈(顏氏家訓)에서 뽑은 말들을 실었으며, 하에서는 주로 안씨가훈에서 간추린 말들을 실었다.

제3권의 5장은 모의장(母儀章)으로, 어머니의 자식에 대한 도리에 대해서 쓰고 있으며, 여기에는 내칙·방씨여교에서 뽑은 말들이 실려 있다.

6장은 돈목장(敦睦章)으로, 동서 사이와 일가 친척간의 우애와 돈목에 대해서 말하고 있는데, 여기에서는 주로 여교 중에서 뽑아 쓰고 있으며,

7장 염검장(廉儉章)에서는 인간의 삶은 깨끗하고 소박한 것이 아름다우니 청렴과 검소에 힘쓰라고 가르치고 있는데, 여기에는 주로 여교에서 뽑은 말들이 실려 있다.

그리고 끝으로 상의(尚儀) 조씨(曹氏)의 발문(跋文)이 있다.

이상과 같은 내용의, 여인으로서의 교훈 일반에 대해 가르치고 있으나, 이 책이 주는 교훈 중에는 물론 지금 사회에 그대로 통응(通應)되기 어려운 부분도 다분히 있으리라고 본다. 그러나 이 글이 가

르치는 교훈의 본질적인 뜻을 마음 속에 담고 그러한 정신을 바탕으로 행동한다면, 교양 있는 여성으로 성장함에 있어 보다 큰 도움이 되리라 믿는다.

이 책의 번역은 규장각본(奎章閣本)을 원본으로 삼았고 번역은 되도록 이해하기 쉽도록 하기 위해 힘썼으며, 주해(註解)를 많이 달아 읽는 이의 편의를 도모하였다.

끝으로 이 책이 나오기까지 많은 도움을 주신 일신서적출판사 여러분께 감사를 드린다.

1987년 2월

—— 因樹山莊에서

내훈 서(內訓序)

범인지생 품천지지령 함오상지덕① 이무옥석
凡人之生이 稟天地之靈하고 含五常之德하여 理無玉石

지수 이유란애지이 하 즉재어수신지도 진여
之殊거늘 而有蘭艾之異는 何오. 則在於修身之道를 盡與

미진의
未盡矣니라.

주문지화② 익광어태사지명③ 초장지패④⑤ 다재어번
周文之化는 益廣於太姒之明하고 楚莊之覇는 多在於樊

희지력⑥ 사군사부 숙승어차
姬之力이니 事君事夫가 孰勝於此리오.

여독서 이지어달기지소⑦ 포사지총⑧ 여희지읍⑨
余讀書에 而至於妲己之咲와 褒姒之寵과 驪姬之泣과

비연지참⑩ 미상불폐서한심
飛燕之讒하여는 未嘗不廢書寒心하노라.

유차관지 치란흥망 수관부주지명암 역계부
由此觀之컨대 治亂興亡이 雖關夫主之明闇이나 亦繫婦

인지장부 불가불교
人之臧否하니 不可不教니라.

대저남자 유심어호연 완지호중묘 자별시비
大抵男子는 游心於浩然하며 玩志乎衆妙하여 自別是非

10

하여 可以持己니 何待我教而後에 行也리오.

女子는 不然하여 徒甘紡績之粗細하고 不知德行之迫雲하나니 是余之日恨也라.

且人이 雖素淸通이나 不見聖學하고 而一旦遽貴면 則是沐猴而冠⑪이며 面牆而立⑫이라. 固難立之於世하고 語之於人이니 聖人謨訓이 可謂千金不償矣로다.

且事有難易하니 孟子曰 挾泰山⑬하고 以超北海를 語人曰 我不能이라 하면 是誠不能也거니와 爲長者折枝를 語人曰 我不能이라 하면 是는 誠不能也거니와 爲長者하여 折枝를 語人曰 我不能이라 하면 是는 不爲也인저 非不能也라 하니 爲長者折枝는 易하고 挾泰山하고 超北海는 難하니 由此觀之컨대 修身之道는 非若等의 所難也니라.

堯舜⑭은 天下大聖이시나 而子有丹朱商均하니 嚴父孜訓之前에도 尙有不淑之子커늘 況余는 寡母라 能見玉心之婦耶아. 是以로 小學 烈女 女敎 明鑑이 至切且明이나

이 권 질   파 다   미 이 가 효   자 취 사 서 지 중   가 요
而卷帙이   頗多하여   未易可曉일새   玆取四書之中에   可要

지 언   저 위 칠 장   이 리 여 등
之言하여   著爲七章하여   以釐汝等하노라.

오 호   일 신 지 교   진 재 어 사   일 실 기 도   수 회
嗚呼라   一身之敎가   盡在於斯하니   一失其道면   雖悔인들

가 추   여 등   명 신 각 골   일 기 어 성   명 감
可追리오.   汝等은   銘神刻骨하여   日期於聖하라.   明鑑이

소 소   가 불 계 여   성 화   을 미   맹 동   유 일
昭昭하니   可不戒歟아.   成化 乙未 孟冬 有日.

대체로 사람이 태어나는 것은 천지의 신령스러운 기운을 타고 나며 다섯 가지의 떳떳한 덕을 갖게 되어 그 이치는 옥과 돌이 다를 것이 없는데 난초와 쑥이 다른 것은 무슨 까닭인가? 그것은 몸을 닦는 도리를 다하고 못한 데에 있는 것이다.

주(周)나라 문왕(文王)의 교화는 태사(太姒)의 밝음 때문에 더욱 빛이 났고, 초(楚)나라 장왕(莊王)이 패도(霸道)를 이룬 것은 번희(樊姬)의 힘이 컸었다. 그러니 임금을 섬기고 남편을 섬기는 데에 누가 이들보다 낫다고 할 것인가?

내가 글을 읽다가 달기(妲己)의 미소와 포사(褒姒)의 총애와 여희(驪姬)의 눈물과 비연(飛燕)의 참소에 이르러서는 일찍이 책을 덮고 한심해하지 않을 수 없었다.

이것으로 볼 때 한 나라의 치란(治亂)과 흥망(興亡)은 비록 임금의 어질고 우매함에 관계되지만 또한 부인의 선악(善惡)에도 매어 있는 것이니 이를 가르치지 않을 수 없다.

대체로 남자는 넓은 곳에서 마음을 단련하고 뜻을 오묘한 데에 두어 스스로 옳고 그른 것을 구별하여 자기 몸을 간직하는 것이니, 어찌 나의 가르침을 기다리겠는가?

그러나 여자는 그렇지 않아서 한갓 길쌈의 굵고 가는 것만을 달갑게 여기고 덕행(德行)의 높음을 알지 못하는 것이니 이것이 내가 날로 한스럽게 여기는 바이다.

12

또한 사람이 비록 본래부터 맑게 통한다고 하지만, 성인(聖人)의 학문을 보지 못하고 하루 아침에 갑자기 귀하게 되면 이는 원숭이에게 의관을 갖추어 준 것이나 담을 향해 서 있는 것과 같아서 진실로 세상에 서기가 어렵고 남들과 이야기하기도 어려운 것이니, 성인의 지모와 교훈은 천금으로도 살 수 없다고 할 것이다.

또 일에는 어려운 것과 쉬운 것이 있다. 맹자(孟子)가 말하기를 "태산(泰山)을 옆에 끼고 북해(北海)를 뛰어 건너는 것을 '나는 할 수 없다'라고 하면 이는 진실로 할 수 없기 때문이지만, 어른을 위해 나뭇가지를 꺾는 것을 '나는 할 수 없다'라고 하면 이는 하지 않는 것이지 할 수 없는 일은 아니다."라고 했다.

어른을 위하여 나뭇가지를 꺾는 것은 쉬운 일이지만 태산을 끼고 북해를 건너 뛰는 것은 어려운 일이니, 이것으로 본다면 몸을 닦는 도리는 너희들에게 있어서 어려운 일이 아니다.

요(堯)와 순(舜)은 천하의 큰 성인으로서 그들에게는 각각 단주(丹朱)와 상균(商均)이라는 아들이 있었는데, 엄한 아버지가 부지런히 가르치는 앞이었건만 오히려 어질지 못한 아들들이었다. 하물며 나는 과부로서 어찌 옥 같은 며느리를 볼 수 있으랴?

그런 까닭에 소학(小學) · 열녀(烈女) · 여교(女教) · 명감(明鑑) 같은 책들이 지극히 간절하고 분명했지만 권수(卷數)가 자못 많아서 쉽게 알기가 어려우므로, 이에 사서(四書) 중에서 중요한 말을 뽑아서 7장(章)으로 저술하여 너희들에게 주노라.

아아! 한 몸에 대한 가르침이 모두 여기에 있으니 한번 그 도리를 잃으면 아무리 후회해도 어찌 좇을 수 있으랴? 너희들은 이를 마음에 새기고 뼈에 새겨서 날마다 성인이 되기를 기약하라. 밝은 거울은 더욱 뚜렷이 비치는 것이니, 어찌 경계하지 않으랴?

성화(成化), 을미(乙未), 맹동(孟冬: 음력 10월) 일에.

註解

1. **五常之德** : 오상(五常)은 오륜(五倫)이라고 풀기도 하고 또는 사람이 항상 지켜야 할 다섯 가지 도리로서 곧 인(仁) · 의(義) · 예(禮) · 지(智) · 신(信)으로도 푼다. 또 부의 (父義) · 모자(母慈) · 형우(兄友) · 제공(弟恭) · 자효(子孝)로도 푼다.

2. **文王** : 주나라 무왕(武王)의 아버지. 성은 희(姬), 이름은 창(昌). 은(殷)나라 주왕(紂王) 때 서백(西伯)이 되어 인자하게 백성을 다스렸고, 주왕(紂王)이 포악하므로 제후들이 모두 서백을 좇아 군주(君主)로 받들었음. 뒤에 그의 아들 무왕이 은나라를 멸망시키고 즉위하자 문왕이라 시호를 추증하였음.

3. **太姒** : 주나라 문왕(文王)의 비(妃)이며 무왕의 어머니. 이 책 모의장에 나온다.

4. **楚莊王** : 초나라 임금으로 패업(覇業)을 이루어 국력을 길렀음. 오패(五覇)의 한 사람.

5. **覇道** : 무력에 의해서 나라를 세우는 길.

6. **樊姬** : 초나라 장왕(莊王)의 비(妃). 이 책 부부장에 나온다.

7. **妲己** : 은(殷)나라 주왕(紂王)의 비(妃). 달은 자이고 기는 성임. 주왕을 도와서 포학한 일을 했고 음락(淫樂)에 빠졌음. 무왕은 주(紂)를 정벌하고 달기의 머리를 베어 깃대에 매달았다고 한다.

8. **褒姒** : 주나라 유왕(幽王)의 총희(寵姬). 포(褒)는 나라 이름이며 사(姒)는 그의 성으로 포나라 사람이 바친 여자임. 평소에 잘 웃지 않는 그녀의 웃음을 보기 위하여 유왕은 일부러 봉화를 올리게 했다. 이 봉화를 보고 모든 제후들이 여기저기에서 허둥대고 달려오니 이것을 보고 포사는 배를 쥐고 웃었다. 그러나 그 뒤에 정작 병란이 일어나 봉화를 올렸으나 제후들은 또 속는 것으로 알고 움직이지 않아서 유왕은 죽고 포사는 포로가 되었다.

9. **驪姬** : 진(晋)나라 헌공(獻公)의 비(妃). 헌공이 여융(驪戎)을 공격했을 때 얻은 여융(女戎)의 여인. 그의 아들 해제(奚齊)를 왕위에 앉히기 위하여 태자 신생(申生)을 죽였음.

10. **飛燕** : 전한(前漢) 성제(成帝)의 황후인 조씨(趙氏)의 호로 절세미인이었음. 미천한 태생이었으나 가락에 능하고 아름다워서 여동생 합덕(合德)과 함께 성제의 후궁이 되어 총애를 받았다. 그러나 중간에 합덕은 총애를 다투던 끝에 자살했고 비연도 성제가 죽은 뒤에 평제(平帝)에게 내침을 받아 자살했다.

11. **沐猴而冠** : 원숭이가 의관을 갖추면 외모는 사람 같지만 마음은 원숭이처럼 예의를 모른다는 것을 냉소한 말. 즉 옷은 훌륭하나 마음은 사람답지 못함을 가리킴.

12. **面牆** : 담을 면하고 있는 것처럼 식견이 좁고 답답함을 말함.

13. **泰山** : 산 이름으로 중국 오악(五嶽)의 하나. 여기에서는 높고 큰 산을 말함.

14. **堯舜** : 중국 고대의 성군(聖君)이었다고 전해지는 요임금과 순임금.

제 1 권

제 1 언행장(言行章)

제 2 효친장(孝親章)

제 3 혼례장(昏禮章)

제1 언행장(言行章)

이씨여계 왈 장심 위정 출구 위어 언어자
李氏女戒에 曰 藏心이 爲情이요 出口 爲語니 言語者는

영욕지추기 친소지대절야 역능리견합이 결원흥
榮辱之樞機요 親疎之大節也니 亦能離堅合異하며 結怨興

수 대자 즉복국망가 소자 유육친① 이간
讐라. 大者는 則覆國亡家하고 小者는 猶六親을 離間이라.

시이 현녀근구 공초치방 혹재존전 혹거한
是以로 賢女謹口는 恐招恥謗이니 或在尊前이나 或居閑

처 미상촉응답지어 발첨유지언 불출무계지사
處에 未嘗觸應答之語하며 發諂諛之言하며 不出無稽之詞

불위조희지사 불섭예탁 불처혐의
하며 不爲調戲之事하며 不涉穢濁하며 不處嫌疑니라.

〈이씨 여계(李氏女戒)〉에 이르기를,

마음속에 감추어진 것이 정(情)이며 입 밖에 나오는 것이 말이니, 말이란 영화와 굴욕의 중요한 기관이며 친밀하고 소원한 것의 중요한 마디가 되는 것이다. 또한 능히 굳었던 것을 풀어 주기도 하고 서로 다른 사이를 하나로 합치게도 하며 또는 원한을 맺고 원수가 되게도 한다. 그리하여 크게는 나라를 뒤엎고 집안을 망치기도 하고, 작게는 육친(六親)의 사이를 이간(離間)시켜 멀어지게 한다.

이 때문에 어진 여자들이 입을 조심하는 것은, 수치스러운 일이나 남의 비방을 불러들일까 두려워서인 것이다. 그래서 혹 어른 앞에 있을 때나 한가로운 곳에 있을 때를 막론하고 남에게 거슬리는 말이나 아첨하는 말을 하지 않는다. 또한 근거없는 경솔한 말을 입 밖에 내지 않으며, 장난삼아 회롱하는 일을 하지 않고 더럽고 흐린 곳에 가지 않으며, 혐의받을 곳에 몸을 두지 않는다.

註解 ～～～～～～～～～～～～～～～～

1. **六親**: 부·모·형·제·처·자의 여섯 사람의 친족

곡 례① 왈 공 식 불 포 공 반 불 택 수② 무 박
曲禮에 曰 共食에 不飽하고 共飯에 不澤手하며 毋搏

반③ 무 방 반④ 무 류 철⑤ 무 타 식⑥ 무 설 골
飯하며 毋放飯하며 毋流歠하며 毋咤食하며 毋齧骨하며

무 반 어 육 무 투 여 구 골 무 고 획 무 양 반⑦
毋反魚肉하며 毋投與狗骨하며 毋固獲하며 毋揚飯하며

반 서 무 이 저 무 탑 갱⑧ 무 처 갱⑨ 무 자 치
飯黍에 毋以箸하며 毋嚃羹하며 毋絮羹하며 毋刺齒하며

무 철 해 객 처 갱 주 인 사 불 능 팽 객 철 해
毋歠醢이니 客絮羹이거든, 主人이 辭不能烹하고 客歠醢

거든 주 인 사 이 구 유 육 치 결 건 육 불 치
거든 主人이 辭以窶하며 濡肉을 齒決하고 乾肉을 不齒

결 무 최 적
決하며 毋嘬炙이니라.

〈곡례(曲禮)〉에 이르기를,

여럿이 함께 음식을 먹을 때에는 배부르게 먹지 말고 함께 밥을 먹을 때에는 손으로 먹어서는 안 된다. 밥을 움켜다가 먹지 말며 먹던 밥을 버리지 말며 소리를 내어 들이마시지 말며 쩝쩝 소리를 내어 먹지 말며 뼈까지 갈아 먹지 말 것이다. 먹던 생선이나 고기를 도로 그릇에 놓지 말며, 먹고 난 뼈다귀라도 함부로 개에게 던져 주지 말 것이다.

음식을 더 먹으려고 억지를 부리지 말며 밥이 뜨겁다 하여 불어서 먹지 말며 기장밥을 먹을 때는 젓가락으로 먹지 않는다. 국을 건더기째 들이마시지 말며 국그릇에 간을 맞추지 말며 이를 쑤시지 말며 젓국을 들이마시지 말 것이다.

주인이 보는 앞에서 손님이 국그릇에 간을 맞추어 먹거든 주인은 국의 간을 맞추지 못한 것을 사과한다. 만일 손님이 젓국을 들이마시거든 주인은 젓갈의 맛이 싱거운 것을 사과한다.

젖은 고기는 이로 끊어서 먹고 마른 고기는 이로 끊어서 먹지 말며 불고기는 한 입에 집어 넣지 말 것이다.

註解

1. **曲禮**: 예기의 편명(篇名). 몸가짐의 상세한 예식(禮式)이 기록되어 있음.
2. **不澤手**: 택(澤)은 택(擇)과 같이 쓰이어 손을 대지 않는다는 뜻이다.
3. **搏飯**: 밥을 움켜다가 먹는 것.
4. **放飯**: 남은 밥을 밥통 속에 쏟아 넣는 것. 이렇게 볼 때 밥을 버린다는 뜻이 되지만 한편 방(放)을 '크다'는 뜻으로 보면 크게 떠다가 많이 먹는다는 뜻이 되기도 한다.
5. **流歠**: 소리를 내어 들이마심. 이 방반(放飯)과 유철(流歠)은 예의에 어긋나는 식사법이라고 한다.
6. **咤食**: 쩝쩝 소리를 내어 입맛을 다시면서 먹음.
7. **揚飯**: 밥을 입으로 불어서 김을 냄.
8. **嚃羹**: 국을 건더기째 크게 들이마심.
9. **絮羹**: 국에 간을 맞춤.

남녀부잡좌
男女不雜坐하며 부동이가
不同椸枷하며 부동건즐
不同巾櫛하며 불친수
不親授하며

수숙
嫂叔이 불통문
不通問하며 제모①
諸母 불수상
不漱裳하며 외언
外言이 불입어곤
不入於梱하고

내언
內言이 불출어곤
不出於梱이니라. 여자허가영②
女子許嫁纓커나 비유대고
非有大故면

불입기문
不入其門하며 고자매
姑姊妹와 여자자
女子子가 이가이반
已嫁而反이거든 형제
兄弟

불여동석이좌
弗與同席而坐하며 불여동기이식
弗與同器而食이니라.

　남자와 여자는 한데 섞여 앉지 않으며 같은 횃대에 옷을 걸지 않으며 수
건과 빗을 함께 쓰지 않으며 친히 물건을 주지 않는다.
　형수와 시동생끼리는 서로 왕래하거나 문안하지 말며 제모(諸母)에게는
속옷을 빨게 하지 않는다.
　밖에서 하는 말이 문지방 안에 들어오지 않게 하며 안에서 하는 말이 문
지방 밖에 나가지 않게 한다. 여자가 시집을 갔으면 커다란 연고가 없는
한 친정의 문에 들어서지 않으며, 고모(姑母)와 손위 누이와 손아래 누이
그리고 그 딸들이 이미 시집을 갔다가 돌아왔을 때에는 남자형제와 자리를
같이 하여 앉지 않으며 한 자리에서 식사하지 않는다.

註解

　1. 諸母 : 서모(庶母)들, 고모들.
　2. 嫁纓 : 시집간다는 뜻으로 영(纓)은 자개를 꿰어 만든 목걸이. 여자가 이 목걸이를 치
　　　장하면 이미 시집갈 곳이 정해진 것을 뜻하게 됨.

　　등 성 부 지　　　　성 상 불 호　　　　장 적 사　　　　구 무 고
　　登城不指하며　城上不呼하며　將適舍할 때　求毋固하며

　장 상 당　　　　성 필 양　　　　호 외　　　유 이 구　　　　언 문 즉 입
　將上堂이거든　聲必揚하며　戶外에　有二屨거든　言聞則入하고

　언 불 문 즉 불 입
　言不聞則不入이니라.

　　장 입 호　　　　시 필 하　　　　입 호　　　　봉 경　　　시 첨
　　將入戶할 때　視必下하며　入戶하여서는　奉扃하며　視瞻을

　무 회　　　　호 개　　　　역 개　　　　호 합　　　　역 합　　　유 후 입
　毋回하며　戶開거든　亦開하고　戶闔이거든　亦闔하되　有後入

　자　　　합 이 물 수　　　　무 천 구　　　　무 적 석　　　　구 의 추 우
　者거든　闔而勿遂니라.　毋踐屨하며　毋踖席하며　摳衣趨隅

　　　필 신 유 락
　하여　必愼唯諾이니라.

　성(城) 위에 올라가서는 손가락질을 하지 않으며 성 위에서는 소리쳐 부
르지도 않는다. 남의 집에 가서는 자기 고집대로 하지 않으며, 장차 방에

오를 때에는 반드시 소리를 내어 알리며 문 밖에 신이 두 켤레가 있을 때는 안에서 말소리가 들리거든 들어가고 말소리가 들리지 않으면 들어가지 않는다.

　장차 방에 들어갈 때는 눈을 반드시 아래로 하며 방에 들어가서 문을 닫을 때는 공손히 닫고 두리번거리지 않는다. 문이 열려 있으면 그대로 열어 두고 닫혀 있으면 그대로 닫아둔다. 또 뒤에 들어오는 사람이 있으면 닫기는 닫아도 꼭 닫지 않는다. 남의 신을 밟지 말며 남이 앉아 있는 자리를 밟고 넘어가지 않는다. 방에 들어서면 옷을 여미면서 구석자리로 가며 대답을 할 때는 반드시 삼가하여 '예 !'라고 한다.

범시 상어면 즉오 하어대 즉우 경즉
凡視를 上於面이면 則敖하고 下於帶면 則憂하고 傾則

간
姦이니라.

　대체로 시선을 얼굴 위에 두면 거만하게 보이고, 허리띠보다 내려가게 하면 근심스러워 보이며, 너무 기울이면 간사하게 보인다.

무불경 엄약사① 안정사 안민재 오불가
毋不敬하며 儼若思하며 安定辭면 安民哉인저. 敖不可

장 욕불가종 지불가만 낙불가극
長이며 欲不可從이며 志不可滿이며 樂不可極이니라.

현자 압이경지 외이애지 애이지기악
賢者는 狎而敬之하며 畏而愛之하며 愛而知其惡하며

증이지기선 적이능산 안안이능천 임재
憎而知其善하며 積而能散하며 安安而能遷하느니라. 臨財에

무구득 임난 무구면 한무구승 분무구다
毋苟得하며 臨難에 毋苟免하며 狠毋求勝하며 分毋求多

의사 무질 직이물유
하며 疑事를 毋質하며 直而勿有니라.

모든 행동은 공경스럽지 않으면 안된다. 태도가 근엄하면 생각이 깊어 보이고 하는 말이 안정되어 있으면 사람들의 마음을 편안하게 해 준다. 오만한 태도를 길러서는 안되며 욕심은 좇을 것이 아니다. 뜻은 만족하게 채워서는 안되며 즐거움은 극도에 달해서는 안된다.

어진 사람은 친한 사이일수록 공경하며 두려워하는 사람도 사랑한다. 내가 사랑하는 사람이라도 그 악한 점을 알아야 하고, 미워하는 사람이라도 그 착한 점을 알아야 한다. 재물은 쌓아두었어도 풀어서 남을 구제할 줄 알며 편안한 것을 편안히 여기면서도 옮길 줄 알아야 한다. 재물에 대해서는 구차히 이를 얻으려고 하지 말며 어려운 일을 당했을 때는 이를 구차히 면하려고 하지 말아야 한다. 남과 싸우는 데는 꼭 이기려고 하지 말며 물건을 나누는 데는 많이 가지려고 하지 말아야 한다. 의심스러운 일을 당해서는 구태여 밝히려고 하지 말며 이미 옳게 이루어진 일을 가지고 여러 말을 하지 말 것이다.

註解

1. **儼苦思** : 여기의 엄(儼)은 점잖고 엄숙한 모양. 이러한 태도를 가지면 깊은 생각이 있어 보이게 마련이다.

少儀에 曰 侍燕於君子하되 則先飯而後已하며 毋放飯하며 毋流歠하며 小飯而亟之하며 數噍하며 毋爲口容이니라.

〈소의(少儀)〉에 이르기를,

편안한 자리에서 어른을 모시고 식사를 할 때에는 먼저 맛을 보고 뒤에는 그렇게 하지 않는다. 밥을 흘리면서 먹지 말며 국물을 훌쩍거리고 마시지 않는다. 조금씩 입에 넣고 빨리 삼키며 자주 씹어 입 속이 가득차게 하지 말아야 한다.

註解

1. **少儀** : 예기의 편명.
2. **先飯** : 어른이 들기 전에 먼저 맛을 봄.

불규밀   불방압   부도구고   불희색   무발
不窺密하며   不旁狎하며   不道舊故하며   不戲色하며   毋拔

래①   무보왕②   무독신   무순왕   무측미지
來하며   毋報往하며   毋瀆神하며   毋循枉하며   毋測未至하며

무자의복성기   무신질언어
毋訾衣服成器하며   毋身質言語니라.

남의 비밀을 엿보지 않으며 남과 허물없는 사이처럼 굴지 말며 옛친구
의 일을 말하지 않는다. 남을 놀리는 것같은 빛을 하지 말며 급히 갔다가
급히 오지 말며 귀신을 업신여기지 말며 그릇된 것을 좇지 말며 아직 오지
도 않은 일을 미리 추측하지 말라. 이미 만들어진 의복이나 그릇에 대하여
헐뜯지 말며 내 몸으로 말을 대신하지 말라.

註解

1. 毋拔來 : 발(拔)은 빠르다는 뜻으로 푼다.
2. 毋報往 : 보(報)도 빠르다는 뜻으로 푼다.

집허   여집영   입허   여유인
執虛하되   如執盈하며   入虛하되   如有人이니라.

빈 것을 잡을 때에는 가득한 것을 잡듯이 하며, 빈 곳에 들어갈 때에는
마치 사람이 있는 곳에 들어가는 것처럼 한다.

논어   왈   군   사식   필정석선상지   군
論語에   曰   君이   賜食하시거든   必正席先嘗之하며   君이

사성①   필숙이천지   군   사생②   필축지
賜腥하시거든   必熟而薦之하며   君이   賜生하시거든   必畜之

하니라.

〈논어(論語)〉에 이르기를,
임금이 먹을 것을 내리면 반드시 자리를 바르게 하고 먼저 맛을 본다.

임금이 날고기를 내리면 반드시 익혀서 신(神)에게 올리며, 임금이 살아 있
는 짐승을 내리면 반드시 기른다.

註解 ~~~~~~~~~~~~~~~~~~~
1. 賜腥 : 성(腥)은 날고기.
2. 賜生 : 생(生)은 살아 있는 짐승.

시 식 어 군　　군　　제　　　　선 반
侍食於君에　**君**이　**祭**하시거든　**先飯**이니라.

공자가 임금을 모시고 음식을 먹을 때, 임금이 제사를 지내시는 동안
먼저 음식의 맛을 보았다.

곡 례　왈　사 과 어 군 전　　　　기 유 핵 자　　회 기 핵
曲禮 曰 賜果於君前하시거든　**其有核者**는　**懷其核**이니라.

〈곡례〉에 이르기를,

임금의 앞에서 임금이 과일을 주었을 때, 그 과일에 씨가 있으면 그 씨를
주머니에 넣는다.

어 식 어 군　　군　　사 여　　　　기 지 개 자　　불 사①
御食於君에　**君**이　**賜餘**하시거든　**器之漑者**는　**不寫**하고

기 여　　개 사
其餘는　**皆寫**니라.

임금을 모시고 음식을 먹을 때 임금이 남은 것을 주면 그릇을 씻을 수
있는 것은 쏟지 않고 그 나머지는 모두 쏟는다.

註解 ~~~~~~~~~~~~~~~~~~~
1. 不寫 : 사(寫)는 사(瀉)와 같음. 쏟는다는 뜻.

예기① 왈 군 사거마 승이배사 의복
禮記에 **曰 君**이 **賜車馬**하시거든 **乘以拜賜**하며 **衣服**엔

복이배사 군 미유명 불감즉승복야
服以拜賜하며 **君**이 **未有命**하시거든 **弗敢即乘服也**니라.

〈예기(禮記)〉에 이르기를,

임금이 수레와 말을 내리면 타는 것으로써 절하고 감사를 드리며, 임금이 의복을 내리면 입는 것으로써 감사를 드린다. 그러나 임금이 아직 명령을 내리지 않으면 감히 수레를 타거나 의복을 입지 않는다.

註解 〰〰〰〰〰〰〰〰〰〰〰

1. **禮記** : 오경(五經)의 하나. 진한(秦漢) 시대의 고례(古禮)에 관한 것을 수록한 책. 한 낙제(漢諾帝) 때에 하간(河間)의 헌왕(獻王)이 고서(古書)131편을 편술한 뒤에 214편으로 된 대대례(大戴禮)와, 대덕(戴德)이 그것을 85편으로 줄이고 선제(宣帝) 때에 그의 조카 대성(戴聖)이 다시 49편으로 줄인 소대례(小戴禮)가 있음. 그런데 지금의 예기는 이 소대례를 말한다. 주례(周禮)·의례(儀禮)와 함께 삼례(三禮)라 함.

악기① 왈 군자 간성난색 불류총명 음악특
樂記에 **曰 君子**는 **姦聲亂色**을 **不留聰明**하며 **淫樂慝**

례 부접심술 타만사벽지기 불설어신체 사
禮를 **不接心術**하며 **惰慢邪辟之氣**를 **不設於身體**하여 **使**

이목비구심지백체 개유순정 이행기의
耳目鼻口心知百體로 **皆由順正**하여 **以行其義**니라.

〈악기(樂記)〉에 이르기를,

군자는 간사한 소리와 어지러운 색을 귀와 눈에 머물게 하지 않으며, 음란한 음악과 간사하고 바르지 못한 예의를 마음에 두지 않으며, 게으르고 간사하며 사벽한 기운을 몸에 두지 않아, 귀와 눈과 코와 입과 마음과 지혜 등 모든 몸으로 하여금 모두 순하고 바른 데로 따르게 하여 이것으로써 의(義)를 행한다.

註解 〰〰〰〰〰〰〰〰〰〰〰

1. **樂記** : 예기의 한 편명. 음악에 관한 사항만 기록되어 있다.

범노공 질①　계종자시　왈　계이물다언　다언을
范魯公 質이 戒從子詩에 曰 戒爾勿多言하나니 多言을

중소기　구불신추기②　재액　종차시　시비훼
衆所忌니라. 苟不愼樞機면 災厄이 從此始하나니 是非毁

예간　적족위신루
譽間에 適足爲身累니라.

범노공(范魯公) 질(質)이 조카를 경계하는 시(詩)에 말했다.

"너에게 경계하노니 말을 많이 하지 말라. 말이 많으면 여러 사람이 꺼리느니라. 진실로 말하는 것을 삼가지 않으면 재앙과 화액이 이로부터 시작되는 것이니 옳은 것과 그른 것, 헐뜯음과 칭찬 사이에서 몸에 이미 충분히 누(累)가 쌓이게 되느니라."

註解 ~~~~~~~~~~~~~~~~~~~~~~~

1. **范魯公質** : 송나라 때 사람. 자는 문소(文素). 태조(太祖) 때 노국공(魯國公)에 봉해졌다. 성질이 곧고 급하여 사람들의 잘못을 그 면전에서 책망했다. 또 청렴결백하여 자신의 봉록을 외로운 사람들에게 나누어 주기도 했다. 오대통록(五代通錄)·옹관기(邕管記) 등의 저서가 있다.
2. **樞機** : 사람의 긴하고 중요한 기관. 여기에서는 말을 가리킨다.

여교　운　여유사행　일왈부덕　이왈부언
女敎에 云 女有四行하니 一曰婦德이요 二曰婦言이요

삼왈부용　사왈부공　부덕　불필재명절이야
三曰婦容이요 四曰婦功이니라. 婦德은 不必才明絶異也요

부언　불필변구이사야　부용　불필안색미려야
婦言은 不必辯口利辭也요 婦容은 不必顔色美麗也요

부공　불필공교과인야　청한정정　수절정제
婦功은 不必工巧過人也니라. 淸閑貞靜하여 守節整齊하며

행기유치　동정유법　시위부덕　택사이설
行己有恥하며 動靜有法이 是謂婦德이니라. 擇辭而說하여

부도악어　시연후　언　불염어인　시위부언
不道惡語하며 時然後에 言하여 不厭於人이 是謂婦言이니라.

①
관완진예　　　　복식선결　　　　목욕이시　　　　신불구욕　　시
盥浣塵穢하여　服飾鮮潔하며　沐浴以時하여　身不垢辱이 是

위부용　　　　전심방적　　　　불호희소　　　　결제주식
謂婦容이니라.　專心紡績하여　不好戲笑하며　潔齊酒食하여

이봉빈객　　　시위부공　　　　　차사자　　　여인지대덕
以奉賓客이　是謂婦功이니라.　此四者는　女人之大德이요

이불가핍자야　　　연　　　위지심이　　　유재존심이
而不可乏者也라　然이나　爲之甚易하니　唯在存心耳니라.

고인　　유언　　　　인원호재　　　아욕인　　사인　지의
古人이　有言하되　仁遠乎哉나　我欲仁이면　斯仁이　至矣라

　　　　차지위야
하니　此之謂也니라.

〈여교(女敎)〉에 이르기를,

여자에게는 지켜야 할 네 가지 행실이 있다. 첫째는 부덕(婦德)이며 둘째는 부언(婦言)이며 셋째는 부용(婦容)이며 넷째는 부공(婦功)이다.

부덕이란 반드시 재주와 총명이 특별히 뛰어나야 하는 것이 아니며, 부언이란 반드시 구변이 좋아서 말을 잘해야 하는 것이 아니며, 부용도 반드시 얼굴이 아름답고 고운 것을 말하는 것이 아니며, 부공 역시 남을 능가하는 공교한 솜씨를 뜻하는 것이 아니다.

맑고 고요하고 다소곳하며, 절개를 지키고 바르게 처신하고 모든 행동에 부끄러움을 알며 몸을 움직이는 데에도 법도가 있다면 이것이 곧 부덕, 즉 여자의 덕이라는 것이다.

말을 가려서 하고 악한 말은 절대로 하지 않으며 시간을 두고 여유있게 말함으로써 남이 싫어하지 않게 하면 이것이 곧 부언, 즉 여자의 말이라는 것이다.

먼지와 때를 씻고 옷이나 장식물을 깨끗이 하며 수시로 목욕하여 몸이 더럽지 않게 하는 것이 부용(婦容), 즉 여자의 용모라는 것이다.

길쌈에 전념하여 쓸데없는 놀이나 웃는 일을 좋아하지 않으며 술과 밥을 정갈하게 장만하여 손님을 잘 접대하는 것이 부공, 즉 여자의 솜씨라는 것이다.

이 네 가지는 여자의 큰 덕으로서 버려서는 안되는 것이다. 그러나 이 일들을 행하기는 몹시 쉬운 것이니 오직 마음속에 간직해 두어야 한다. 옛 사람이 말하기를, '인(仁)이란 멀리 있는 것이나 내가 이것을 행하고자 하면 그 인은 내게로 오게 된다.'했으니 바로 이것을 말하는 것이다.

[註解]

1. 盥浣 : 씻는다는 뜻.

劉忠定公이 見溫公하고 問盡心行己之要와 可以終身行

之者한데 公曰 其誠乎인저 劉公이 問行之何先고 하니

公曰 自不妄語로 始니라. 劉公이 初甚易之러니 及退에

而自檃栝日之所行과 與凡所言하니 自相掣肘矛盾者 多矣니

力行七年而後에 成이라. 自此로 言行이 一致하여 表裏

相應하고 遇事坦然하여 常有餘裕러라.

유 충정공(劉忠定公)이 온공(溫公)을 보고 한마음으로 자신이 행해야 할 중요한 것과 또 몸을 바쳐서 행해야 할 것이 무엇이냐고 물었더니 온공은 대답했다.

"그것은 성실하게 하는 것뿐입니다."

유공은 다시 물었다.

"무슨 일을 먼저 행해야 합니까?"

온공이 다시 말했다.

"망령된 말을 하지 않는 것부터 시작할 것입니다."

유공이 처음에는 이를 몹시 쉽게 여기고, 물러나와서 스스로 날마다 행동한 것과 모든 자기가 말한 것들을 바로잡아 보려고 했더니 마치 뒤틀린 팔을 바로잡는 것과 같아서 스스로 제대로 되지 않는 모순(矛盾)이 많았다. 그 뒤로 힘써 행한 지 7년이 되어서야 그것이 이루어져서 이로부터는 언행(言行)이 일치하여 안팎이 잘 상응되었고, 무슨 일을 당하면 태연하여 항상 여유가 있었다.

註解 〰〰〰〰〰〰〰〰〰〰〰

1. **劉忠定公** : 송나라 때 사람. 이름은 안세(安世), 자는 기지(器之), 시호는 충정(忠定)이다. 벼슬은 간의태부(諫議太夫)를 지냈으며 사마온공에게 배웠다. 성품이 강직하여 대궐 위의 범(殿上虎)이라 불렸다. 진언집(盡言集)이란 저서가 있다.

2. **溫公** : 사마온공. 이름은 광(光), 자는 군실(君實)이다. 송나라 때의 대학자이자 정치가였다. 태사 온국공(太師溫國公)의 증식을 받았기 때문에 사마온공이라고 한다. 송나라 신종(神宗) 때 왕안석(王安石)의 신법(新法)을 반대했다가 일시 실각되었고 그 후 철종(哲宗) 때 정승이 되어 왕안석의 신법을 모두 폐지하였다. 자치통감(資治通鑑)·통감고이(通鑑考異)·독락원집(獨樂園集) 등의 저서가 있다.

3. **檃栝** : 휜 것을 곧게 하는 것을 은(檃)이라 하고 뒤틀린 방형(方形)을 바로잡는것을 괄(栝)이라 함.

유관① 수거 창 졸 미상 질 언 거 색② 부 인 욕 시
劉寬이 **雖居倉卒**이나 **未嘗疾言遽色**하더니 **夫人**이 **欲試**

관 령에 사 당 조 회 장 엄 이 글 사 시 비 봉 육
寬令忿하여 **伺當朝會**하여 **裝嚴已訖**이거늘 **使侍婢**로 **奉肉**

갱 번 오 조 복 비 거 수 지 관 신 색 불 이
羹하여 **翻汚朝服**하고 **婢遽收之**하니 **寬**이 **神色**이 **不異**하고

내 서 언 왈 갱 란 여 수 호 기 성 도 여 차
乃徐言曰 羹爛汝手乎하니 **其性度 如此**러라.

유관(劉寬)은 비록 갑자기 무슨 일을 당해도 말을 빨리 하거나 얼굴빛이 변하는 일이 없었다. 어느 날 그 부인이 그가 성내는가를 시험하고자 하여 조회에 나가는가 엿보고 있다가 관(寬)이 복장을 엄격하게 갖추기를 기다려 시비(侍婢)를 시켜 고깃국물을 바치도록 하여 짐짓 그것을 관의 조복(朝服)에 엎질러서 더럽혀 놓았다. 그러고 나서 시비는 이내 엎질러진 것을 치우고 있었다.

그런데도 관은 얼굴빛을 전혀 고치지 않고 서서히 말하기를

"국물에 네 손을 데지 않았느냐?"

했으니 그 성품과 도량이 이와 같았다.

‧‧‧‧‧‧‧‧‧‧‧‧‧‧‧‧‧‧‧

1. **劉寬** : 후한(後漢) 때 사람. 자는 문요(文饒), 시호는 소열(昭烈). 광록(光祿) 의 훈 적(勳籍)에 올랐으며 녹향후(逯鄉侯)에 봉해졌다.
2. **遽色** : 당황하는 기색.

孔子曰 言忠信하고 行篤敬이면 雖蠻貊之邦이라도 行矣거니와 言不忠信하고 行不篤敬이면 雖州里인들 行乎哉아.

공자(孔子)가 말하기를,

말이 충성스럽고 미더우며 행동이 돈독하고 공경스러우면 비록 오랑캐 나라에라도 다닐 것이나, 말이 충성스럽고 미덥지 않으며 행실이 돈독하고 공경스럽지 못하면 비록 고향 마을이라도 어찌 가겠는가.

‧‧‧‧‧‧‧‧‧‧‧‧‧‧‧‧‧‧‧

1. **州里** : 향리(鄉里). 주(州)는 2500집의 부락, 리(里)는 25집의 부락.

論語에 曰 孔子 於鄉黨①에 恂恂如也②하여 似不能言者이시도다. 其在宗廟朝廷하여는 便便言③하시되 唯謹爾이시도다. 朝與下大夫言④하시되 侃侃如也⑤하시며 與上大夫言하시되 誾誾如也⑥이시도다.

〈논어〉에 이르기를,

공자가 고향 마을에서는 너무 공손하여 마치 말도 제대로 못하는 사람과 같았다. 그러나 종묘(宗廟)나 조정에 있어서는 명쾌하게 말을 하되 오 직 삼갔다.

하대부(下大夫)들과 말할 때는 강직한 태도를 취했고 상대부(上大夫)들과 말할 때에는 온화한 표정을 지녔다.

註解

1. 鄕黨 : 향리(鄕里)란 뜻.
2. 恂恂如也 : 두렵고 신실(信實)한 모습으로 말함.
3. 便便言 : 유창하고 명쾌하게 이야기함.
4. 下大夫 : 대부(大夫)는 원래 주대(周代)의 벼슬 이름으로 삼공(三公)·구경(九卿)·27대부(大夫)·71원사(元士)에 해당한 사람을 말했다. 그러나 여기의 하대부(下大夫)는 대부(大夫) 중에 아랫자리에 있는 사람을 말한 것임.
5. 侃侃如也 : 강직한 모습.
6. 誾誾如也 : 조용하고 화기있는 모습.

冠儀에 曰 凡人之所以爲人者는 禮義也니 禮義之始는 在於正容體하며 齊顔色하며 順辭令이니 容體正하며 顔色이 齊하며 辭令이 順而後에야 禮義備니라. 以正君臣하며 親父子하며 和長幼니 君臣이 正하며 父子親하며 長幼和而後에야 禮義立이니라.

〈관의(冠儀)〉에 이르기를,

사람이 사람답게 되는 것은 예의(禮義)가 있기 때문이니, 예의의 시작은 몸을 바르게 하며 안색을 가지런히 하고 말을 순하게 하는 데에 있다. 몸을 바르게 하고 안색을 가지런히 하며 말을 순하게 하면 예의가 갖추어지는 것이다.

이것으로써 임금과 신하를 바르게 하며 아버지와 아들을 친하게 하고 어른과 어린이를 화목하게 하는 것이다. 이와 같이 임금과 신하가 바르게 되고 아버지와 아들이 친하게 되며 어른과 어린이가 화목하게 되면 이것으로 예의는 서는 것이다.

註解 ～～～～～～～～～～～～～～～～

1. **冠儀** : 예기의 편명.

맹자왈　인지유도야　　포식난의　　　일거이무교　　즉
孟子曰 人之有道也에 **飽食暖衣**하여 **逸居而無教**면 **則**

근어금수　　성인　　유우지　　사설①　위사도②　교
近於禽獸일새 **聖人**이 **有憂之**하사 **使契**로 **爲司徒**하여 **教**

이인륜　　　부자유친　　군신유의　　부부유별
以人倫하시니 **父子有親**하며 **君臣有義**하며 **夫婦有別**하며

장유유서　　붕우유신
長幼有序하며 **朋友有信**이니라.

맹자(孟子)가 말하기를,

사람의 도리에 있어서 배불리 먹고 따뜻하게 입고 편안히 거처하면서도 가르치지 않으면 마치 짐승과 다를 것이 없는 것이다. 이에 성인이 그 점을 걱정하여 설(契)로 하여금 사도(司徒)를 삼아 인륜(人倫)을 가르치게 했다.

부자 사이에는 친밀함이 있고, 임금과 신하 사이에는 의리가 있으며, 남편과 아내 사이에는 분별이 있고, 어른과 어린이 사이에는 차례가 있고, 벗과 벗 사이에는 신의가 있어야 된다는 것이다.

註解 ～～～～～～～～～～～～～～～～

1. **契** : 순 임금의 신하로 자(子)씨의 성(姓)을 받았고 상(商)나라의 조상이 되었음.
2. **司徒** : 교육을 맡은 벼슬.

염계주선생①　　왈　중유②　희문과　　　영명③　무궁언
濂溪周先生이 **曰 仲由**는 **喜聞過**하여 **令名**이 **無窮焉**

　　　금인　유과　　불희인규　여호질이기의
하더니 **今人**은 **有過**이거든 **不喜人規**하여 **如護疾而忌醫**하여

영멸기신　　이무오야　희
寧滅其身하되 **而無悟也**하니 **噫**라.

32

염계 주선생(濂溪周先生)이 말하기를,

중유(仲由)는 자기의 허물을 말해 주는 것을 좋아하여 그 아름다운 이름을 무궁히 떨쳤다. 그런데 지금 사람들은 허물이 있어도 남이 바로잡아 주는 것을 좋아하지 않는다. 이는 마치 병을 고치려 하면서도 의원을 꺼리는 것과 같은 것으로서 끝내 자기 몸을 망치면서도 깨닫지 못하니 슬픈 일이다.

註解

1. **濂溪周先生** : 북송(北南)의 유학자. 성은 주(周), 이름은 돈이(敦頤), 자는 무숙(茂叔). 염계는 그의 호이며 시호는 원공(元公)이다. 정호(程顥)·정이(程頤) 형제의 스승으로 송학(宋學)의 비조(鼻祖)가 되었다. 통서(通書)·태극도설(太極圖說) 등의 저서가 있다.
2. **仲由** : 공자의 제자. 자는 자로(子路), 또는 계로(季路).
3. **令名** : 아름다운 이름. 영(令)을 아름답다고도 푼다.

康節邵先生이 戒子孫曰 上品之人은 不敎而善하고 中
品之人은 敎而後善하고 下品之人은 敎亦不善이니 不敎
而善이 非聖而何며 敎而後善이 非賢而何며 敎亦不善이
非愚而何리오. 是知善也者는 吉之謂也요 不善也者는
凶之謂也로다. 吉也者는 目不觀非禮之色하며 耳不聽非
禮之聲하며 口不道非禮之言하며 足不踐非禮之地하며 人
非善이거든 不交하고 物非義거든 不取하며 親賢하되 如就
芝蘭하고 避惡하되 如畏蛇蠍하나니 或曰不謂之吉人이라도
則吾不信也리라. 凶也者는 語言이 詭譎하고 動止陰險하며

호리식비 탐음요화 질양선 여수극 범형
好利飾非 하고 貪淫樂禍 하며 疾良善 하되 如讐隙 하고 犯刑

헌 여음식 소즉운신멸성 대즉복종절사
憲 하되 如飮食 하여 小則隕身滅性 하고 大則覆宗絶嗣 하느니

혹왈불위지흉인 즉오불신야 전 유지
或曰不謂之凶人 이라도 則吾不信也 하리라. 傳에 有之 하니

왈 길인 위선 유일부족 흉인 위불선
曰 吉人은 爲善 하되 惟日不足 이요 凶人은 爲不善 하되

역유일부족 여등 욕위길인호 욕위흉인호
亦惟日不足 이라 하니 汝等은 欲爲吉人乎아 欲爲凶人乎아.

강절 소선생(康節邵先生)이 자손을 경계하여 말하기를,

상품(上品)의 사람은 가르치지 않아도 착하고, 중품(中品)의 사람은 가르친 뒤에야 착하고, 하품(下品)의 사람은 가르쳐도 역시 착하지 못하다. 가르치지 않고서도 착하면 성인이 아니고 무엇이랴. 가르친 뒤에 착하면 현인(賢人)이 아니고 무엇이랴. 가르쳐도 역시 착하지 않으면 어리석은 자가 아니고 무엇이랴.

이것으로 보면 착하다는 것은 길(吉)한 것이요, 착하지 않다는 것은 흉(凶)하다는 것임을 알 수 있다. 어진 사람은 눈으로는 예(禮)가 아닌 빛을 보지 않고 귀로는 예가 아닌 소리를 듣지 않으며, 입으로는 예가 아닌 것을 말하지 않고, 발로는 예가 아닌 땅을 밟지 않는다. 사람이 착하지 않으면 사귀지 않고 물건이 의로운 것이 아니면 취하지 않는다. 어진 사람을 친하게 하기를 마치 지초(芝草)와 난초를 대하듯이 하고, 악한 사람을 피하기를 마치 뱀이나 지네를 두려워하듯이 한다. 이런 사람을 누가 어진 사람이 아니라고 해도 나는 믿지 않으리라.

악한 사람은 그 말이 괴상하고 옳지 못하며 행동하는 것이 음험하고 이로운 것만을 좋아하며, 자신의 행동을 잘한 것처럼 꾸미고 음란한 것을 탐하며 나쁜 짓을 즐겨한다. 또 어질고 착한 사람을 미워하기를 마치 원수처럼 하고 법을 범하기를 마치 밥먹듯이 한다.

마침내 작게는 몸을 훼손하여 제 본성(本性)을 없애고 크게는 종족(宗族)을 뒤엎고 자손을 끊어지게 한다. 이런 사람은 누가 악한 사람이 아니

34

라고 해도 나는 믿지 않을 것이다.

옛 기록에 이르기를 어진 사람은 착한 일을 하면서도 오직 시간이 모자라는 듯이 여기고, 악한 사람은 착하지 못한 일을 하면서도 오직 시간이 모자라는 듯이 여긴다 했다. 그러니 너희들은 어진 사람이 되고 싶으냐, 그렇지 않으면 악한 사람이 되고 싶으냐.

註解

1. **康節邵先生** : 송나라 때의 학자. 이름은 옹(雍), 자는 요부(堯夫). 강절(康節)은 시호이다. 특히 역리(易理)에 정통하여 같은 시대에 주돈이가 이기론(理氣論)을 세운 데 대해 그는 상수론(象數論)을 제창했다. 황극경세(皇極經世)·이천격양집(伊川擊壤集) 등 유명한 저서가 있다.
2. **芝蘭** : 지초(芝草)와 난초로 모두 상서로운 영초(靈草)이다. 여기에서는 선인재자(善人才子)의 뜻으로 쓴 것임.

①
張思叔座右銘에 日 凡語를 必忠信하며 凡行을 必篤
敬하며 飲食을 必愼節하며 字畫을 必楷正하며 容貌를
必端莊하며 衣冠을 必肅整하며 步履를 必安詳하며 居處
를 必正靜하며 作事를 必謀始하며 出言을 必顧行하며
常德을 必固持하며 然諾을 必重應하며 見善에 如己出하며
見惡에 如己病이니 凡此十四者를 我皆未深省하여 書此
當座隅하여 朝夕에 視爲警하노라.

장사숙(張思叔)의 좌우명(座右銘)에 이르기를,

모든 말은 반드시 충성스럽고 믿음직스러워야 하며 모든 행동은 돈독하고 공경스러워야 한다. 음식은 반드시 삼가고 절도있게 해야 하며, 글씨는 반드시 고르고 바르게 써야 한다. 용모는 반드시 단정하게 갖추어야 하며, 의관은 반드시 엄숙하고 정돈되어야 한다. 걸음걸이는 반드시 안존하고 자상해야 하며 거처는 반드시 바르고 고요해야 하며, 일을 할 때에는 반드시 먼저 계획을 세워서 시작해야 하고 말을 할 때에는 반드시 행동을 돌아다보아야 한다. 떳떳한 덕은 반드시 굳게 지켜야 하고 허락하는 것은 반드시 무겁게 응해야 한다. 착한 것을 보았을 때는 마치 내몸에서 나온 것같이 여기고 악한 것을 보았을 때는 반드시 내 몸의 병처럼 여겨야 한다.

이 열네 가지는 모두 내가 깊이 살피지 못했던 것이기에 이것을 써서 방에 두고 아침 저녁으로 보면서 친히 경계를 삼는 바이다.

註解 ~~~~~~~~~~~~~~~~

1. **張思叔** : 송나라 사람으로 이름은 역(繹), 사숙(思叔)은 자(字). 정이(程頤)의 제자.

여 정 헌 공① 자 소 강 학 즉 이 치 심 양 성 위 본
呂正獻公이 **自少**로 **講學**하되 **即以治心養性**으로 **爲本**

과 기 욕 박 자 미 무 질 언 거 색 무 군 보
하여 **寡嗜欲**하며 **薄滋味**하며 **無疾言遽色**하며 **無蹇步**하며

무 타 용 범 희 소 리 근 지 어② 미 상 출 저 구③ 어 세 리 분
無惰容하며 **凡嬉笑俚近之語**를 **未嘗出諸口**하며 **於世利紛**

화 성 기 유 연 이 지 어 박 혁 기 완 담 연 무 소 호
華聲伎遊宴으로 **以至於博奕奇玩**을 **淡然無所好**러라.

여 정헌공(呂正獻公)은 젊었을 때부터 학문을 익히되, 마음을 다스리고 성품을 기르는 것으로 근본을 삼았다. 그래서 즐기는 욕심을 억제하여 적게 하고, 맛있는 음식을 되도록 줄였다. 말을 빨리 하거나 얼굴빛이 변하지 않았고, 급한 걸음걸이를 하지 않았으며 게으른 모습을 보이지 않았다.

희롱하는 웃음과 속되고 상스러운 말을 일찍이 입 밖에 내지 않고, 세상의 이익을 취하는 일이나 어지럽고 번화스러운 노래와 놀이로부터 쌍륙과 바둑, 그리고 진기한 물건에 이르기까지 담담하게 여기고 좋아하는 것이 없었다.

36

1. **呂正獻公** : 송나라 때 사람으로 이름은 공저(公著), 자는 회숙(晦叔), 정헌(正獻)은 시호다. 벼슬은 상서우복야(尚書右僕射) 겸 중서시랑(中書侍郎)을 지냈고 사마광(司馬光)과 함께 나라의 정치를 보필했으며 죽은 후에 신국공(申國公)에 봉해졌다.
2. **俚近之語** : 비속(鄙俗)한 말. 즉 상스러운 말.
3. **出諸口** : 여기의 저(諸)는 음이 저로, 어조사 어(於)나 호(乎)와 같다.

이천선생모후부인 ① 칠팔세시 송고시왈 여자불야
伊川先生母侯夫人이 **七八歲時**에 **誦古詩曰 女子不夜**

출 야출병명촉 자시 일모 즉불부출방합②
出하니 **夜出秉明燭**이라 하고 **自是**로 **日暮**면 **則不復出房閤**

하더라. 기장 호문 이불위사장 견세지부녀
旣長에 **好文**하되 **而不爲辭章**하며 **見世之婦女**의

이문장필찰 전어인자 즉심이위비
以文章筆札로 **傳於人者**하고 **則深以爲非**하더라.

이천선생(伊川先生)의 어머니 후부인(侯夫人)이 나이 칠팔 세 때에 옛 시(詩)를 외어 말하기를 "여자는 밤에 나가지 않는 것이니 밤에 나갈 때는 밝은 촛불을 가지고 갈 것이다."하고 이로부터 해가 저물면 다시 방에서 나오지 않았다.

이미 장성해서 글을 좋아했으나 문장을 짓지 않고, 세상의 부녀(婦女)들이 문장이나 편지를 남에게 전하는 것을 보면 몹시 옳지 않은 일로 여겼다.

1. **伊川先生** : 북송 때 대학자 정이(程頤). 자는 정숙(正淑), 시호는 정공(正公)이며 이천(伊川)에 봉해졌으므로 이천선생(伊川先生)이라 했다. 주돈이에게서 배웠으며 처음으로 이기(理氣)의 철학을 제창했다. 역전(易傳)·경설(經說)·이천문집(伊川文集) 등의 저서가 있다. 명도 호(明道顥)의 아우.
2. **房閤** : 합(閤)은 문을 말함. 방문이란 말.

이씨여계 왈 빈자 안기빈 부자 계기부
李氏女戒에 **曰 貧者**는 **安其貧**하고 **富者**는 **戒其富**니

貧不自安者_는 恥貧而廣求_{하나니} 求旣不得_{이면} 怨由玆生

_{하여} 室家相輕_{하여} 恩易情薄_{하리라.} 富而不戒_면 則夸勝

之心_이 生_{하리니} 凌慢之容_이 旣彰_{이면} 和柔之色_이 安在

_{리오.} 棄和柔之色_{하고} 作嬌少之容_{이면} 是爲輕薄之婦人_이

_{니라.}

〈이씨여계〉에 이르기를,

가난한 사람은 그 가난함을 편안히 여기고 부자는 그 부자임을 경계해야 한다. 가난하면서도 스스로 마음이 편안치 않은 사람은 가난함을 부끄럽게 여겨서 널리 재물을 구할 것이며, 구하다가 이미 얻어지지 않으면 이로 말미암아 원망이 생기게 되고 이리하여 온 집안이 서로 가볍게 여겨서 은혜마저 꼭 주고받으려 하므로 정이 박해지게 되는 것이다.

부자이면서 경계하지 않으면 뽐내고 자랑하는 마음이 생기게 된다. 남을 업신여기는 오만한 모습이 겉으로 드러난다면 화기롭고 부드러운 얼굴빛이 어디로 나타나겠는가? 화기롭고 부드러운 얼굴빛을 버리고 교만한 모습을 꾸민다면 이는 경박한 부인이 되느니라.

註解 〰〰〰〰〰〰〰〰〰〰〰〰〰〰

1. 夸勝之心 : 뽐내고 잘난 척 하는 마음.

柳玭_이 嘗著書_{하여} 戒其子弟曰 壞名災己_{하며} 辱先喪

家_에 其失_이 尤大者 五_니 宜深誌之_{니라.} 其一_은 自求

安逸_{하고} 靡甘澹泊_{하여} 苟利於己_{거든} 不恤人言_{이라.} 其

二_는 不知儒術_{하며} 不悅古道_{하여} 懵前經而不恥_{하며} 論

當世而解頤하여 身旣寡知하고 惡人有學이라. 其三은 勝
己者를 厭之하고 佞己者를 悦之하며 唯樂戲談하고 莫思
古道하여 聞人之善이면 嫉之하고 聞人之惡이면 揚之하여 ③ ④ ⑤
浸漬頗僻하고 銷刻德義하나니 簪裾徒在인들 廝養何殊리오.
其四는 崇好優游하고 耽嗜麴蘖⑥하여 以銜杯로 爲高致하고
以勤事로 爲俗流하니 習之易荒이며 覺已難悔니라. 其五는
急於名宦하여 匿近權要하여 一資半級⑦을 雖或得之라도
衆怒群猜하여 鮮有存者니라.

余見名門巨族컨대 莫不由祖先의 忠孝勤儉以成立之하고
莫不由子孫의 頑率奢傲하여 以覆墜之하나니 成立之難은
如升天하고 覆墜之易는 如燎毛하니 言之痛心이라 爾宜
刻骨이니라.

유빈(柳玭)이 일찌기 글을 저술하여 그 자제(子弟)들을 경계해 말하기를, 자기의 이름을 훼손하고 몸뚱이가 재앙을 받게 하며 조상을 욕되게 하고 집안을 망하게 하는 것 중에 그 잘못된 것으로 가장 큰 것이 다섯 가지가 있으니 마땅히 깊이 기억해야 할 것이다.

첫째, 스스로 편안한 것만 구하고 담박(澹泊)한 것을 달게 여기지 않으며 진실로 자기 몸에 이로운 일이면 남의 말을 아는 체 하지 않는 것이다.

둘째, 선비의 도리를 알지 못하고 옛날의 도(道)를 즐겨하지 않아서 옛

경서(經書)에 어두운 것을 부끄러워하지않고, 당시 세상 일을 이야기하면 기뻐하며 자신은 아는 것이 적으면서 남의 학문이 풍부함을 미워한다.

셋째, 나보다 나은 사람을 싫어하고 나에게 아첨하는 자를 좋아하며 오직 농담만을 좋아하고 옛 도리를 생각하지 않는다. 남이 착하다는 말을 들으면 이를 미워하고 남이 악하다는 말을 들으면 이것을 선전하며 파고 들어가서 자못 편벽되고 남의 덕의(德義)를 깎아내리니 의관만 갖추었을 뿐 남의 종과 무엇이 다르랴?

넷째, 한가로이 노는 것만을 숭상하여 좋아하고 술 마시기를 너무 좋아하여 술잔을 입에 대는 것을 높은 운치로 알고 부지런히 일하는 것을 속된 일로 여기니, 배운 것은 쉽게 거칠어지고 잘못을 깨달았을 때는 이미 뉘우쳐도 소용이 없다.

다섯째, 명예와 벼슬하기에 급급하여 권리있는 사람을 가까이 하니 이렇게 해서 낮은 벼슬이나 조그만 녹(祿)을 비록 얻는다고 해도 여러 사람들이 미워하고 시기하여 그 자리를 보존하는 자가 별로 없느니라.

내가 높은 가문과 이름난 종족을 보건대, 앞선 조상들의 충성과 효도와 근면과 검소했던 것으로 인연해서 이루어지지 않은 경우가 없고, 자손들의 미련하고 경솔하며 사치스럽고 거만한 것으로 말미암아 무너지고 망하지 않은 경우가 없다.

무엇을 이룩하는 것은 하늘에 오르는 것처럼 어렵고 무엇을 무너뜨리는 것은 터럭을 태우는 것 같이 쉬운 것이다. 말하건대 매우 염려스럽다. 너희는 마땅히 뼈에 새겨두어야 할 것이다.

註解

1. **柳玭**: 당나라 때 사람으로 문덕(文德) 년간에 이부시랑(吏部侍郎)을 거쳐 어사대부(御史大夫)에 이르렀다. 국사(國史)를 찬수했으며 유씨가훈(柳氏家訓)도 저술했는데 여기에 나온 글은 그 속에 있는 것이다.

2. **懜前經**: 몽(懜)은 어둡다는 뜻.

3. **浸漬**: 물이 깊이 배어듦. 여기에서는 유언비어 같은 것을 점점 믿어지게 한다는 것을 비유했음.

4. **簪裾**: 의관(衣冠).

5. **廝養**: 종 중에서도 나무를 하고 말을 먹이는 천한 종. 시양졸(廝養卒)이라고 한다.

6. **麴蘖**: 술

7. **一資半級**: 적은 봉급과 낮은 벼슬.

40

> 한소열① 장종 칙후주왈② 물이악소이위지 물이
> 漢昭烈이 將終에 勅後主曰 勿以惡小而爲之하고 勿以
> 선소이불위
> 善小而不爲하라.

한 소열(漢昭烈)이 장차 임종하려 할 때 후주(後主)에게 말하기를,

악한 일이면 아무리 작은 것이라 해도 행하지 말고, 착한 일이면 아무리 작은 것이라 해도 행해야 한다.

註解

1. **漢昭烈**: 삼국시대 촉한(蜀漢)의 임금 유비(劉備). 자는 현덕(玄德), 소열(昭烈)은 시호임.
2. **後主**: 유비의 아들 유선(劉禪)을 말함.

> 범충선공① 계자제왈 인수지우 책인즉명 수유
> 范忠宣公이 戒子弟曰 人雖至愚나 責人則明이고 雖有
> 총명 서기즉혼 이조 단상이책인지심 책
> 聰明이나 恕己則昏하나니 爾曹는 但常以責人之心으로 責
> 기 서기지심 서인 불환부도성현지위야
> 己하고 恕己之心으로 恕人이면 不患不到聖賢地位也니라.

범 충선공(范忠宣公)이 자제들을 경계하여 말하기를,

사람은 비록 지극히 어리석어도 남을 책망하는 데는 분명히 하며, 비록 총명하더라도 자기를 용서하는 데는 어둡다.

그러니 너희들은 항상 남을 책망하는 마음으로 자기 자신을 책망하고, 자기를 용서하는 마음으로 남을 용서한다면 성현의 지위에 이르지 못하는 것을 걱정할 것이 없다.

註解

1. **范忠宣公**: 송나라 때 사람. 이름은 순인(純仁), 자는 요부(堯夫). 충선(忠宣)은 시호다. 왕안석(王安石)의 신법에 반대하다가 한때 조정에서 쫓겨났으나 벼슬이 상서복야(尙書僕射)에 올랐고 휘종(徽宗)이 즉위하자 관문전태학사(觀文殿太學士)를 제수받았으나 병으로 은퇴했다. 성품이 너그러워 의로운 일에 굽히지 않았고, 저서로는 범충선문집(范忠宣文集)이 있다.

공감①　어위의.　약기욕　　불고전후　　어이여록
孔戡이 於爲義에 若嗜慾하여 不顧前後하고 於利與祿에

즉외피퇴겁　　여나부연
則畏避退怯하여 如懦夫然하더라.

공감(孔戡)은 의(義)를 행하는 데 있어 마치 즐기는 일을 하는 것처럼 앞뒤도 돌아보지 않았고, 이익이나 녹봉(祿俸)에 대해서는 두려워하여 피하고 물러가서 겁내어 마치 겁쟁이와도 같았다.

註解

1. 孔戡 : 당나라 때 사람으로 자는 승시(勝始). 이길보(李吉甫)의 밑에 있었으나 무고를 당하여 위위승(衛尉承)으로서 동도(東都)로 나아가 벼슬을 했다.

마 원①　　형자 엄돈　　병희기의　　　이통경협객
馬援의 兄子 嚴敦이 並喜譏議하여 而通輕俠客하더니

원　　재교지②　　환서계지왈　오욕여조　문인과실　　여
援이 在交趾하여 還書誡之曰 吾欲汝曹 聞人過失하되 如

문부모지명하여　이가득문　　　구불가득언야　　　호의
聞父母之名하여 耳可得聞이언정 口不可得言也로다. 好議

론인장단　　망시비정법　차오소대오야　　영사
論人長短하며 妄是非正法은 此吾所大惡也니 寧死이언정

불원문자손　유차행야　　용백고③　돈후주신　　구
不願聞子孫의 有此行也로다. 龍伯高는 敦厚周愼하여 口

무택언　　겸약절검　　염공유위　　오애지중지하여
無擇言하며 謙約節儉하며 廉公有威하니 吾愛之重之하여

원여조효지하노라.　두계량④　호협호의　　우인지우
願汝曹效之하노라. 杜季良은 豪俠好義하여 憂人之憂하고

낙인지락　　청탁　　무소실　　부상　　치객　수군
樂人之樂하며 淸濁에 無所失하여 父喪에 致客하되 數郡

이　필지하니　오애지중지하되　불원여조효야하노라.　효백고
이 畢至하니 吾愛之重之하되 不願汝曹效也하노라. 效伯高

부득　　유위근칙지사　소위각곡불성　　상류목자
不得이라도 猶爲謹敕之士니 所謂刻鵠不成이면 尙類鶩者

_야　_{효 계 량 부 득}　　　_{함 위 천 하 경 박 자}　　_{소 위 화 호 불 성}
也나　效季良不得이면　陷爲天下輕薄子리니　所謂畵虎不成

_{반 류 구 자 야}
이면　反類狗者也니라.

　마원(馬援)의 형의 아들 엄(嚴)과 돈(敦)이 모두 남을 헐뜯는 의론을
좋아해서 경솔히 협객(俠客)들과 사귀고 있었다. 마원이 교지(交趾)에 있
었는데 글을 보내서 경계하여 이르기를,

　나는 너희들이 남의 허물을 들으면 마치 부모의 이름을 들은 것과 같아
서 귀로는 들을지언정 입으로는 말하지 않기를 바란다. 남의 잘잘못을 의
논하기를 좋아하고 망령되게 바른 법을 가지고 옳다 그르다 하는 것은 내
가 크게 미워하는 바이다. 내 차라리 죽을지언정 자손에게 이런 행동이 있
다는 것은 듣기를 원치 않는다.

　용백고(龍伯高)는 돈후하고 조심스러우며 삼가서 하는 말을 가릴 것
이 없고, 겸손하고 간략하고 절조 있고 검소하며 청렴하고 공변되고 위엄
이 있어서 내가 그를 사랑하고 소중히 여기니 너희들이 본받기를 원하는
바이다.

　두계량(杜季良)은 호협하고 의리를 좋아하며 남의 근심되는 일을 근심
하고 남의 즐거운 일을 즐거워하며 맑고 탁한 것에 조금도 지조를 잃지 않
아서, 아버지의 상사에 손님이 찾아왔는데 여러 고을 사람들이 모두 왔었
다. 그래서 내가 그를 사랑하고 소중히 여기지만 너희들이 그를 본받는
것은 원치 않는다.

　백고를 본받으려다가 안되면 오히려 삼가고 조심하는 선비는 될 것이
니 이른바 '고니를 새기려다가 안되면 차라리 집오리라도 될 것이다'라는
경우이다. 그러나 계량을 본받으려다가 되지 않으면 천하의 경박한 사람
이 되고 말 것이니 이는 이른바 '범을 그리려다가 되지 않으면 도리어 개
를 그리게 된다'는 것이다.

註解

1. **馬援** : 후한의 정치가. 광무제(光武帝)를 섬겨 복파장군(伏波將軍)이 되었으므로 마
복파(馬伏波)라고도 부른다.
2. **交趾** : 지금의 하노이 지방.

3. 龍伯高：후한 때 사람. 이름은 술(述), 자는 백고(伯高). 광무제 때 산도장(山都長)으로 있었으나 여기에 나온 마원(馬援)의 계아자서(誡兒子書)로 인해 광무제는 그를 불러 광릉태자(光陵太字)를 삼았다.

4. 杜季良：후한 때 사람. 이름은 보(保). 계량(季良)은 자인데 흔히 자를 가지고 행세했다. 광무제 때 월기교위(越騎校尉)로서 호협하고 의리를 좋아했으나 그와 원수진 사람이 그의 경박하고 인심을 선동시키는 것을 들어 글을 올려서 벼슬에서 내쫓김.

44

제2 효친장(孝親章)

문왕지위세자에 조어왕계하되 ① 일삼하더니 ② 계초명이거든
文王之爲世子에 朝於王季하되 日三하더니 鷄初鳴이거든

이의복하고 지어침문외하여 문내수지어자왈 금일안부하
而衣服하고 至於寢門外하여 問內竪之御者曰 ③ 今日安否何

여오. 내수왈 안이라 하면 文王이 乃喜러라. 及日中에
如오. 內竪曰 安이라 하면 文王이 乃喜러라. 及日中에

우지하여 역여지하며 급모에 우지하여 역여지러라. 기유
又至하여 亦如之하며 及暮에 又至하여 亦如之러라. 其有

불안절커든 즉내수 이고문왕하면 文王이 색우하여 행불
不安節커든 則內竪 以告文王하면 文王이 色憂하여 行不

능정리다가 王季 부선연후에야 역복초러라. 식상에 필
能正履다가 王季 復膳然後에야 亦復初러라. 食上에 必

재시한난지절하며 식하거든 문소선하고 명선재왈 미유 ④
在視寒暖之節하며 食下거든 問所膳하고 命膳宰曰 未有

원하라 하고 응왈낙연후에야 퇴러라.
原하라 하고 應曰諾然後에야 退러라.

문왕(文王)이 세자(世子)로 있을 때 하루에 세 번씩 부친 왕계(王季)
에게 문안했다. 닭이 처음 울면 옷을 입고 침실 문 밖에 이르러 당직 시

종에게 오늘 안부가 어떠시냐고 물어서 시종이 편안하다고 하면 문왕은
몹시 기뻐했다. 한낮이 되면 또 가서 역시 그와 같이 하고 저물 때가 되면
또 가서 역시 그렇게 했다.

만일 편안치 못한 일이 있어 시종이 이를 문왕에게 고하면 문왕은 근심
하는 얼굴로 신을 제대로 신을 겨를도 없이 쫓아갔다. 그러다가 왕계가
음식을 전과 같이 들면 역시 전과 같이 문안했다.

음식을 올릴 때에는 반드시 차고 따뜻한 것을 살피고 음식을 물리면 잡
수신 반찬이 무엇인가 물어보고 나서 음식을 맡아 만드는 사람에게 명령
하기를 '앞으로는 그렇게 하지 말라.' 이르고는 '예 !' 하는 대답을 들은
뒤에야 물러갔다.

☐註解☐ ～～～～～～～～～～～～～～～

1. **文王** : 주나라 무왕의 아버지. 성은 희(姬), 이름은 창(昌). 은나라 주왕때 서백(西伯)
   이 되어 백성을 잘 다스렸음. 주왕이 포악하므로 제후들이 모두 서백을 좇아 군주로 만들
   었음.
2. **王季** : 주나라 태왕(太王)의 막내아들이며 문왕의 아버지. 이름은 계력(季歷)이었으나
   무왕(武王)이 왕계로 추존했다.
3. **內豎** : 궁중에서 일하는 소신(小臣)으로서 낮은 일을 맡아 했음.
4. **膳宰** : 궁중음식을 장만하던 사람.

문 왕　　유 질　　무 왕①　　불 설 관 대②이 양　　문 왕
文王이 **有疾**이거든 **武王**이 **不說冠帶而養**이러라. **文王**이
일 반　　역 일 반　　문 왕　　재 반　　역 재 반
一飯이거든 **亦一飯**하고 **文王**이 **再飯**이거든 **亦再飯**이러라.

문왕이 병이 나자 무왕은 의관을 벗지 않고 봉양했다. 문왕이 하루에 한
끼를 들면 자기도 역시 한 끼를 들고 문왕이 두 끼를 들면 자기도 역시 두
끼를 들었다.

☐註解☐ ～～～～～～～～～～～～～～～

1. **武王** : 주나라 문왕의 아들. 아우 주공(周公) 단(旦)과 협력하여 은(殷)나라를 멸하
   고 태공망(太公望)을 사사(師事)하여 선정을 베풀었음.
2. **不說冠帶** : 여기의 설(說)은 탈(脫)과 같이 벗는다는 뜻임.

46

공자왈 무왕주공   기달효의호   부효자   선계인
孔子曰 武王周公은 其達孝矣乎인저 夫孝者는 善繼人
지지   선술인지사자야   천기위   행기례
之志하며 善述人之事者也니라.   踐其位하며 行其禮하며
주기악   경기소존   애기소친   사사   여사생
奏其樂하며 敬其所尊하며 愛其所親하며 事死하되 如事生
          사망   여사존   효지지야
하며 事亡하되 如事存하니 孝之至也니라.

공자가 말하기를,

무왕과 주공(周公)은 그 효도가 지극했었다. 대체로 효도란 그 뜻을 잘
계승하며 그 하던 일을 잘 따르는 것이다. 그런데 그들은 부모가 밟던 지
위를 밟았으며 그 행하던 예(禮)를 행했으며 그 연주하던 음악을 연주했
다. 부모가 존경하던 것을 공경했으며, 부모가 친하게 여기던 것을 사랑
했다.

부모의 사망을 산 사람 받들 듯 하였으며, 돌아가시고 안 계신 부모 섬
기기를 마치 살아계신 분을 섬기듯 공경하였으니, 이는 효도의 지극함이
다.

맹자왈 증자양증석①   필유주육   장철   필청
孟子曰 曾子養曾晳하되 必有酒肉하더니 將徹할새 必請
소여   문유여   필왈유   증석   사
所與하며 問有餘거든 必曰有라 하더라. 曾晳이 死거늘
증원②   양증자   필유주육   장철   불청소여
曾元이 養曾子하되 必有酒肉이러니 將徹할새 不請所與하며
문유여   왈무의   장이부진야   차   소위양구
問有餘거든 曰亡矣라 하니 將以復進也라 此는 所謂養口
체자야   약증자   즉가위양지야   사친   약증자자
體者也니 若曾子는 則可謂養志也니 事親이 若曾子者라야
가야
可也니라.

맹자가 말하기를,

증자(曾子)가 그 아버지 증석(曾晳)을 봉양할 때 반드시 술과 고기를 올렸고 장차 상을 물리려 할 때는 반드시 남은 음식을 누구에게 줄 것인지를 물었다. 또 남은 것이 있느냐고 물으면 반드시 있다고 했다.

증석이 죽고 증원(曾元)이 증자를 봉양하는데 그도 또한 술과 고기를 올렸다. 그런데 장차 상을 물리려 할 때는 남은 음식을 누구에게 줄 것인지를 묻지 않았으며 남은 것이 있느냐고 물으면 없다고 대답했으니, 이는 장차 다시 올리려는 속셈이었다.

이것은 이른바 입과 몸만 봉양하는 것이다. 증자와 같은 사람은 가히 뜻을 봉양했다고 할 수 있다. 부모를 섬기는 것은 증자처럼 해야 되는 것이다.

註解
1. 曾子 : 공자의 제자로 이름은 삼(參), 자는 자여(子輿). 효행으로 유명하다.
2. 曾元 : 증자의 아들.

> 증자왈   효자지양로야는   낙기심하며   불위기지하며   낙
> 曾子曰 孝子之養老也는 樂其心하며 不違其志하며 樂
>
> 기이목하며   안기침처하며   이기음식으로   충양지니   시고로
> 其耳目하며 安其寢處하며 以其飮食으로 忠養之니 是故로
>
> 부모지소애를   역애지하며   부모지소경을   역경지하나니   지
> 父母之所愛를 亦愛之하며 父母之所敬을 亦敬之하나니 至
>
> 어견마하여도   진연커든   이황어인호아
> 於犬馬하여도 盡然커든 而況於人乎아.

증자가 말하기를,

효도하는 자식이 늙은 부모를 봉양하는 법은, 그 마음을 즐겁게 해주고 부모의 뜻을 어기지 않으며 그 귀와 눈을 즐겁게 해주고 잠자는 곳을 편안히 해주며 좋은 음식으로 정성껏 봉양하는 것이다.

그런 까닭에 부모가 사랑하던 것을 또한 사랑하고, 부모가 공경하던 것을 역시 공경하는 것이다. 개나 말에 이르기까지도 다 그렇게 하니 하물며 사람에 이르러서야 더 무얼 말하겠는가?

^{공 자 왈} ^{부 모 생 지} ^{속 막 대 언}① ^{군 친 임 지} ^{후 막}
孔子曰 父母生之하니 續莫大焉이며 君親臨之하니 厚莫

^{중 언} ^{시 고} ^{불 애 기 친} ^{이 애 타 인 자} ^{위 지 패 덕}②
重焉이라. 是故로 不愛其親하고 而愛他人者를 謂之悖德

^{불 경 기 친} ^{이 경 타 인 자} ^{위 지 패 례}③
이며 不敬其親하고 而敬他人者를 謂之悖禮니라.

공자가 말하기를,

부모가 낳아 주시고 대를 잇게 해주셨으니 이보다 더 큰 은혜가 없고 임금이나 부모가 가까이 계심은 두터움이 이보다 더 중한 것이 없다. 그런 까닭에 제 부모를 사랑하지 않고 남을 사랑하는 것을 덕에 거슬린다고 말하고, 제 부모를 공경하지 않고 남을 공경하는 것을 예(禮)에 어긋난다고 한다.

註解

1. **續莫大焉** : 속(續)은 대(代)를 이어 줌.
2. **悖德** : 도덕에 어그러진 행위.
3. **悖禮** : 예의에 어그러진 행위.

^{효 자 지 사 친} ^{거 즉 치 기 경} ^{양 즉 치 기 락} ^{병 즉 치}
孝子之事親에 居則致其敬하며 養則致其樂하며 病則致

^{기 우} ^{상 즉 치 기 애} ^{제 즉 치 기 엄} ^{오 자 비 의 연 후}
其憂하며 喪則致其哀하며 祭則致其嚴이니 五者備矣然後에

^{능 사 친} ^{사 친 자} ^{거 상 불 교} ^{위 하 불 란} ^{재 추}
能事親이니라. 事親者는 居上不驕하며 爲下不亂하며 在醜

^{부 쟁} ^{거 상 이 교 즉 망} ^{위 하 이 란 즉 형} ^{재 추 이 쟁}①
不爭이니 居上而驕則亡하고 爲下而亂則刑하고 在醜而爭

^{즉 병} ^{차 삼 자} ^{부 제} ^{수 일 용 삼 생 지 양} ^{유 위}②
則兵하나니 此三者를 不除면 雖日用三牲之養이라도 猶爲

^{불 효 야}
不孝也니라.

효도하는 자식이 부모를 섬기는 법은 부모의 거처를 공경스럽게 모시고 봉양하는 데는 그 마음을 즐겁게 해주며, 병이 있으면 극진히 걱정하고 초상이 나면 슬픔을 다하고 제사에는 엄숙한 마음으로 받들어야 하는 것이니, 이 다섯 가지가 갖추어져야만 능히 부모를 섬겼다고 할 수가 있다.

부모를 섬기는 자는 윗자리에 있어도 교만하지 않고 아랫사람이 되어서도 어지럽게 행동하지 않으며 같은 자리에 있으면서 다투지 않는 것이다. 윗자리에 있으면서 교만하면 망하고 아랫자리에 있으면서 어지럽게 굴면 형벌을 받고 동등한 자리에 있으면서 다투면 병란(兵亂)을 일으키게 되는 것이다.

이 세 가지를 없애지 않으면 비록 날마다 삼생(三牲)의 고기를 바쳐서 봉양을 한다 해도 오히려 효도가 될 수 없는 것이다.

註解 〰〰〰〰〰〰〰〰〰〰〰

1. **在醜** : 여기의 추(醜)는 같다는 뜻으로 동등한 지위에 있다는 말.
2. **三牲** : 세 가지 짐승. 곧 소와 양과 돼지.

女教^여에 云^운 舅姑娶婦^{구고취부}는 在能孝之^{재능효지}니 苟不能孝^{구불능효}면 娶汝^{취여}

何爲^{하위}리오. 爲之婦者^{위지부자}는 夙夜祇畏^{숙야지외}하여 惟恐一毫^{유공일호}라도 稍違^{초위}

其意^{기의}니라. 舅姑之尊^{구고지존}은 其高猶天^{기고유천}하니 必敬必恭^{필경필공}하여 毋倚^{무의}

己賢^{기현}이오. 倘有笞詈^{당유태리}②라도 悦豫而受^{열예이수}③니라. 此實我愛^{차실아애}니 言^언

敢出口^{감출구}아. 彼東隣婦^{피동린부}는 曾不施之^{증불시지}요 必於我親^{필어아친}에 乃爾教^{내이교}

之^지니 出言自解^{출언자해}하면 即同悖逆^{즉동패역}④이니라. 但當曲從^{단당곡종}하여 孝敬^{효경}을

益力^{익력}이니 或有指使^{혹유지사}거든 聞命即行^{문명즉행}하고 雖甚勞勚^{수심로예}⑤나 豈敢^{기감}

自寧^{자녕}이리오. 安則致養^{안즉치양}하여 唯恐其飫^{유공기뇌}하고 病則致憂^{병즉치우}하여 衣^의

不解帶^{불해대}니라. 後人^{후인}이 則傚^{칙효}하여 亦如汝爲^{역여여위}니라. 身敎而從^{신교이종}이니

愼之戒之^{신지계지}이다.

〈여교〉에 이르기를,

시부모가 며느리를 얻는 것은 효도를 잘 하도록 하는 데 있다. 진실로 효도를 잘 하지 못하면 며느리를 얻어다가 무엇을 하겠는가? 며느리가 된 자는 밤낮으로 공경하고 조심하여 털끝만큼이라도 오직 그 뜻에 어긋날까 두려워해야 한다.

시부모를 존중함은 그 높이가 하늘과 같으니 반드시 공경하고 공손하되 자기 자신이 어질다고 믿어서는 안되며 혹 때리거나 꾸짖는 일이 있더라도 기꺼이 받아들여야 한다. 이것은 실상 나를 사랑하는 것이니 말이 감히 입 밖에 나갈 수 있으랴? 이는 저 동쪽 마을의 부인들에게는 일찍이 행하지 않은 일이며 반드시 나의 친한 사람에게나 비로소 가르치는 것이다. 말을 입 밖에 내어 스스로 풀이하려 한다면 이는 곧 인륜에 어긋나는 일과 같은 것이니 마땅히 순종하여 효도와 공경에 더욱 힘쓰도록 하라. 혹 일을 지시하거나 시키거든 명령을 듣는 즉시 행할 것이니 비록 몹시 힘이 들고 괴롭더라도 어찌 감히 스스로 편안하고자 생각하랴?

편안한 때에는 극진히 봉양하여 오직 시장하실까 걱정하고 병환이 있으면 극진히 조심하여 옷의 띠를 풀지 않는 것이다. 뒷사람도 이를 본받아 또한 너와 같이 할 것이다. 내 몸으로 가르치면 따르게 되는 것이니 이를 삼가하고 경계할 것이다.

|註解|・〜〜〜〜〜〜〜〜〜〜〜〜〜〜

1. 夙夜: 이른 아침부터 밤 늦게까지.

2. 笞詈: 태(笞)는 매질하는 것, 이(詈)는 꾸짖음.

3. 悅豫: 기뻐함.

4. 悖逆: 패악(悖惡)하여 불순함. 인륜에 어긋나고 나라에 반역함.

5. 勞勩: 예(勩)는 괴롭다는 뜻.

내칙[1]에 왈 재부모구고지소하여 유명지어든 응유경대하며
內則에 曰 在父母舅姑之所하여 有命之어든 應唯敬對하며

진퇴주선에 신제하며 승강출입에 읍유하며 불감얼애체
進退周旋에 愼齊하며 升降出入에 揖遊하며 不敢噦噫嚏

해흠신피의제시[3]며 불감타이[4]하며 한불감습[5]하며 양불감소
咳欠伸跛倚睇視며 不敢唾洟하며 寒不敢襲하며 癢不敢搔

하며 불유경사어든 불감단석[6]하며 불섭이거든 불궤[7]하며
하며 不有敬事어든 不敢袒裼하며 不涉이거든 不撅하며

설의금을 불견리하며 부모타이를 불현하며 관대구어든
褻衣衾을 不見裏하며 父母唾洟를 不見하며 冠帶垢어든

화회청수하며 의상구어든 화회청한하며 의상탄렬이거든
和灰請漱하며 衣裳垢어든 和灰請澣하며 衣裳綻裂이거든

인잠청보철[8]하나니 소사장하며 천사귀 공솔시[9]니라.
紉箴請補綴하나니 少事長하며 賤事貴 共帥時니라.

〈내칙(內則)〉에 이르기를,

부모나 시부모가 계신 곳에서는 명령이 있으면 오직 공손하게 대답하며 앞으로 나아가고 물러나며, 일을 주선할 때에는 조심스럽게 가지런히 해야 할 것이고, 높은 곳을 오르내리며 문을 드나들 때에는 몸을 조심하여 움직여야 한다. 감히 구역질이나 트림을 하거나 재채기나 기침을 하거나 하품을 하거나 기지개를 켜거나 비스듬히 서거나 흘겨보지 않을 것이다.

감히 함부로 침을 뱉거나 코를 풀지 않으며 춥다고 해서 함부로 옷을 껴입지 않고 가려워도 감히 크게 긁지 않는 법이다. 중요한 일이 아니면 함부로 어깨를 드러내지 않고 물을 건널 때가 아니면 아랫도리를 걷어올리지 않는다. 속옷과 이불은 안이 보이지 않게 하며 부모의 침이나 콧물을 남에게 보이지 않는다.

관대(冠帶)에 때가 묻었으면 잿물에 담가서 씻고 옷에 때가 묻었으면 잿물에 담가서 빤다. 또 옷이 터졌거나 찢어졌으면 바늘에 실을 꿰어 기워 드린다. 젊은 사람이 어른을 섬기고 천한 사람이 귀한 사람을 섬기는 것도 모두 이를 좇아서 할 것이다.

52

註解 ~~~~~~~~~~~~~~~~~~~~~~~~~~~~

1. **內則** : 예기의 편명. 주로 여자가 집에서 지켜야 할 도리에 대해서 기록한 책.
2. **噦·噫·嚏·咳·欠** : 얼(噦)은 딸꾹질. 애(噫)는 희로도 발음하지만 여기에서는 애로서 트림. 체(嚏)는 재채기. 해(咳)는 기침. 흠(欠)은 하품.
3. **睇視** : 흘겨봄.
4. **唾洟** : 타(唾)는 침, 이(洟)는 콧물.
5. **寒不敢襲** : 습(襲)은 여기에서는 껴입는다는 뜻.
6. **袒裼** : 웃옷의 왼쪽 소매를 벗어 젖혀 어깨를 드러내거나 속옷을 보이게 하는 예법의 하나. 이것은 아주 소중하고 공경스러운 때에나 행하는 예법이다.
7. **不撅** : 궤(撅)는 옷을 걷어올린다는 뜻.
8. **紉箴請補綴** : 인잠(紉箴)은 바늘에 실을 꿴. 보철(補綴)은 꿰맴.
9. **共帥時** : 솔(帥)은 여기에서는 본보기의 뜻. 좇는다고 풀어도 된다. 시(時)는 시(是)와 같다.

子婦의 孝者敬者는 父母舅姑之命을 勿逆勿怠니라. 若
飮食之거든 雖不耆나 必嘗而待하며 加之衣服이거든 雖不
欲이나 必服而待니라. 加之事요 人代之거든 己雖不欲이나
姑與之하고 而姑使之而後에야 復之니라.

아들과 며느리가 효도하고 공경하는 것이란 부모나 시부모의 뜻을 거슬리지 않고 게을리하지 않는 것이다. 만일 부모가 음식을 먹으라고 하면 그것이 비록 즐기는 음식이 아니더라도 반드시 맛을 보고 다음 말을 기다려야 한다. 옷을 입으라고 하면 비록 입고 싶지 않아도 반드시 입고서 다음 말을 기다려야 한다.

부모가 일을 맡기고 나서 그 일을 남에게 대신 하라고 했으면 비록 그렇게 하고 싶지 않더라도 그 사람에게 일단 맡겼다가 잠시 일을 시킨 뒤에 다시 자기가 맡아서 해야 한다.

註解 ~~~~~~~~~~~~~~~~~~~~~~~~~~~~

1. **姑使之** : 여기의 고(姑)는 잠시라는 뜻.

曲禮_에曰 父母有疾_{이거든} 冠者_는 不櫛_{하며} 行不翔_{하며}
言_①不惰_{하며} 琴瑟_을 不御_{하며} 食肉_{하되} 不至變味_{하며} 飮酒
_{하되} 不至變貌_{하며} 笑不至矧_②_{하며} 怒不至詈_니 疾止_{거든}
復故_{니라.}

〈곡례〉에 이르기를,

부모가 병환이 있을 때는 관(冠)을 쓰더라도 머리에 빗질을 하지 않으며 걸을 때도 상쾌하게 걷지 않으며, 말할 때는 버릇없게 하지 않으며 가야금이나 비파를 연주하지 않는다. 고기를 먹을 때는 맛을 갖추어서 많이 먹지 않으며 술을 마실 때는 얼굴이 변하도록 마시지 않는다. 웃어도 잇몸이 드러나도록 크게 웃지 않으며 노해도 남을 꾸짖기까지는 하지 않는다. 그러다가 병이 다 나으면 전과 같이 한다.

註解

1. 言不惰 : 타(惰)는 단정하지 못하고 버릇이 없음.
2. 矧 : 잇몸.

司馬溫公_曰 父母舅姑 有疾_{이거든} 子婦無故_면 不離側_{하며}
親調嘗藥餌而供之_①_{하고} 子婦_는 色不滿容_{하며} 不戲笑_{하며}
不宴遊_{하며} 舍置餘事_{하고} 專以迎醫檢方合藥_{으로} 爲務_니
疾已_{거든} 復初_{니라.}

사마 온공이 말하기를,

부모나 시부모가 병환이 나셨을 때 아들과 며느리는 아무 연고가 없는

54

한 부모의 곁을 떠나지 말아야 하며 친히 약을 짓고 맛을 보아 가면서 올려야 한다.

아들이나 며느리는 얼굴에 만족한 빛을 띠지 말고 희롱하고 웃지 말며 잔치하고 놀지 말며, 딴 일은 내버려 두고 오로지 의원을 모셔다가 백방으로 약을 짓는 일에만 힘을 써야 한다. 그러다가 병이 나으면 전과 같이 한다.

註解～～～～～～～～～～～～►

1. **藥餌** : 약과 음식.

백 유 유 과 ①　　기 모 태 지　　읍　　　기 모 왈 타 일 태 자
伯俞有過거늘 **其母笞之**한데 **泣**이라. **其母曰 他日笞子**

미 상 읍　　　금 읍　　하 야　　대 왈 유 득 죄　　태 상 통
에 **未嘗泣**이러니 **今泣**은 **何也**오. **對曰 俞得罪**에 **笞常痛**

금　　모 지 력　　불 능 사 통　　시 이 읍　　　　고
이러니 **今**에 **母之力**이 **不能使痛**일새 **是以泣**이니이다. **故**로

왈 부 모 노 지　　부 작 어 의②　　불 현 어 색③　　심 수 기 죄
曰 父母怒之에 **不作於意**하며 **不見於色**하여 **深受其罪**하여

사 가 애 련　　　상 야　　부 모 노 지　　부 작 어 의　　불 현 어 색
使可哀憐이 **上也**오. **父母怒之**에 **不作於意**하며 **不見於色**

기 차 야　　　부 모 노 지　　작 어 의　　현 어 색
이 **其次也**오. **父母怒之**거든 **作於意**하며 **見於色**이

하 야
下也니라.

백유(伯俞)에게 과오가 있어서 그 어머니가 매를 때렸더니 백유가 울었다. 그 어머니가 묻기를

"다른 때는 일찍이 우는 일이 없더니 오늘 우는 것은 무슨 까닭이냐?"
하자 백유가 대답하기를

"제가 잘못하여 매를 맞을 때에는 항상 아팠었는데 오늘은 어머니의 기운이 저를 아프게 하지 못하셨습니다. 그 때문에 울었습니다."
했다. 그런 까닭에 부모가 노하시거든 마음에 아무런 생각도 하지 않으며

얼굴빛을 바꾸지 않으며 깊이 자기의 죄를 인정하고 받아들여서, 부모로 하여금 슬프고 불쌍한 마음이 생기게 하는 것이 제일 좋은 방법이다.

부모가 노여워 할 경우에는 불쾌한 마음을 갖지 않고 좋지 않은 안색을 하지 않는 것이 그 다음 방법이며, 부모가 노했을 때 마음을 불쾌하게 갖고 좋지 않은 얼굴빛을 나타내는 것은 제일 나쁜 방법이니라.

註解

1. 伯俞 : 한(漢)나라 때 사람. 성품이 지극히 효성스러웠다. 여기에 나온 글은 상우록(尚友錄)이란 책에 나와 있다.

2. 不作於意 : 마음속에 조금이라도 불쾌한 생각을 하지 않는다는 뜻.

3. 不見於色 : 얼굴에 나타내지 않음. 여기의 현(見)은 나타낸다는 뜻.

①
内則에 曰 父母有婢子若庶子庶孫을 甚愛之거든 雖父母

没이라도 没身敬之하여 不衰니라. 子有二妾하여 父母는

愛一人焉하고 子愛一人焉이거든 由衣服飲食과 由執事를

毋敢視父母所愛하여 雖父母没이라도 不衰니라.

〈내칙〉에 이르기를,

부모에게 첩(妾)이나 서자(庶子), 서손(庶孫)들이 있어서 그들을 몹시 사랑했으면 비록 부모가 돌아가셨더라도 몸이 다할 때까지 그들을 공경하여 그 마음이 줄지 않아야 한다.

아들에게 두 첩이 있어서 부모는 그 중 한 사람을 사랑하고 아들은 그 중의 다른 한 사람을 사랑한다면, 아들이 사랑하는 첩을 의복과 음식으로부터 모든 집안 일을 하는 것에 있어서 감히 부모가 사랑하는 첩과 비교해서는 안된다. 비록 부모가 돌아가셨더라도 그 마음은 줄지 않아야 한다.

註解

1. 婢子 : 여기에서는 첩을 말함.

자심의기처　　　　　　부모불열　　　　　출　　　자불의기처
子甚宜其妻라도　**父母不說**이거든　**出**하고　**子不宜其妻**라도

부모왈　시선사아　　　　　자행부부지례언　　　　몰신불쇠
父母曰 是善事我거든　**子行夫婦之禮焉**하여　**沒身不衰**니라.

아들이 그 아내를 몹시 마땅하게 여겨도 부모가 기뻐하지 않으면 내보
내고 아들이 그 아내를 마땅하게 여기지 않더라도 부모가 말하기를 "이
며느리가 나를 잘 섬긴다." 하면 아들은 부부의 예를 행하여 몸이 다하도
록 그 마음이 변치 않아야 한다.

구몰즉고로　　총부①　소제사빈객　　매사필청어고
舅沒則姑老니 **冢婦**는 **所祭祀賓客**을 **每事必請於姑**하고

개부②　청어총부　　구고사총부　　무태하고　불우무
介婦는 **請於冢婦**하나니 **舅姑使冢婦**거든 **毋怠**하고 **不友無**

례어개부　　구고약사개부　　무감적우어총부③
禮於介婦니라. **舅姑若使介婦**거든 **毋敢敵耦於冢婦**하여

불감병행　　불감병명　　불감병좌　　범부불명적
不敢並行하며 **不敢並命**하며 **不敢並坐**니라. **凡婦不命適**

사실　　불감퇴　　부장유사　　대소필청어구고
私室이거든 **不敢退**하고 **婦將有事**거든 **大小必請於舅姑**니라.

시아버지가 돌아가시면 시어머니도 늙게 마련이다. 맏며느리는 모든 제
사 지내는 일과 손님 접대하는 일을 반드시 시어머니께 여쭈어서 하고 작
은 며느리는 맏며느리에게 물어서 한다. 시아버지나 시어머니가 맏며느리
에게 일을 시키면 게으르게 하지 말며 작은 며느리에게 무례하게 하지 않
는다.

시아버지나 시어머니가 만일 작은 며느리에게 일을 시키면 감히 맏며느
리와 대등하게 생각하거나 똑같이 행동하거나 똑같이 아랫사람에게 명령
을 하거나 나란히 앉지 않는 것이다. 모든 며느리들은 자기 방으로 돌아
가도 좋다는 부모의 명령이 없으면 감히 물러가지 않고 장차 무슨 일이 있

을 때는 크고 작은 일을 막론하고 반드시 시부모께 여쭈어서 한다.

註解

1. 冢婦 : 큰 며느리. 총(冢)은 맏[長]이라는 뜻이다.
2. 介婦 : 첩이나 작은 며느리.
3. 敵耦 : 동등한 자격으로 견주어 생각함.

부모수몰　　　　장위선　　　사 이 부 모 령 명①　　필 과
父母雖没이나　將爲善엔　思貽父母令名하여　必果하며

장위불선　　　사 이 부 모 수 욕　　　필 불 과
將爲不善엔　思貽父母羞辱하여　必不果니라.

부모가 비록 돌아가셨어도 장차 착한 일을 할 때는 부모에게 아름다운 이름을 물려드린다는 생각으로 반드시 과감하게 행동해야 하고, 장차 착하지 못한 일을 할 때에는 부모에게 부끄러움과 욕이 돌아가게 되는 것을 생각하여 반드시 하지 말아야 한다.

註解

1. 令名 : 여기의 영(令)은 아름답다는 뜻. 명예.

이 천 선 생 왈　인 무 부 모　　생 일　　당 배 비 통　　　갱 안 인
伊川先生曰　人無父母면　生日에　當倍悲痛이니　更安忍

치 주 장 악　　　이 위 락　　　약 구 경 자　　가 의
置酒張樂하여　以爲樂이리오.　若具慶者는　可矣니라.

이천선생(伊川先生)이 말하기를,

부모가 안 계신 사람은 생일(生日)을 당했을 때 갑절이나 슬픈 마음이 날 것이니 어찌 차마 술을 마시고 음악을 연주하겠는가? 만일 부모가 모두 계시면 그렇게 하여도 좋을 것이다.

예 기　　왈　사 친　　　유 은 이 무 범①　　좌 우 취 양
禮記에　曰　事親하되　有隱而無犯하며　左右就養하되

58

무 방　　　복 근 지 사　　치 상②삼 년　　　　사 군　　유 범 이
無方하며　服勤至死면　致喪三年이니라.　事君하되　有犯而

무 은　　　좌 우 취 양　　유 방　　복 근 지 사　　방 상③삼 년
無隱하며　左右就養하되　有方하며　服勤至死면　方喪三年

사 사　　무 범 무 은　　좌 우 취 양　　무 방
이니라.　事師하되　無犯無隱하며　左右就養하되　無方하며

복 근 지 사　　심 상④삼 년
服勤至死면　心喪三年이니라.

〈예기〉에 이르기를,

부모를 섬기는 데는 잘못은 숨겨 주고 거슬리는 일이 없어야 하며, 여기 저기 뛰어다니면서 봉양하는데 방향을 가리지 않는 것이다. 이렇게 돌아가 실 때까지 부지런히 섬겼으면 정성을 다해서 3년의 거상을 입는 것이다.

임금을 섬기는 데는 간(諫)하는 데 거슬림은 있어도 숨기는 일은 없 으며 여기저기 뛰어다니면서 섬기지만 그 방향이 있어야 한다. 이렇게 하 여 돌아가실 때까지 부지런히 섬겼으면 변함없이 3년의 거상을 입는 것 이다.

스승을 섬기는 데는 거슬림도 없고 숨기는 일도 없으며 여기저기 뛰 어다니면서 봉양하는데 방향이 없으며, 돌아가실 때까지 부지런히 섬겼으 면 마음 속으로 3년의 거상을 입는다.

註解

1. 有隱而無犯 : 은(隱)은 숨겨 줌. 논어에 보면 '父爲子隱 子爲父隱'이라고 해서 아비 는 자식을 위해서 숨겨 주고 자식은 아비를 위해서 숨겨 준다고 했다. 그러므로 여기에 서도 숨겨 준다는 뜻이 된다. 범(犯)은 거역한다는 뜻.
2. 致喪 : 정성을 다해서 거상을 입음.
3. 方喪 : 변함없이 떳떳하게 거상을 입음.
4. 心喪 : 마음속으로 거상을 입음.

사 마 온 공 왈　부 모 지 상　중 문 외　　택 박 루 지 실
司馬溫公曰　父母之喪엔　中門外에　擇樸陋之室하여

위 장 부 상 차①　참 최②　침 점 침 괴③　불 탈 질 대④
爲丈夫喪次하고　斬衰하며　寢苫枕塊하며　不脫経帶하며

불여인좌언
不與人坐焉이니라. 婦人은 부인 次於中門之內別室하고 撒去帷
차어중문지내별실 철거유

帳衾褥華麗之物이니라. 男子無故거든 不入中門하며 婦人은
장금욕화려지물 남자무고 불입중문 부인

不得輒至男子喪次니라. 晋陳壽遭父喪하여 有疾이거늘
부득첩지남자상차 진진수조부상 유질

使婢丸藥하니 客이 往見之하고 鄕黨이 以爲貶議하니
사비환약 객 왕견지 향당 이위폄의

坐是沈滯하여 坎坷終身하니 嫌疑之際엔 不可不愼이니라.
좌시침체 감가종신 혐의지제 불가불신

사마 온공(司馬溫公)이 말하기를,

부모의 초상에는 중문(中門) 밖에 소박하고 누추한 집을 마련하여 남자들의 거상하는 곳으로 쓴다. 참최(斬衰)의 상복을 입고 거적 위에서 자며 흙덩이를 베개로 삼는다. 머리의 질(絰)과 허리의 띠를 풀지 않으며 사람들과 함께 앉지 않는다.

부인은 중문 안의 별실(別室)에 거상하는 곳을 마련하고 휘장과 이불과 요 등의 화려한 물건을 걷어치운다. 남자는 연고가 없는 한 중문에 들어가지 않으며 부인은 갑자기 남자의 거상하는 곳에 가지 않는다.

진(晋)나라 진수(陳壽)가 아버지의 상을 당해 병이 났으므로 이에 계집 종을 시켜서 환약을 짓게 했다. 마침 손님이 왔다가 그것을 보고 향당(鄕黨)에서 그 일을 배척하는 의논을 했다.

이 일 때문에 그는 벼슬길이 막혀 죽을 때까지 불우하게 지냈다. 그러니 꺼려야 할 때에는 일을 삼가지 않을 수 없는 것이다.

註解

1. 丈夫喪次 : 장부(丈夫)는 남자, 상차(喪次)는 거상하는 곳.
2. 斬衰 : 상복의 일종으로 거친 베로 만든 옷을 아랫단을 꿰매지 않은 것인데 이것이 다섯 가지 상복 중에서 제일 중한 것이다.
3. 寢苫枕塊 : 거적[苫]을 깔고 흙덩어리[塊]를 베개삼아 빈다는 뜻으로 쓰임.
4. 絰帶 : 상복을 입고 머리와 허리에 두르는 마대(麻帶). 머리에 두르는 것을 수질(首絰), 허리에 두르는 것을 요질(腰絰)이라고 한다.
5. 帷帳衾褥 : 유장(帷帳)은 휘장, 금욕(衾褥)은 이불과 요.

6. **陳壽** : 진나라 사람. 삼국지(三國志)를 저술했다.
7. **坐是沈滯** : 좌시(坐是)는 이 까닭에란 말.
8. **坎坷** : 불우함. 세상에 쓰이지 못함.

古者엔 父母之喪에 旣殯[1]에 食粥하며 齊衰[2]엔 疏食水

飮하고 不食菜果니라. 父母之喪엔 旣虞卒哭[3]에 疏食水

飮[4]하고 不食菜果하며 期而小祥[5]하고 食菜果하며 又期而

大祥하고 食醯醬하며 中月而禫[6]하고 禫而飲醴酒니라. 始飲

酒者는 先飲醴酒하고 始食肉者는 先食乾肉이니라. 古人은

居喪에 無敢公然食肉飲酒者[7]러라. 漢昌邑王[8]이 奔昭帝之[9]

喪할새 居道上하여 不素食이거늘 霍光[10]이 數其罪而廢之[11]하

니라. 晋阮籍[12]이 負才放誕하여 居喪無禮거늘 何曾面質籍[13]

於文帝坐曰 卿은 敗俗之人이라 不可長也라 하고 因言於

帝曰 公이 方以孝로 治天下거늘 而聽阮籍의 以重哀로

飲酒食肉於公坐하니 宜擯四裔하여 無令汚染華夏[14]니이다.

宋盧陵王義眞[15]이 居武帝憂하여 使左右로 買魚肉珍羞하여

於齋內에 別立廚帳이러니 會에 長史劉湛[16]이 入이거늘 因命

臛酒하고 炙車螯한데 湛이 正色曰 公이 當今에 不宜有

此設^{차설}이니이다. 義眞曰^{의진왈} <u>旦甚寒</u>^{단심한}하고 長史^{장사}는 事同一家^{사동일가}하니

望不爲異^{망불위이}하라. 酒至^{주지}에 湛^담이 起曰^{기왈} 旣不能以禮^{기불능이례}로 自處^{자처}하고

又不能以禮^{우불능이례}로 處人^{처인}이로다. 隋煬帝爲太子^{수양제위태자⑰}에 居文獻皇后^{거문헌황후⑱}

喪^상이러니 每朝^{매조}에 令進二溢米^{영진이일미⑲}하고 而私令外^{이사령외}로 取肥肉脯^{취비육포}

鮓^자하여 置竹筒中^{치죽통중}하고 以蠟^{이랍}으로 閉口^{폐구}하고 衣袱^{의복}으로 裹而^{과이}

納之^{납지}러라. 湖南楚王馬希聲^{호남초왕마희성⑳}이 葬其父武穆王之日^{장기부무목왕지일}에 猶食^{유식}

鷄臛^{계학}하더니 其官屬潘起譏之曰^{기관속반기기지왈} 昔^석에 阮籍^{완적}이 居喪^{거상}에 食蒸^{식증}

豚^돈하니 何代無賢^{하대무현}이리오 하니 然則五代之時^{연즉오대⑳지시}에 居喪食肉者^{거상식육자}를

人^인이 猶以爲異事^{유이위이사}하니 是流俗之弊其來甚近也^{시류속지폐기래심근야}로다. 今之^{금지}

士大夫^{사대부}는 居喪^{거상}에 食肉飮酒^{식육음주}를 無異平日^{무이평일}하며 又相從宴集^{우상종연집}

하여 靦然無愧^{전연무괴}하되 人亦恬不爲怪^{인역념불위괴}하여 禮俗之壞^{예속지괴}를 習以爲^{습이위}

常^상하니 悲夫^{비부}로다. 乃至鄙野之人^{내지비야지인}이 或初喪^{혹초상}에 未斂^{미렴}이라도

親賓^{친빈}이 則齎酒饌^{즉재주찬}하여 往勞之^{왕로지}하며 主人^{주인}도 亦自備酒饌^{역자비주찬}하여

相與飮啜^{상여음철}하여 醉飽連日^{취포연일}하며 及葬^{급장}에도 亦如之^{역여지}하고 甚者^{심자}는

初喪^{초상}에 作樂^{작악}하여 以娛尸^{이오시}하며 及殯葬^{급빈장⑳}에 則以樂^{즉이악}으로 導輀^{도이}

車^거하고 而號泣隨之^{이호읍수지}하며 亦有乘喪^{역유승상}하여 即嫁娶者^{즉가추자}하니 噫^희라.

62

習俗之難變과 愚夫之難曉가 乃至此乎여. 凡居父母之

喪者는 大祥之前엔 皆未可飲酒食肉이니 若有疾하여

蓋須食肉이라도 疾止거든 亦當復初니라. 必若素食을 不

能下咽하여 久而羸憊하여 恐成疾者는 可以肉汁及脯醢와

或肉少許로 助其滋味요 不可恣食珍羞盛饌하며 及與人燕

樂이니 是則雖被衰麻라도 其實은 不行喪也니라. 唯五十

以上에 血氣旣衰면 必資酒肉이요 扶養者는 則不必然爾

니라. 其居喪에 聽樂及嫁娶者는 國有正法일새 此에

不復論하노라.

옛날에는 부모의 초상을 당하면 빈소(殯所)를 마련하고 죽을 먹었다. 재최(齊衰)의 복을 입는 동안에는 반찬 없는 밥을 먹고 맹물을 마시며 채소와 과일은 먹지 않았다.

부모의 초상에는 우제(虞祭)와 졸곡제(卒哭祭)를 지내고 나면 반찬 없는 밥을 먹고 맹물을 마시며 채소와 과일은 먹지 않는 것이다.

일년이 지나면 소상(小祥)이 되는데 이때부터 채소와 과일을 먹으며 또 일년이 지나면 대상(大祥)이 되는데 이때부터 식초와 간장을 먹는다.

이로부터 한달을 사이에 두고 담제(禫祭)를 지내는데 이때부터 단술을 마신다.

이처럼 처음 술을 마시는 사람은 먼저 단술〔醴酒〕부터 마시고 처음 고기를 먹는 사람은 먼저 마른 고기부터 먹는 것이다.

옛날 사람들은 상중에 있을 때는 감히 내놓고 버젓이 고기를 먹거나 술을 마시지 못했었다.

　한(漢)나라 때 창읍왕(昌邑王)이 소제(昭帝)의 초상에 달려가다가 도중에서 머물게 되었는데 반찬 없는 밥을 먹지 않았다하여 곽광(霍光)이 그 죄를 낱낱이 들어 폐했다.

　또 진(晋)나라 때 완적(阮籍)은 자기의 재주를 믿고 방자하여　상중에도 예의가　없었기에,　하증(何曾)이 문제(文帝)와 같이 있는 자리에서 그를 면전에서 꾸짖기를

　"그대는 풍속을 무너뜨리는 사람이니 남이 장하게 여길 수가 없다."

하고 또 문제에게 말하기를

　"제(帝)께서는　바야흐로 효도로써 천하를 다스리는데 완적이 소중한 초상을 당했는데도 버젓한 자리에서 술을 마시고 고기를 먹었다는 말을 들으셨습니다. 하오니 마땅히 변방으로 내쫓아 중국 땅을 더럽히지 않게 하시옵소서."

했다.

　송나라 여릉왕(廬陵王)　의진(義眞)은 무제(武帝)의 상을 당했을 때 주위 사람을 시켜서 생선과 고기 등의 귀한 음식들을 사오게 하여,　재실(齋室) 안에 따로 부엌을 만들고 음식을 만들게 했다. 이때 마침 장사(長史) 유담(劉湛)이 들어오자 명하여 술을 데우고 생합을 구워오도록 했다.

　이것을 보고 담(湛)은 정색(正色)하고 말하기를

　"지금 이렇게 음식을 차려서는 안됩니다."

했으나 의진(義眞)은

　"아침이 몹시 춥고 장사(長史)에게는 한 집안 일과 같으니 바라건대 이상하게 여기지 마시오."

했다.

　그러나 술이 나오자 담(湛)은 자리에서 일어나면서 말하기를

　"능히 예의로써 스스로 처신할 줄 모르고 남까지도 예의로 처신하지 못하게 하는군요."

했다고 한다.

　수(隋)나라 양제(煬帝)가 태자(太子)로 있을 때 문헌황후(文獻皇后)의 초상을 당했다. 그는 매일 아침 두 줌의 쌀을 바치게 하고 남몰래 밖으

로부터 살찐 고기와 육포와 젓갈을 구해서 대나무통속에 넣고 밀[蠟]로 그 주둥이를 밀봉하여 이것을 옷으로 싸서 바치게 했다.

호남(湖南)의 초왕(楚王) 마희성(馬希聲)이 그 아버지 무목왕(武穆 王)을 장사지내던 날에 오히려 닭고기국을 먹자, 밑의 관속(官屬)인 반 기(潘起)가 이를 비꼬아 말하기를

"옛날에 완적은 상중에 찐 돼지고기를 먹었다더니 어느 시대나 어진 사 람은 없었던 모양일세!"

했다고 한다.

그런데 오대(五代)의 시절만 해도 상중에 고기를 먹는 사람이 있으면 많은 사람들이 오히려 이상한 일로 여겼으니, 이 흘러오는 풍속의 폐단은 매우 가까운 요즈음의 일일 것이다.

오늘날의 사대부(士大夫)들은 상중에 있으면서도 고기를 먹고 술을 마 시는 것이 평일(平日)과 조금도 다름이 없으며, 또 서로 찾아다니면서 잔 치하고 즐기면서 태연하게 부끄러워할 줄을 모르는데도 사람들이 역시 전 혀 괴상하게 여기지 않아, 예속(禮俗)이 허물어지는 것을 그냥 습관으로 받아들이고 그것을 정상으로 여기니 슬픈 일이로다.

가난한 시골 사람에 이르러서는 혹 초상 때에 염(斂)을 아직 하지 않았 는데도 친척과 손님들이 술과 음식을 갖추어 가지고 가서 이것을 가지고 위로하며, 주인 또한 스스로 술과 안주를 마련하여 서로 어울려 마시고 먹 으면서 연일 취하고 배불리 먹고, 장사지내는 데도 또한 이와 같이 한다.

더구나 심한 자는 초상에 음악을 연주하여 그것으로 죽은 사람을 즐겁게 해준다 하여 초빙하고, 장사지내는 데도 음악을 연주하여 상대를 인도하고 울면서 그 뒤를 따르고 있으며, 또한 상중에 있는 틈을 타서 시집을 보내 고 며느리를 얻는 자가 있으니 슬픈 일이다. 습관된 풍속은 고치기 어렵고 어리석은 백성은 깨우치기 어려운 것인데 어찌 이에 이르렀단 말인가?

부모의 상중에 있는 모든 사람은 대상(大祥) 전에는 모두 술을 마시고 고기를 먹지 말아야 할 것이니 혹 병이 있어서 부득이 잠시 고기를 먹었 더라도 병이 나으면 역시 전과 같이 해야 하는 것이다.

만일 반찬 없는 밥을 목에 넘기지 못하여 오랫동안 파리해지고 피로하여 병이 될까 걱정되는 사람은 고기즙이나 육포나 젓갈 또는 약간의 고기를

가지고 입맛을 돕게는 할지언정, 맘대로 진수성찬을 들거나 남과 함께 잔치를 벌이고 즐겨서는 안된다. 이렇게 하면 비록 상복을 입었어도 사실은 초상의 예의를 행하지 않는 것이다.

다만 나이 50세가 넘어서 혈기(血氣)가 이미 쇠해졌으면 부득이 술이나 고기를 들어야 할 것이나 지탱하여 몸을 버틸 수 있는 사람이면 반드시 그렇게 해서는 안된다.

상중에 음악을 듣거나 시집을 가고 장가를 드는 사람은 나라에서 정한 올바른 법이 있으니 여기에서 다시 이야기할 것이 없다.

註解 〰〰〰〰〰〰〰〰〰〰〰〰

1. 殯 : 여기에서는 빈소(殯所)를 마련함. 빈소란 발인(發靷)할 때까지 관(棺)을 놓아두는 방을 말함.

2. 齊衰 : 자최로도 읽지만 대개 재최로 읽는다. 상복의 일종으로 삼베로 만들어 아랫도리 치마부분을 꿰맨 것. 오복(五服) 중에서 참최(斬衰)와 함께 가장 중한 복.

3. 虞卒哭 : 우제(虞祭)와 졸곡제(卒哭祭). 우제는 초우(初虞)·재우(再虞)·삼우(三虞)의 총칭. 삼우제(三虞祭)라고 한다. 졸곡은 삼우제를 지낸 뒤 3개월만에 정일(丁日)을 골라서 지내는 제사.

4. 疏食水飮 : 소식(疏食)은 거친 밥. 반찬이 없는 밥. 수음(水飮)은 음수(飮水)와 같다.

5. 期 : 기(朞)와 같다. 만 1년을 말함.

6. 中月而禫 : 중월(中月)은 한달 안이란 말. 담(禫)은 담제(禫祭), 또는 담사(禫祀)라고 하는데 대상(大祥)을 지낸 그 다음 달에 지내는 제사.

7. 公然 : 버젓이, 거리낌 없이.

8. 昌邑王 : 한나라 무제의 아들. 소제(昭帝)의 형인 유하(劉賀)를 말함. 소제가 20세에 죽고 아들이 없기 때문에 형인 창읍왕을 제위에 오르게 했으나 너무 소행이 불미하여 재위 27일만에 폐위되어 역대 제왕의 반열에는 들지 못했다.

9. 昭帝 : 창읍왕(昌邑王)의 아우.

10. 霍光 : 전한 때 사람으로 무제의 유조(遺詔)를 받들어 대사마대장(大司馬大將)이 되어 소제를 도왔다. 다음의 창읍왕이 음란하자 그를 폐위시키고 선제(宣帝)를 세웠다. 제(帝)를 받든 지 전후 20여년에 많은 공을 세워 기린각(麒麟閣)에 그려진 공신(功臣) 중에 제일로 친다.

11. 數其罪 : 수죄(數罪)라 하는데 죄상을 일일이 들어 책망함.

12. 阮籍 : 남조(南朝) 죽림칠현(竹林七賢)의 으뜸. 노장학설(老莊學說)을 좋아하며 호주가(好酒家)로 시를 잘 지었고 거문고도 잘 탔다. 관내후(關內侯)에 봉해졌고 대장군(大將軍)·보병교위(步兵校尉) 등을 지냈다. 영회시(詠懷詩) 80여 수가 유명하고 많은

저서가 있다.

13. **何曾** : 완적과 같은 때 사람으로 학문을 좋아하고 아는 것이 많아 무제 때에 벼슬이 태위(太尉)를 거쳐 공경(公卿)에 이르렀다. 낭릉후(朗陵侯)에 봉해지기도 했음.

14. **華夏** : 중국 본토를 과시하여 일컫는 말.

15. **廬陵王義眞** : 유의진(劉義眞)이 여릉효헌왕(廬陵孝獻王)에 봉해졌다.

16. **長史劉湛** : 장사(長史)는 벼슬 이름. 유담(劉湛)의 자는 홍인(弘仁)이며, 재주가 있어서 사전(史傳)을 두루 섭렵했고 벼슬이 왕부장사(王府長史)에 이르렀다.

17. **隋煬帝** : 수나라의 제 2대 황제. 이름은 광(廣). 문제의 둘째 아들. 사치에 흘러 토목 공사를 일으키고 운하(運河)를 만들었으며 장성을 쌓았음. 재위 12년만에 우문화급(宇文化及)에게 시살되었다.

18. **文獻皇后** : 수양제의 어머니.

19. **溢米** : 일(溢)은 한 움큼.

20. **馬希聲** : 오대십국(五代十國)때 초나라 왕인 은(殷)의 둘째 아들. 형양왕(衡陽王)에 봉해졌다가 뒤에 초왕(楚王)이 되었다. 재위 2년. 양(梁)의 태조가 닭고기를 좋아한다는 말을 듣고 하루에 50마리를 삶아 바쳤다는 고사가 있다.

21. **五代** : 여기에서는 양(梁)·당(唐)·진(晉)·한(漢)·주(周)의 다섯 나라를 말함. 이것을 후오대(後五代)라고 한다.

22. **殯葬** : 시체를 입관(入棺)하여 장사지낼 때까지 안치시키는 절차.

23. **衰麻** : 베로 만든 상복.

> 顔丁이 善居喪이러니 始死에 皇皇焉如有求而弗得하며
> 旣殯에 望望焉如有從而弗及하며 旣葬에 慨然如不及其反
> 而息하더라.

안정(顔丁)은 거상을 올바르게 잘했다.

상을 당했을 때는 경황이 없이, 마치 부모를 구하려 애썼으나 구하지 못한 사람 같은 그런 모습이었다.

이미 빈소(殯所)를 마련하고 나서는 멍하니 넋을 잃고 마치 못내 부모를 좇고 싶었으나 좇지 못하는 것 같은 그런 모습이었다.

이미 장사를 지내고 나서는 슬프게 여겨 마치 부모를 도로 모시고 돌아오려다가 하지 못한 것처럼 탄식했다.

註解

1. 顏丁 : 춘추시대 노(魯) 나라 사람. 예기 단궁편(檀弓篇)에도 나오는데 효자로 특히 거상(居喪)을 잘했다.
2. 皇皇焉 : 허둥지둥하여 마음의 중심을 잡지 못하는 모습.
3. 望望焉 : 멍하니 바라보고 실의(失意)에 찬 모습.
4. 慨然 : 슬픈 모습.

海虞令何子平이 母喪에 去官하고 哀毁踰禮하여 每哭踊에 頓絶方蘇러라. 屬大明末에 東土饑荒하고 繼以師旅하여 八年을 不得營葬하여 晝夜號哭하되 常如祖括之日하여 冬不衣絮하고 夏不就淸涼하며 一日以米數合으로 爲粥하고 不進鹽菜러라. 所居屋이 敗하여 不蔽風日이거늘 兄子伯興이 欲爲葺理러니 子平이 不肯曰 我는 情事를 未申이라. 天地一罪人耳 屋何宜覆이리오. 蔡興宗이 爲會稽太守라 甚加矜賞하여 爲營塚壙하니라.

해우령(海虞令) 하자평(何子平)이 어머니 초상을 당하자 벼슬을 버리고 슬퍼함이 예의에 지나칠 정도로 심해, 매양 울다가는 기절했다가 얼마 후에야 깨어나곤 했다.

이때는 마침 명(明)나라 말년이어서 동쪽 지방에 기근이 들어 있는 데다가 전쟁이 계속되어 8년이나 장사를 지내지 못하고 있었다. 이에 그는 밤낮으로 울어서 항상 초상 때 단괄(袒括)로 있을 때와 같이 했다. 겨울에는 솜옷을 입지 않고 여름이면 서늘한 곳에 거처하지 않으면서, 하루

에 쌀 두어 홉으로 죽을 쑤어 먹고 간이 있는 음식이나 채소도 먹지 않았
다.

그가 거처하는 집이 허물어져서 바람과 햇빛을 가리지 못하므로 형의 아
들 백홍(伯興)이 집을 수리하려 했으나 자평은 이를 허락하지 않고 말하
기를

"나는 마음에 있는 일을 다하지 못했으니 천지 사이의 한 죄인인데 집을
어찌 고칠 수 있단 말이냐."

했다.

채흥종(蔡興宗)이 회계태수(會稽太守)가 되어 이를 알고 몹시 불쌍하
고 갸륵히 여겨 그를 위해 무덤을 만들어 장사지내게 하였다.

註解

1. 何子平 : 남송 문제(文帝) 때 사람으로 오군 해우(吳郡海虞)의 수령을 지냈다. 효자로
   이름이 알려져 있었다.
2. 哭踊 : 울면서 발로 땅을 구르는 아주 슬플 때 하는 의식.
3. 頓絶方蘇 : 아주 기절했다가 겨우 깨어남.
4. 師旅 : 군사의 뜻으로 전쟁을 말함.
5. 祖括 : 초상 때 하는 의식으로 웃옷의 왼쪽 어깨 소매를 벗고[袒] 머리를 동여매는[括]
   것.
6. 情事未申 : 뜻이 있는, 꼭 해야 할 일을 아직 하지 못했다는 뜻.
7. 蔡興宗 : 남송 때 사람. 낙안(樂安)의 현백(縣伯)에 봉해졌고 개부의동삼사(開府儀同三
   司), 형주자사(荊州刺史) 등을 지냈다.
8. 塚壙 : 무덤

제3 혼례장(昏禮章)

昏義에 曰 昏禮者는 將合二姓之好하여 上以事宗廟하고
而下以繼後世也니 故로 君子重之니라. 是以로 昏禮에
納采와 問名과 納吉과 納徵과 請期를 皆主人이 筵几於
廟하고 而拜迎於門外하고 入揖讓而升하여 聽命於廟하나니
所以敬慎重正昏禮也니라.

〈혼의(昏義)〉에 이르기를,

혼인의 예의는 장차 남자와 여자의 두 성(姓)이 좋아하여 합하는 것으로, 위로는 종묘의 제사를 섬기고 아래로는 후세에 대를 잇게 하는 것이므로 군자가 이를 중히 여기는 것이다.

그런 까닭에 혼인의 예의에서 납채(納采)하고 문명(問名), 납길(納吉)하며 납징(納徵)하고 청기(請期)하는 날에는 주인이 사당에 자리를 깔고 문 밖에 나가서 절하고 맞아들이며, 안으로 들어와서는 서로 읍(揖)하고 사양하며 사당에 오르고 사당에서 명(命)을 듣는 것이니, 이는 혼인의 예를 공경하고 삼가며 소중히 여기고 바르게 하기 위해서인 것이다.

註解 ~~~~~~~~~~~~~~~~~~~~~

1. **昏義** : 예기의 편명. 혼인에 대해서 기록한 글이다.
2. **昏禮** : 혼(昏)은 혼(婚)과 같음.
3. **納采** : 주대(周代) 혼례의 육례(六禮) 중의 하나. 혼인을 정했을 때 신랑집에서 신부집에 보내는 예물. 우리나라에서는 납폐(納幣)로 통용된다.
4. **問名** : 혼례에 관한 의식의 하나로 신랑집에서 사람을 보내서 신부의 어머니의 성씨(姓氏)를 물어오게 하는 것.
5. **納吉** : 문명(問名)이 끝나고 납폐(納幣)하기 전에 신부될 여자의 좋고 좋지 않은 것을 점쳐서 아주 좋은 괘(卦)가 나오면 사람을 신부집에 보내서 장차 혼인할 것을 알리는 일.
6. **納徵** : 납길(納吉)이 끝난 후 신랑집에서 신부집에 예물을 보내는 의식.
7. **請期** : 혼인이 결정되어 장차 의식을 올리게 되었을 때 신랑집에서 먼저 택일(擇日)하여 신부집에 그 가부를 묻는 일.

경신 중정 이후　　친지　예지 대체　　이소 이성 남 녀 지 별
敬愼重正而後에　**親之　禮之大體**니　**而所以成男女之別**

이 립 부 부 지 의 야　　남 녀 유 별 이 후　　부 부 유 의
하여　**而立夫婦之義也**라.　**男女有別而後**에야　**夫婦有義**하고

부 부 유 의 이 후　　부 자 유 친　　부 자 유 친 이 후　　군 신
夫婦有義而後에야　**父子有親**하고　**父子有親而後**에야　**君臣**

유 정　　　고　왈　혼 례 자　　예 지 본 야
有正하나니　**故**로**曰**　**昏禮者**는　**禮之本也**니라.

공경하고 삼가며 예를 바르고 신중하게 행한 후에 친하게 되는 것이 예의의 기본 원칙이다. 그러니 이것은 남자와 여자의 분별을 세우는 의리인 것이다.

남자와 여자가 분별이 지어진 뒤에라야 남편과 아내의 도리가 있게 되고, 남편과 아내의 바른 도리가 있은 뒤에라야 아비와 자식 사이에 친함이 있고, 아비와 자식 사이에 친함이 있은 뒤에라야 임금과 신하 사이에 올바름이 있게 된다.

그런 연유로 '혼인의 예의는 예의 근본이다.'라고 말하는 것이다.

禮記에 曰 夫昏禮는 萬世之始也니 取於異姓은 所以附
遠厚別也니라. 弊必誠하며 辭無不腆하며 告之以直信하나니
信은 事人也며 信은 婦德也니라. 一與之齊면 終身不改
하나니 故로 夫死라도 不嫁니라. 男子親迎에 男先於女는
剛柔之義也니 天先乎地하며 君先乎臣이 其義一也니
執摯以相見은 敬章別也니라. 男女有別然後에야 父子親
하며 父子親然後에야 義生하며 義生然後에야 禮作하며
禮作然後에야 萬物이 安하나니 無別無義는 禽獸之道也니라.

〈예기〉에 이르기를,

대체로 혼인의 예의는 만세의 시작이니 다른 성(姓)에서 취하여 혼인하는 것은 먼 것을 취해서 분별을 두텁게 하기 위한 것이다.

따라서 예물은 반드시 정성껏 해야 하며, 옳지 않은 말은 쓰지 말아야 하고 곧고 미더운 말로 해야 하는 것이다. 미더움이란 사람을 섬기는 도리이며 또 부인의 덕이 되는 것이다.

그러므로 한번 가지런히 짝지어진 다음에는 평생토록 바꾸지 못하는 것이다. 그런 까닭에 비록 남편이 죽더라도 아내는 개가(改嫁)를 하지 않는 것이다.

남자가 친히 여자를 맞는 친영(親迎)의 예에 남자가 먼저 하는 것은 남자는 강(剛)하고 여자는 유(柔)한 의미이니, 하늘이 땅보다 우선하고 임금이 신하보다 우선하는 것과 그 의미가 같은 것이다.

폐백을 가지고 마주 보는 상견(相見)의 예는 공경하면서 구별이 있는 것을 밝히는 것이다. 남자와 여자가 분별이 있은 뒤에라야 아비와 자식이 친

72

할 수 있고, 아비와 자식이 친해진 뒤에라야 의(義)가 생기며, 의가 생긴 뒤에라야 예의가 생기고, 예의가 생긴 뒤에라야 만물이 편안하게 되는 것이다. 구별이 없고 의가 없으면 이는 짐승의 도리인 것이다.

註解

1. 辭無不腆 : 부전(不腆)은 옳지 않음을 뜻함.
2. 執摯 : 폐백을 드린다는 말. 지(摯)는 폐백.

王吉이 上疏曰 夫婦는 人倫大綱이니 夭壽之萌也니이다.

世俗이 嫁娶太蚤하여 未知爲人父母之道而有子하나니

是以로 敎化不明하고 而民多夭니이다.

왕길(王吉)이 상소하면서 아뢰기를,

남편과 아내는 인륜(人倫)의 가장 큰 근본으로 일찍 죽거나 장수(長壽)하는 원인이 된다.

그런데 세상 풍속은 시집가고 장가드는 것을 너무 서둘러서 아직 사람의 부모된 도리도 알기 전에 자식을 두게 된다.

이런 까닭으로 가르침이 밝지 못하여 많은 백성들이 일찍 죽게 된다.

註解

1. 王吉 : 한나라 고우(皐虞) 사람으로 자는 자양(子陽), 창읍왕(昌邑王) 때 중위(中尉)가 되었을 때 왕의 황음(荒淫)을 항상 간했다.

文中子曰 婚娶而論財는 夷虜之道也니 君子는 不入其

鄕이니라. 古者에 男女之族이 各擇德焉이언정 不以財爲

禮니라.

문중자(文中子)가 말하기를,

장가들고 시집갈 때 재물을 가지고 이야기하는 것은 오랑캐의 도리이다. 그렇기 때문에 군자(君子)는 그러한 고을에는 들어가지 않는다.

옛날에는 남자와 여자들 대부분이 각기 덕을 택했을 뿐 재물을 가지고 예를 삼지는 않았다.

註解

1. 文中子 : 수나라 학자. 왕통(王通)의 사시(私諡). 그는 자기의 저술인 문중자(文中子)에서 유(儒)·불(佛)·도(道) 3교의 일치를 논하고 있다.

2. 夷虜 : 오랑캐

조혼소빙　　교인이투①　첩잉무수②　교인이란
早婚少聘은 教人以偸요 妾媵無數는 教人以亂이니라.

차귀천　　유등　　일부일부　서인지직야
且貴賤이 有等하니 一夫一婦는 庶人之職也니라.

일찍 혼인하고 어려서 아내를 얻는 것은 사람을 경박하게 만드는 것이며, 첩을 수없이 두는 것은 사람을 어지럽게 만드는 것이다.

또한 귀하고 천한 것은 차등이 있는 것이니 한 남편에 한 아내를 갖는 것은 서인(庶人)의 직책인 것이다.

註解

1. 教人以偸 : 투(偸)는 경박함.

2. 妾媵 : 잉(媵)은 시녀(侍女).

사마온공　왈 범의혼인　　당선찰기서여부지성행①
司馬溫公이 曰 凡議婚姻에 當先察其壻與婦之性行과

급가법하여　물구모기부귀　서구현의　금수빈천
及家法何如요 勿苟慕其富貴니라. 壻苟賢矣면 今雖貧賤

안지이시　불부귀호　구위불초　금수부성
이라도 安知異時에 不富貴乎며 苟爲不肖면 今雖富盛이나

안지이시　불빈천호　부자　가지소유성쇠야　구모
安知異時에 不貧賤乎아. 婦者는 家之所由盛衰也니 苟慕

74

一時之富貴而娶之면 彼挾其富貴하여 鮮有不輕其夫하고
일시지부귀이취지　　피협기부귀　　　선유불경ㄱ부

而傲其舅姑니 養成驕妬之性이면 異日爲患이 庸有極乎아.
이오기구고　　양성교투지성　　이일위환　용ㅜ극호②

借使因婦財하여 以致富하며 依婦勢하여 以取貴인들 苟有
차사인부재　　이치부　　의부세　　이취귀　　구유

丈夫之志氣者 能無愧乎아.
장부지지기자　능무괴호

사마 온공이 말하기를,

대체로 혼인을 의논하는데 있어서는 마땅히 먼저 그 사위될 사람과 며느리될 사람의 성품과 행동과 그 가정의 법도(法度)가 어떠한가를 살펴야 하는 것이며 구차하게 그 부유한 것이나 높은 지위를 사모하지 말 것이다.

사위될 사람이 진실로 어질면 지금은 비록 가난하고 천하더라도 어찌 다음 날에 반드시 부귀하게 되지 않는다고 할 수 있을 것인가. 또 진실로 못났으면 지금은 비록 부유하고 풍성하지만 어찌 이 다음 날에 가난하고 천해지지 않는다고 장담할 수 있겠는가.

며느리란 한 집안의 성쇠를 연유시키는 것이니 진실로 일시의 부유함과 지위 높은 것을 사모해서 얻었을 경우, 그 부유하고 지위 높은 것을 기화로 남편을 가볍게 여기고 시부모에게도 거만하게 굴지 않는 자가 별로 없는 것이다. 여기에서 교만하고 질투하는 성질을 길러 나간다면 훗날의 근심됨이 끝이 없을 것이다.

가령 며느리의 재물을 가지고 부자가 되고 며느리의 세력에 의지해서 지위가 높아진들 진실로 장부(丈夫)의 기개가 있는 사람이라면 어찌 부끄러운 마음이 없겠는가?

註解

1. 先察其壻 : 서(壻)는 서(婿)와 같음.
2. 庸有極乎 : 여기의 용(庸)은 어찌라는 뜻.

安定胡先生이曰 嫁女엔 必須勝吾家者니 勝吾家면 則
안정호선생①　왈 가녀　필수승오가자　승오가　즉

女之事人을 必欽必戒니라. 娶婦엔 必須不若吾家者니

不若吾家면 則婦之事舅姑를 必執婦道니라.

안정 호(安定胡) 선생이 말하기를,

딸을 시집보낼 때는 반드시 내 집보다 나은 집으로 보낼 것이다. 내 집보다 나으면 딸이 시집 사람을 섬기는 태도가 반드시 공경스럽고 조심스러울 것이다.

며느리를 얻을 때는 반드시 내 집보다 못한 집에서 데려와야 한다. 내 집보다 못하면 며느리가 시부모를 섬길 때 반드시 며느리로서의 도리를 지킬 것이다.

註解

1. **安定胡先生** : 북송 때 사람으로 이름은 원(瑗), 자는 익지(翼之), 시호는 문소(文昭)다. 성은 호(胡)이며 안정보(安定堡)에 살았으므로 안정선생(安定先生)이라 불렸다. 많은 제자를 길러 유능한 인재를 배출했으며 같은 시대의 학자 손복(孫復)과 함께 안정학파(安定學派)를 이루었다. 주역구의(周易口義), 홍범구의(洪範口義) 등의 저서가 있다.

士昏禮에 曰 父醮子에 命之曰 往迎爾相하여 承我宗事

하되 勗帥하여 以敬先妣之嗣하고 若則有常하라. 子曰諾

이니이다. 惟恐弗堪이거니와 不敢忘命하리이다. 父送女에

命之曰 戒之敬之하여 夙夜無違命하라. 母施衿結帨曰

勉之敬之하여 夙夜無違宮事하라. 庶母及門內施鞶하고

申之以父母之命하고 命之曰 敬恭聽宗爾父母之言하여

숙 야 무 건　　　　시 저 금 반
夙夜無愆하라　하고　**視諸衿鑿**이니라.

〈사혼례(士昏禮)〉에 이르기를,

아버지가 아들에게 초례(醮禮) 술을 따라 주면서 명령하기를

"너는 가서 너를 도와줄 사람을 맞아다가 나를 이어 종묘(宗廟)의 일을 잘 보살피도록 힘써 일할 것이며, 돌아가신 너의 어머니에게서 이어 받은 일을 공경하여 행하고 모든 일에 떳떳함이 있도록 하라."

하자 아들이 말하기를

"그렇게 하겠습니다. 오직 감내하지 못할까 두렵사오나 감히 명령을 잊겠습니까?"

했다.

또 아버지가 딸을 보내면서 명령하기를

"조심하고 공경하여 낮이나 밤이나 시부모의 명령을 어김이 없게 하라."

했다.

어머니는 이때 띠를 매어 주고 수건을 채워 주면서 말하기를

"힘쓰고 공경하여 낮이나 밤이나 집안 일을 어김이 없도록 하라."

한다.

서모(庶母)는 문 안으로 들어와 수건주머니를 채워 주면서 부모들이 하신 말씀을 거듭 이르고 또 명령하여 말하기를

"네 부모님의 말씀을 공손히 듣고 잘 받들어서 낮이나 밤이나 허물이 없도록 하라."

하고는 띠와 수건주머니를 보여 주는 것이다.

註解

1. **士昏禮** : 의례(儀禮)의 편명. 선비의 혼인에 대한 예의를 기록한 책이다.
2. **父醮子** : 초(醮)는 관혼(冠婚)의 의식에서 술을 따라 주는 것.
3. **施衿結帨** : 금(衿)은 띠, 세(帨)는 수건. 띠를 매어 주고 수건을 허리에 채워 줌.

공 자 왈 부 인　　복 어 인 야①　　시 고　　무 전 제 지 의 야
孔子曰 婦人은 **伏於人也**라. **是故**로 **無專制之義也**요

有三^{유삼종지도}從之道니 在家^{재가}엔 從父^{종부}하고 適人^{적인}해서는 從夫^{종부}하고 夫^부

死^사거든 從子^{종자}하여 無所敢自遂^{무소감자수}니라. 敎令^{교령}을 不出閨門^{불출규문}하며

事在饋食之間而已矣^{사재궤식지간이이의}니라.② 是故^{시고}로 女^여는 及日乎閨門之內^{급일호규문지내}

하고 不百里而犇喪^{불백리이분상}하며③ 事無擅爲^{사무천위}하며 行無獨成^{행무독성}하며 參知^{참지}

而後^{이후}에 動^동하며 可驗而後^{가험이후}에 言^언하며 晝不遊庭^{주불유정}하며 夜行以^{야행이}

火^화니 所以正婦德也^{소이정부덕야}니라. 女有五不取^{여유오불취}하니 逆家子不取^{역가자불취}하며

亂家子不取^{난가자불취}하며 世有刑人^{세유형인}이거든 不取^{불취}하며 世有惡疾^{세유악질}이거든

不取^{불취}하며 喪父長子^{상부장자}를 不取^{불취}니라. 婦有七去^{부유칠거}하니 不順父母^{불순부모}

去^거하며 無子去^{무자거}하며 淫去^{음거}하며 妬去^{투거}하며 有惡疾去^{유악질거}하며 多言^{다언}

去^거하며 竊盜去^{절도거}니라. 有三不去^{유삼불거}하니 有所取^{유소취}요 無所歸^{무소귀}거든

不去^{불거}하며 與更三年喪^{여경삼년상}이거든④ 不去^{불거}하며 前貧賤^{전빈천}하고 後富貴^{후부귀}

거든 不去^{불거}니라. 凡此^{범차}는 聖人所以順男女之際^{성인소이순남녀지제}하고 重婚姻^{중혼인}

之始也^{지시야}니라.

공자가 말하기를,

여자는 사람들에게 겸손한 태도를 보여야 하며, 그런 까닭에 자기 혼자
의 생각대로 일을 처리하지 않으며 세 가지 좇아야 하는 도리가 있는 것이
다.

즉 시집가기 전에 집에 있을 때는 아버지의 뜻에 좇고 시집간 뒤로는 남

78

편의 뜻에 좇고 남편이 죽으면 아들의 뜻에 좇아서 무엇이나 감히 자기 스스로의 맘대로 하지 않는 것이다.

타이르는 말소리가 안방 밖으로 나가지 않게 하며 섬기는 일은 밥을 먹는 동안에도 계속한다. 그런 까닭에 여자는 안방 안에서 하루 종일 지내야 하고 백리(百里) 밖이면 초상이 났어도 달려가지 않는다.

일은 자기 마음대로 혼자서 처리하지 않으며 행동은 무엇이든지 혼자 맘대로 하지 않고 자세히 안 뒤에 움직이며 경험하고 난 뒤에 비로소 말하고 낮에도 뜰에 나가 놀지 않고 밤에는 불을 밝히고 다니는 것이니, 이는 부덕(婦德)을 바르게 하기 위한 것이다.

여자는 또 취해서는 안 될 것이 다섯 가지가 있다. 곧 반역을 일으킨 집의 자식을 취하지 않으며 어지러운 집안의 자식을 취하지 않고 그 집에 형벌을 받은 사람이 있으면 취하지 않으며 그 집에 나쁜 병이 있으면 취하지 않으며 아비를 잃은 집의 맏아들은 취하지 않는다.

여자에게는 또 일곱 가지 버림 받을 경우가 있다. 즉 부모에게 순종하지 않으면 버림 받고, 자식이 없고 음탕하면 버림 받으며, 질투하면 버림 받고 나쁜 병이 있으면 버림 받으며, 말이 많으면 버림 받고 도둑질을 하면 버림 받는다.

이와 반대로 여자에게는 세 가지 버림 받지 않는 경우가 있다. 그 행실이 취할 점이 있고 돌아갈 곳이 없을 때는 버리지 못하며 부모의 삼년상을 함께 치렀으면 버리지 못하며 전에는 가난하고 천하게 지내다가 뒤에 와서 부유하고 지위가 높아졌으면 버리지 못하는 것이다.

이 여러 가지는 성인께서 남녀의 사이를 순하게 하고 혼인의 시작을 소중히 여기게 하기 위한 것이다.

註解

1. 伏於人也 : 제 맘대로 하지 않고 남에게 복종함.
2. 事在饋食之間 : 섬기는 일은 밥을 먹는 동안에도 계속한다.
3. 犇喪 : 분(犇)은 분(奔). 분상은 초상에 달려감.
4. 更三年喪 : 여기의 경(更)은 겪는다는 뜻으로 풀이됨.

제 2 권

제 4 부부장(夫婦章)

1. 상편(上篇)
2. 하편(下篇)

제4 부부장(夫婦章)

상편(上篇)

女教_{여교}에 云_운 妻雖云齊_{처수운제}나 夫乃婦天_{부내부천}이라. 禮當敬事_{예당경사}하되

如其父焉_{여기부언}이니 卑躬下意_{비궁하의}하여 毋妄尊大_{무망존대}하며 唯知順從_{유지순종}이오.

不敢違背_{불감위배}니 聽其教戒_{청기교계}하되 如聞聖經_{여문성경}하며 寶其身體_{보기신체}하되

若珠與瓊_{약주여경}하여 戰兢自守_{전긍자수}①니 敢曰縱肆_{감왈종사}②리오. 已尚不有_{기상불유}거니

何物_{하물}을 敢恃_{감시}리오. 夫苟有過_{부구유과}거든 委曲諫之_{위곡간지}하되 陳說利害_{진설리해}

하여 和容婉辭_{화용완사}니 夫若盛怒_{부약성노}거든 悅則復諫_{열즉부간}하여 雖被箠鞭_{수피추편}

이라도 安敢怨恨_{안감원한}이오. 夫職_{부직}은 當尊_{당존}이요 而妻爲卑_{이처위비}라.

或毆或詈_{혹구혹리} 乃分之宜_{내분지의}니 我焉敢答_{아언감답}이며 我焉敢怒_{아언감노}리오. 籍以_{적이}

偕老_{해로} 匪一日故_{비일일고}라 纖毫之事_{섬호지사}라도 必當稟聞_{필당품문}이니 豈敢自專_{기감자전}

이리오 專則非人_{전즉비인}이니라. 夫家有失_{부가유실}을 勿告父母_{물고부모}니 徒貽親_{도이친}

憂라 告亦何補리오. 嫁旣曰歸면 死生以之니 若是紛紜
이면 馬牛不如니라. 欲家之興이면 曰和與順이니 何以致
斯오. 又在乎敬이니라.

〈여교〉에 이르기를,

아내가 아무리 남편과 동등하다고는 하지만 남편은 곧 아내의 하늘인 것이다. 예로써 마땅히 공경하여 섬기기를 그 아버지에게 하듯 할 것이다. 자기 몸을 낮추고 뜻을 낮게 하며 오직 순종해야 하는 것을 알고 감히 어기지 말아야 한다.

가르치고 경계하는 말을 마치 성인의 글귀 듣는 것처럼 하며 그 몸을 보배처럼 여겨서 마치 구슬을 다루는 것같이 하고, 모든 일을 스스로 지키며 감히 방자하게 굴어서는 안 되는 것이니, 감히 무엇을 믿고 의지할 수 있을 것인가.

남편이 허물이 있으면 완곡한 말로써 긴히 간하고 이로운 것과 해로운 것을 들어서 화락한 얼굴과 순한 말로 해야 하는 것이다. 남편이 만일 몹시 노했으면 노여움이 풀렸을 때 다시 간하고 비록 매를 때려도 감히 원망하고 한하겠는가?

남편의 직분은 마땅히 높여야 하고 자신은 낮추어야 하는 것이다. 남편이 혹시 때리고 꾸짖더라도 그것을 마땅한 일로 여겨야 하는 것이니 내 어찌 감히 말대답을 하며 성을 내겠는가.

부부란 적(籍)을 두고 함께 늙는 것이니 이것은 짧은 인연이 아니다. 조그만 일이라도 반드시 알려야 할 것이니 어찌 감히 제 맘대로 해서야 될 것인가? 만일 제맘대로 한다면 그것은 사람의 도리가 아닐 것이다.

시집에 허물이 있으면 이것을 친정 부모에게 고하지 말아야 할 것이며, 이것은 한낱 부모에게 걱정만 끼칠 뿐이니 고한들 또한 무슨 유익함이 있으리오.

시집간 것을 갈데로 돌아갔다고 하는 것은 죽고 사는 것을 결정한 것이니 만일 시끄럽게 시집이야기를 하면 이것은 말이나 소만도 못한 것이다.

한 집안을 일으키려 한다면 화락함과 순종하는 것이 있을 뿐이니 그러면 무엇으로 이것을 이룰 수 있겠는가? 그것은 공경함에 있다.

註解

1. **戰兢自守** : 전전긍긍(戰戰兢兢)하여 스스로 지킴. 전전긍긍은 매우 조심하여 두려워하는 모양.
2. **縱肆** : 방자함.

> 부부지도 참배음양 통달신명① 신천지지홍의
> 夫婦之道는 參配陰陽하며 通達神明이니 信天地之弘義며
>
> 인륜지대절야 시이 예귀남녀지제 시저관저②지
> 人倫之大節也라. 是以로 禮貴男女之際하고 詩著關雎之
>
> 의 유사언지 불가부중야 부불현 즉무이
> 義하니 由斯言之컨대 不可不重也라. 夫不賢이면 則無以
>
> 어부 부불현 즉무이사부 부불어부 즉위의폐
> 御婦요 婦不賢이면 則無以事夫니 夫不御婦면 則威儀廢
>
> 괴 부불사부 즉의리휴궐③ 방사이자 기용
> 壞하고 婦不事夫면 則義理墮闕하리니 方斯二者는 其用이
>
> 일야 찰금지군자 도지처부지불가불어 위의지④
> 一也라. 察今之君子컨대 徒知妻婦之不可不御와 威儀之
>
> 불가부정 고 훈기남 검이서전 수부지부
> 不可不整이라. 故로 訓其男하여 檢以書傳하고 殊不知夫
>
> 주지불가불사 예의지불가부존야 단교남이불교녀
> 主之不可不事와 禮義之不可不存也하고 但敎男而不敎女
>
> 역폐어피차지수호 예 팔세 시교지서
> 하나니 亦蔽於彼此之數乎이다. 禮에 八歲에 始敎之書하고
>
> 십오이지어학의 독불가의차이위칙재
> 十五而志於學矣라 하니 獨不可依此以爲則哉아.

남편과 아내의 도리는 음(陰)과 양(陽)이 잘 맞고 신명(神明)에 통달해야 한다. 진실로 이는 하늘과 땅의 큰 뜻이며 인륜의 큰 범도인 것이다. 그런 까닭에 〈예기〉에서는 남자와 여자의 사귐을 귀하게 여겼고 〈시경〉

에서도 관저(關雎)의 뜻을 나타내고 있다. 이것으로 미루어 보더라도 이것은 소중히 여기지 않을 수 없는 것이다.

남편이 어질지 못하면 아내를 거느릴 수가 없고 아내가 어질지 못하면 남편을 섬길 수가 없다. 남편이 아내를 거느리지 못하면 위의(威儀)가 무너져 없어지고 아내가 남편을 섬기지 못하면 의리가 없어진다. 그러니 바야흐로 이 둘을 견주어 보면 그 쓰임은 하나인 것이다.

지금의 군자들을 살펴본다면 한갓 아내를 거느리지 못하면 안되는 것과 위의를 정제하지 못하면 안된다는 것만을 알고 있다.

그런 까닭에 남자만을 가르쳐서 글로써 몸을 단속하게 할 뿐이며 특히 여자가 남편을 잘 섬기지 않으면 안된다는 것과 예의를 간직하지 않으면 안된다는 것에 대해서는 알지 못하고 있다.

그리하여 다만 남자만을 가르치고 여자는 가르치지 않으니 이는 또한 피차에 헤아림이 부족한 때문이다.

예기에서도 8세가 되면 비로소 글을 가르치고 15세가 되면 학문에 뜻을 둔다고 했는데 어찌해서 여기에 따라서 법을 삼으려고 하지 않는가?

註解

1. **神明**：하늘의 신령과 땅의 신령.
2. **關雎**：시경의 편명. 이 시경의 관저편(關雎篇)은 문왕과 그 후비(后妃)의 장한 덕을 읊은 시(詩)로서, 임금의 좋은 덕이 자연히 아랫사람에게까지 미치는 것을 관저지화(關雎之化)라고도 한다.
3. **隳闕**：떨어져서 없어짐.
4. **威儀**：위엄이 있는 거동.

陰陽이 殊性하고 男女異行하니 陽은 以剛爲德하고 陰은 以柔爲用하며 男은 以強爲貴하고 女는 以弱爲美하나니 故로 鄙諺①에 有云 生男如狼이라도 猶恐其尪이오. 生女如鼠라도 猶恐其虎라 하니 然則脩身엔 莫若敬이요 避強엔

84

莫若順이니 故로曰 敬順之道는 婦人之大禮也라. 夫敬은

非他라 持久之謂也요 夫順은 非他라 寬裕之謂也니 持久

者는 知止足也요 寬裕者는 尚恭下也라. 夫婦之好 終身

不離하여 房室周旋이 遂生媟黷하나니 媟黷이 旣生이면

語言이 過矣며 語言이 旣過면 縱恣必作하며 縱恣旣作

이면 則侮夫之心이 生矣나니 此由於不知止足者也니라.

夫事有曲直하며 言有是非하니 直者는 不能不爭이요 曲者는

不能不訟이니 訟爭旣施면 則有忿怒之事矣니 此由於不

尚恭下者也라. 侮夫不節이면 譴呵從之하고 忿怒不止면

楚撻이 從之하나니 夫爲夫婦者 義以和親이요 恩以好合

이니라. 楚撻이 旣行이면 何義之有며 譴呵旣宣이면 何恩

之有리오. 恩義俱廢면 夫婦離矣니라.

음양의 성질이 다르고 남자와 여자의 행동이 다른 것이니 양은 강(剛)한 것을 덕으로 삼고 음은 유(柔)한 것을 용(用)으로 삼는다. 남자는 강한 것을 귀하게 여기고 여자는 약한 것을 아름다운 것으로 여긴다.

이때문에 항간에 퍼져 쓰이는 말에 '아들은 이리처럼 낳고서도 오히려 허약할까 두려워하고 딸은 쥐처럼 낳고서도 오히려 호랑이 같을까 걱정한다.'고 했다.

그러니 몸을 닦는 데에는 공경보다 더 좋은 것이 없고 강한 것을 피하

는 데는 순한 것보다 더 좋은 것이 없다. 이 때문에 말하기를 '공경함
과 유순한 도리는 아내로서의 큰 예의이다.'라고 하는 것이다.

　대체로 공경이란 다른 것이 아니라 오래 견디는 것을 말하는 것이며, 대
체로 유순이란 다른 것이 아니라 너그럽고 여유있는 것을 말하는 것이다.
오래 견딘다는 것은 만족할 때에 그칠 줄을 아는 것이며 너그럽고 여유있
다는 것은 공손하고 내 몸을 낮추기를 숭상하는 것이다.

　남편과 아내가 사이좋게 죽을 때까지 떨어지지 않고 방안에서 같이 지
내기 때문에 드디어는 버릇 없고 어지러워지기가 쉬운 것이다. 버릇 없고
어지러워지는 일이 생기면 말이 지나치게 되고 말이 지나치면 방자한 행
동이 생기게 되며 방자한 행동이 생기게 되면 남편을 업신여기는 마음이
생기는 것이니, 이것은 만족한 데에 그칠 줄을 알지 못하기 때문인 것이다.

　대체로 일에는 곧은 것(直)과 굽은 것(曲)이 있고 말에는 옳은 것(是)
과 그른 것(非)이 있는 것이니, 곧은 사람은 남과 다투지 않을 수 없고 굽
은 사람은 남과 송사하지 않을 수 없다. 그리고 송사하고 다투는 일은 이
미 저지르면 곧 분노하는 일이 있게 마련이니 이것은 공손하고 내 몸을 낮
추지 않는 데서 생기는 것이다.

　남편을 업신여기는 마음을 절제하지 못하면 꾸짖음이 뒤따르게 되고 분
노가 그치지 않으면 매질이 뒤따른다.

　그러니 대체로 남편과 아내가 된 자는 의(義)로써 화친하고 은혜로써
화합하는 것인데 매질이 여기에 따른다면 무슨 의리가 있으며 꾸짖는 일
이 생긴다면 무슨 은혜가 있겠는가? 은혜와 의리가 모두 없어지면 남편
과 아내는 헤어지게 되는 것이다.

註解

1. 鄙諺 : 거리에 돌아다니는 속된 말.
2. 媟黷 : 윗사람에게 버릇없이 구는 것. 남녀의 구별이 없이 너무 친압(親狎)한 것.
3. 縱恣 : 방자함.
4. 譴呵 : 꾸짖음.
5. 楚撻 : 회초리로 종아리를 때림.

부 유 재 취 지 의　　부 무 이 적 지 문　　고　왈　부 자
夫有再娶之義하고　婦無二適之文하니　故로曰 夫者는

천야　　　천고불가도　　　부고불가리야　　　　행위신
天也니　　天固不可逃요　　夫固不可離也니라.　　行違神

기①　천즉벌지　　예의유건　　　부즉박지　　　고　여
祇면　天則罰之요　禮義有愆이면　夫則薄之하리니　故로　女

헌②　왈　득의일인　　시위영필　　　실의일인　　시위
憲에 曰　得意一人이면　是謂永畢이요　失意一人이면　是謂

영글　　　유시언지　　불가불구기심　　　연
永訖이라 하니　由是言之컨대　不可不求其心이니라.　然이나

소구자　역비위녕미구친야③　고막약전심정색　예의구집④
所求者　亦非謂佞媚苟親也니　固莫若專心正色　禮義俱縶

　　　이무도청　　목무사시　　　출무치용　　입무폐식
하여　耳無塗聽하고　目無邪視하며　出無治容하며　入無廢飾

　　　무취회군배　　　무간시문호　　차즉위전심정색의
하며　無聚會群輩하며　無看視門戶니　此則謂專心正色矣라.

약부동정　　경탈⑤　　시청　협수⑥　　입즉난발괴형
若夫動靜이　輕脫하며　視聽이　陜輪하며　入則亂髮壞形하고

출즉요조작태⑦　　　설소부당도　　　관소부당시　차위불
出則窈窕作態하며　說所不當道하며　觀所不當視면　此謂不

능전심정색의
能專心正色矣니라.

　대체로 남자는 다시 장가든다는 법이 있으나　여자는 다시 시집간다는 글이 없다. 그러므로 '남편은 하늘'이라고 말하기도 한다. 하늘은 진실로 도망할 수 없고 남편은 진실로 떨어질 수 없는 것이다.

　행동이 신(神)의 뜻에 어긋나면 하늘이 곧 이를 벌하고, 예의에 허물이 있으면 남편이 곧 박하게 대한다. 그러므로 〈여헌(女憲)〉에 이르기를 '한 사람에게 뜻을 얻으면 그것으로 영원히 몸을 마치며 한사람에게 뜻을 잃어도 그것으로 영원히 몸을 마친다.'고 했다. 이 말로 미루어 보더라도 그 마음을 구하지 않을 수가 없는 것이다.

　그러나 구한다는 것은 또한 아첨하고 아양을 부려서 구차히 친해진다는 것이 아니다. 진실로 마음을 온전하게 하고 얼굴빛을 바르게 하여 예의와 의리에 맞도록 하는 것이 제일이다.

　귀로는 더러운 말을 듣지 않고 눈으로는 사악한 것을 보지 않으며, 밖에 나가서는 얼굴모양을 너무 꾸미지 않으며 비록 집에 있어도 꾸미는 것을 소홀히 하지 않고, 무리를 지어 작당을 하지 않으며 남의 집을 넘겨다보지 않는 것이니 이는 곧 마음을 온전하게 하고 얼굴빛을 바르게 하는 것이다.

　만일 움직일 때와 쉴 때 예의를 잃거나, 보고 듣는 것이 일정하지 않으며, 집에 들어와서는 머리를 흐트려 얼굴모습을 무너뜨리고　나갈 때에는 곱게 모양을 내며, 보아서는 안될 것을 본다면 이는 마음을 온전히　하지 못하고 얼굴빛을 바르게 하지 못하는 것이다.

註解

1. 神祇 : 신(神)은 하늘의 신이며 기(祇)는 땅의 신.
2. 女憲 : 여자를 경계하는 글.
3. 佞媚苟親 : 영(佞)은 아첨, 미(媚)는 아양부리는 것.
4. 禮義俱縶 : 집(縶)은 잡아맨다는 뜻으로 올바르지 못한 것을 말함.
5. 輕脫 : 경솔하고 정도에 벗어남.
6. 陜輸 : 올바르지 못함.
7. 窈窕作態 : 요조(窈窕)는 여기에서는 아름다운 것.

夫得意一人이면 是謂永畢이요 失意一人이면 是謂永訖

이라 하니 欲人이 定志專心之言也라. 舅姑之心을 豈當可

失哉리오. 物有以恩自離者하며 亦有以義自破者也니 夫

雖云愛나 舅姑云非면 此所謂義自破者也라. 然則舅姑之

心을 奈何요 固莫尚於曲從矣니라. 姑云不爾而是면 固宜

從令이요 姑云爾而非라도 猶宜順命이니 勿得違戾是非

하며 爭分曲直이니 此則所謂曲從矣라. 故로 女憲에 曰

부 여 영 향　　언 불 가 상
婦如影響이면　焉不可賞이리요 하니라.

대체로 한 사람의 뜻을 얻으면 그것으로 영원히 마치게 되고 한 사람의
뜻을 잃어도 그것으로 영원히 몸을 마친다고 했다. 이것은 사람에게 뜻을
정하고 마음을 온전히 하라는 말이다.

시부모의 마음을 어찌 잃어서야 되겠는가? 사물은 은혜를 가졌음에도
스스로 헤어지는 것이 있고 의를 가졌음에도 스스로 깨지는 것이 있다. 남
편이 비록 사랑한다고 해도 시부모가 그르다고 말하면 이것은 이른바 의
가 제 스스로 깨지는 것이다.

그러면 시부모의 마음을 어떻게 할 것인가? 이는 진실로 자기 자신을
굽혀서 좇는 것보다 더 좋은 것이 없다.

시어머니가 옳지 않은 것을 옳다고 하여도 진실로 그 명령을 좇을 것이
며, 시어머니가 옳은 것을 그르다고 해도 마땅히 명령에 순종해야 한다. 시
어머니가 옳고 그르다고 하는 것을 거슬려 어기지 말고 굽고 곧은 것을 다
투어 분별하지 않는 것이 곧 이른바 몸을 굽혀 좇는 것이다.

그런 까닭에 여헌에 이르기를 '며느리가 그림자와 메아리같이 하면 어
찌 가상하다 하지 않으랴?'고 했다.

방 씨 여 교　　운　백 사 지 생　　다 자 부 인　　기 한 이 투
方氏女教에 云 百事之生이 多自婦人이니 旣悍而妒하고

부 독 이 진　　대 즉 파 가　　소 즉 망 기　　거 목 이 관
復毒而嗔이면 大則破家하고 小則亡己하리니 擧目而觀컨대

도 도 개 시　　　유 관 여 자　　급 무 편 파②　차 위 덕 회　　가 당
滔滔皆是①니라. 唯寬與慈와 及無偏頗 此謂德懷니 家當

자 화　　　시 기 완 급　　조 종 합 리　　우 무 태 관　　　　이
自和리라. 視其緩急하여 操縱合理하며 又毋太寬하여 以

지 해 이　　지 어 비 잉　　당 추 이 인　　여 녀　　여 애
至懈弛니라. 至於婢媵하여는 當推以仁이니 汝女를 汝愛

　　　피 독 비 인　　이 기 취 비　　중 사 가 견　　유 인 심 자
거니 彼獨非人가. 以己取譬면 衆事可見이니 有人心者

^{능 불 흥 념}
能不興念가 ^{진 기 기 한}軫其飢寒하며 ^{균 기 로 일}均其勞逸하여 ^{심 부 득 이}甚不得已면 ^시始

^{가 가 힐③}
可詞詰이니라. ^{타 사}他事는 ^{혹 이}或易거니와 ^{위 부 최 난}爲婦最難이라. ^{위 부 최}爲婦最

^난
難하니 ^{가 불 면 전}可不勉旃가.

〈방씨 여교(方氏女敎)〉에 이르기를,

모든 일이 부인에게서 생기는 것이 많으니 모질게 투기하고 독하게 성을 잘 낸다면, 크게는 그 집을 무너뜨리고 작게는 제 몸을 망치는 것이다. 눈을 들어 이를 보건대 세상 풍조가 모두 그러하다.

오직 너그럽고 인자해서 편파(偏頗)스러운 것이 없다면 이는 덕을 지녔다고 할 수 있는 것으로 집안이 저절로 화평해질 것이다.

그 느슨하고 급한 상황을 잘 살펴서 이를 잘 조종하여 이치에 맞게 하며, 또 너무 너그럽게만 해서 마냥 게으름을 피울 때까지 놓아 두어서는 안된다.

종이나 첩들에게 이르기까지도 마땅히 어진 마음으로 다스려야 하며, 네 집 여자를 네가 사랑해야 하는 것이니, 어찌 저들만 사람이 아니겠느냐.

그들을 내몸과 같이 여기면 모든 일을 다 볼 수가 있는 것이니 사람의 마음을 가지고 있으면서 어찌 염려하는 마음이 일지 않겠는가? 그 굶주림과 추워하는 것을 염려해 주고 수고롭고 편안한 것을 고르게 하고 그래도 몹시 부득이한 경우 비로소 꾸짖을 것이다.

그 밖의 일은 혹 쉽기도 하지만 아내의 행실이 가장 어려운 것이다. 아내의 행실이 가장 어려우니 어찌 애쓰고 힘쓰지 않을 수 있으랴?

註解 〰〰〰〰〰〰〰〰〰〰〰〰

1. **滔滔**: 물이 세차게 흐르는 모양. 세상의 풍조를 따라가는 모양.
2. **偏頗**: 한쪽으로 치우쳐서 바르지 못함.
3. **詞詰**: 꾸짖음.

^{안 씨 가 훈①}
顏氏家訓에 ^왈曰 ^{부 주 중 궤}婦主中饋라 ^{유 사 주 식 의 복 지 례 이}唯事酒食衣服之禮耳언정

국 불 가 사 예 정　　　가 불 가 사 간 고②　　여 유 총 명 재 지　　　식 달
國不可使預政이며　家不可使幹蠱니　如有聰明才智와　識達

고 금　　　　정 당 보 좌 군 자　　　권 기 부 족　　　　필 무 빈 계 신
古今이라도　正當輔佐君子하여　勸其不足이언정　必無牝鷄晨

명　　　이 치 화 야
鳴하여　以致禍也니라.

〈안씨 가훈(顔氏家訓)〉에 이르기를,

아내는 주로 음식 만드는 데에 중점을 둔다. 그러니 오직 술과 음식과 의복에 대한 예의만을 일삼을 뿐 나라의 정치에 참여해서는 안되고 집안의 일을 처리하게 해서도 안된다.

만일 총명하고 재주와 지혜가 있어서 지식이 고금에 통달했다 하여도 바르게 남편을 도와서 그 부족한 것을 잘하도록 권할지언정 절대로 암탉이 새벽에 울어 화를 불러일으켜서는 안된다.

註解 ∼∼∼∼∼∼∼∼∼∼∼∼∼∼∼∼∼∼

1. **顔氏家訓** : 중국 남북조(南北朝) 때의 학자 안지추(顔之推)가 지은 책으로 두 권이다. 자손에게 주는 훈계를 내용으로 했고 입신치가(立身治家)의 법을 말하고 있다.

2. **幹蠱** : 일을 잘 처리함. 고(蠱)는 일을 뜻하고 간(幹)은 잘 처리한다는 뜻이다. 이밖에 아들이 아버지의 실패한 사업을 회복한다는 뜻으로 쓰임.

정 태 중 부 인 후 씨①　사 구 고　　　이 효 근 칭　　　여 태 중
程太中夫人侯氏　事舅姑하되　以孝謹稱하고　與太中으로

상 대 여 빈 객　　　태 중　　　뇌 기 내 조　　　예 경 우 지　　　　이
相待如賓客이러니　太中이　賴其內助하여　禮敬尤至거든　而

부 인　　　겸 순 자 목　　　수 소 사　　　미 상 전　　　필 품 이 후
夫人이　謙順自牧하여　雖小事라도　未嘗專하여　必稟而後에

행　　　　부 인 자　　　이 정 선 생 지 모 야
行이러라.　夫人者는　二程先生之母也니라.

정태중(程太中)의 부인 후씨(侯氏)는 시부모를 섬기는데 효도하고 삼가함으로써 칭송을 받았고, 남편인 태중과 서로 대하는 것도 마치 손님

을 대하듯이 했다.

　태중은 이러한 그의 내조(內助)에 힘입어 예의와 공경함이 더욱 지극했다. 그리고 부인은 겸손하고 순종하는 것으로 스스로 몸을 다스렸다. 비록 작은 일이라도 일찍이 제 마음대로 하지 않고 반드시 남편에게 의논한 뒤에 행했다.

　이 부인이 곧 이정(二程) 선생의 어머니이다.

⎡註解⎤〰〰〰〰〰〰〰〰〰〰〰〰〰〰〰〰〰〰〰
　1. **程太中**：정명도(程明道), 이천(伊川) 선생의 아버지.
　2. **二程先生**：송나라 때 육학자의 정호(程顥)・정이(程頤) 형제. 형 정호는 자가 백순(伯淳), 호는 명도(明道). 아우 정이는 자가 정숙(正淑), 호는 이천(伊川). 이 형제는 모두 주돈이(周敦頤)에게 배웠고 성리학(性理學)과 주역(周易)에 조예가 깊었다. 이들 형제를 모두 정자(程子)라고 부른다.

┌───┐
여 형 공 부 인 선 원 ①　　상 언 여 시 강 ②　　위 부 부　　상 처 육
呂滎公夫人仙源이　**嘗言與侍講**으로　**爲夫婦**하여　**相處六**

십 년　　미 상 일 일 유 면 적　　　자 소 지 로　　수 임 석 ③ 지 상
十年에　**未嘗一日有面赤**하며　**自少至老**에　**雖衽席之上**이라도

미 상 희 소　　　형 양 공 ④　　처 신 여 차　　이 매 탄 범 내 한 ⑤
未嘗戲笑라　하니　**滎陽公**이　**處身如此**하되　**而每歎范内翰**하여

이 위 불 가 급
以爲不可及이라　하더라.
└───┘

　여형공(呂滎公)의 부인 선원(仙源)이 일찍이 말하였다.

　"시강(侍講)과 함께 부부가 되어 서로 60년을 살아오는 동안 일찍이 하루도 얼굴을 붉혀 보지 않았고 젊어서부터 늙기에 이르기까지 비록 잠자리에서까지도 희롱하지 않았다"

　형양공(滎陽公)의 몸가짐이 이와 같았는데도 매양 범내한(范內翰)을 칭찬하여 탄식하면서 자신은 그에게 미치지 못한다고 했다.

⎡註解⎤〰〰〰〰〰〰〰〰〰〰〰〰〰〰〰〰〰〰〰
　1. **呂滎公**：북송 때 명신(名臣). 이름은 희철(希哲). 형양군공(滎陽郡公)에 봉해졌으므로 형양공(滎陽公)이라고도 한다. 이 책 모의장에도 나온다.
　2. **侍講**：임금이나 세자 앞에서 글을 강(講)하던 벼슬. 당시 여형공이 시강벼슬에 있었다.

3. 衽席：여기에서는 요와 이불을 깐 자리를 말함. 곧 잠자리.
4. 滎陽公：여형공이 형양군공(滎陽郡公)에 봉해졌기 때문에 이렇게 부름.
5. 范內翰：송대의 한림학사(翰林學士) 범충(范沖)을 가리킴. 성품이 의롭고 착해서 사마광(司馬光)의 가족이 그에게 의탁한 일이 있음. 고종(高宗)이 그를 발탁하여 강관(講官)에 임명하여 좌씨춘추를 강하게 했다. 신종(神宗)·철종(哲宗)의 실록을 중수했고 한림학사에 제수되었다. 내한(內翰)이란 한림학사의 이칭(異稱).

樊姬는 楚莊王之夫人也라. 莊王이 卽位하여 好狩獵이거늘 樊姬諫하되 不止이니 乃不食禽獸之肉한데 王이 改過하여 勤於政事러라. 王이 嘗聽朝罷晏이거늘 姬下殿迎曰 何罷晏也요 得無飢倦乎아. 王曰與賢者語라 不知飢倦也로다. 姬曰王之所謂賢者는 何也오 曰虞丘子也니라. 姬掩口而笑한데 王曰姬之所笑는 何也오. 曰虞丘子 賢則賢矣나 未忠也니이다. 王曰何謂也오. 對曰妾이 執巾櫛이 十一年에 遣人之鄭衛하여 求美人進於王하니 今에 賢於妾者 二人이요 同列者 七人이라. 妾이 豈不欲擅王之寵愛哉리오마는 妾은 聞堂上兼女는 所以觀人能也라하니 妾不能以私蔽公하여 欲王多見하여 知人能也니이다. 今에 虞丘子 相楚十餘年에 所薦이 非子弟면 則族昆弟요 未聞進賢退不肖로니 是는 蔽君而塞賢路니 知賢不進이면

是는 不忠이요 不知其賢이면 是는 不知也니 妾之所笑
시　　 불충　　 부지기현　　　 시　　 부지야　　 첩지소소

不亦可乎리까. 王이 悦하여 明日에 以姬言으로 告虞丘
불역가호　　　 왕　 열　　　 명일　 이희언　　　 고우구

子한데 丘子避席하여 不知所對러라. 於是에 避舍하고
자　　 구자피석　　　 부지소대　　　 어시　 피사

使人迎孫叔敖而進之⑥거늘 王이 以爲令尹⑦하여 治楚三年에
사인영손숙오 이진지　　　 왕　 이위영윤　　　 치초삼년

而莊王이 以霸러라. 楚史에 書曰 莊王之霸는 樊姬之力
이장왕　 이패　　　 초사　 서왈 장왕지패　 번희지력

也라 하니라.
야

번희(樊姬)는 초 장왕(楚莊王)의 부인이다. 장왕이 즉위하여 사냥을 좋아하자 번희가 이를 간(諫)했으나 그치지 않았다.

이에 번희가 짐승의 고기를 먹지 않자 왕은 그제서야 자기의 잘못을 뉘우치고 정사에 힘썼다.

왕이 어느 날 조회가 늦게 파해서 돌아오자 번희는 뜰에 내려와 왕을 맞으면서 말하기를

"어찌 조회가 그리 늦으셨습니까? 시장하고 지루하지 않으셨습니까?"

하니 왕이 말하기를

"어진 사람과 이야기하고 있노라니 배고프고 지루한 줄 몰랐소."

한다. 번희가 다시

"왕께서 어진 사람이라고 말씀하시는 것은 누구이옵니까?"

하자 왕은

"바로 우구자(虞丘子) 그 사람이오."

한다.

이 말을 듣고 번희는 입을 가리고 웃었다. 이에 왕이

"그대가 웃는 것은 무슨 뜻이오?"

하고 묻자 번희는

"우구자는 착한 사람이긴 하지만 충성스러운 사람은 못됩니다."

한다.

왕이 다시 묻기를

"그것은 또 무슨 말이오?"

하자 번희는 대답한다.

"제가 왕의 시중을 든 지가 11년이 되었습니다. 그 동안 정(鄭) 나라와 위(衛) 나라에 사람을 보내서 미인(美人)을 구해다가 왕에게 바쳤으므로 이제 저보다 어진 사람이 두 사람이며 저와 비슷한 사람이 일곱 사람이나 됩니다. 저라고 어찌 왕의 사랑을 독차지하고 싶지 않겠습니까만 제가 듣자오니 집안에 여인을 여럿 두는 것은 사람의 능한 것을 알 수 있다고 합니다. 그러므로 제가 사사로운 것으로 공공연한 것을 가릴 수가 없어서 왕으로 하여금 사람을 많이 보시어 사람의 능한 것을 아시게 하고자 했던 것입니다.

이제 우구자가 초나라를 도운 지 10여년이나 되었으나 그가 천거하는 사람은 자기의 자제(子弟)가 아니면 집안의 형제였습니다. 그리고 한번도 어진 사람을 들이고 불초(不肖)한 사람을 물리쳤다는 말을 들어보지 못했습니다. 이는 임금을 가리고 어진 사람의 길을 막는 것이오니 어진 사람을 알고서도 들이지 않았다면 이는 충성스럽지 못한 것이며, 그 어진 것을 알지 못했으면 이는 지혜가 없는 것이오니 제가 웃는 것이 또한 옳지 않습니까?"

왕은 이 말을 듣고 기뻐하며 이튿날 번희가 하던 말을 우구자에게 하니 우구자는 자리를 피하면서 대답할 바를 알지 못했다.

이에 자기 집에 피하여 사람을 시켜 손숙오(孫叔敖)를 맞아다가 천거하니 왕은 그를 영윤(令尹)으로 삼아 초나라를 다스린 지 3년만에 장왕(莊王)은 패업(霸業)을 이루었다.

초나라 사기(史記)에 기록하기를

'장왕이 패업을 이룩한 것은 번희의 힘이었다.'

고 했다.

註解

1. 楚莊王 : 춘추시절의 제후(諸侯). 목왕(穆王) 의 아들. 이름은 여(侶).

2. 聽朝罷晏 : 청조(聽朝)는 임금이 신하가 정사에 대하여 아뢰는 말을 듣는 것. 파안(罷

晏)이란 청조하는 것이 늦게 끝난다는 말.

3. **虞丘子** : 춘추때 초나라 영윤(令尹). 손숙오를 천거한 공으로 채지(采地)를 주고 국로 (國老)라고 일컬었다.

4. **妾** : 여기에서는 자기 자신을 낮추어 한 말.

5. **執巾櫛** : 수건과 빗을 잡는다는 것은 시중을 든다는 말. 여기에서는 왕의 부인으로서 왕을 모셨다는 말.

6. **孫叔敖** : 손숙(孫叔)은 성이며 오(敖)는 이름. 초장왕을 도와 패업을 이룩한 재상. 어렸을 때, 보기만 하면 사람이 죽는다는 머리가 둘이 달린 뱀을 만나자 이후에 그 뱀을 보고 죽을 여러 사람의 생명을 보호하겠다는 생각으로 그 뱀을 죽여 땅에 묻고 자기의 죽음을 기다렸다는 이야기는 유명하다.

7. **令尹** : 벼슬 이름. 재상을 말함.

소월희자 월 왕 구 천 지 녀 초 소 왕 지 희 야 소 왕
昭越姬者는 越王句踐之女요 ① 楚昭王之姬也라. ② 昭王이

연 유 채 희 재 좌 월 회 참 우 왕 친 승 사 이
燕遊할새 蔡姬는 ③ 在左하고 越姬는 參右라. 王親乘駟以

치 축 수 등 부 사 지 대 이 망 운 몽 지 유 관 사 대 부
馳逐하여 ④ 遂登附社之臺하여 ⑤ 以望雲夢之囿하며 ⑥ 觀士大夫

축 자 기 환 내 고 이 희 왈 낙 호 채 희 대 왈 낙
逐者하고 旣驩에 乃顧二姬曰 樂乎아. 蔡姬對曰 樂하니다.

왕 왈 오 원 여 자 생 약 차 사 우 약 차 채 희 왈 석
王曰吾願與子로 生若此하고 死又若此하노라. 蔡姬曰 昔에

폐 읍 과 군 고 이 기 려 민 지 역 사 군 왕 지 마 족 고
敝邑寡君이 ⑦ 固以其黎民之役으로 事君王之馬足이라. 故로

이 비 자 지 신 위 포 저 완 호 금 내 비 어 비 빈 고 원
以婢子之身으로 爲苞苴玩好거늘 ⑧ 今乃比於妃嬪하시니 固願

생 구 락 사 동 시 왕 고 위 사 서 지
生俱樂하고 死同時하나이다. 王이 顧謂史하되 書之하라.

채 희 허 종 고 사 의 내 부 위 월 희 월 희 대 왈 낙 즉 락
蔡姬許從孤死矣로다. 乃復謂越姬한데 越姬對曰 樂則樂

의 연 불 가 구 야 왕 왈 오 원 여 자 생 약 차
矣거니와 然不可久也이다. 王曰 吾願與子로 生若此하고

사 약 차 기 불 가 득 호 월 희 대 왈 석 오 선 군 장 왕
死若此하나니 其不可得乎아. 越姬對曰 昔에 吾先君莊王이

淫^음樂^락하시어 三^삼年^년을 不^불聽^청政^정事^사러니 終^종而^이能^능改^개하여 卒^졸霸^패天^천下^하

하시니 妾^첩以^이君^군王^왕이 爲^위能^능法^법吾^오先^선君^군하여 將^장改^개斯^사樂^락而^이勤^근於^어政^정

也^야라 하니 今^금則^즉不^불然^연하시고 而^이要^요婢^비子^자以^이死^사하시니 其^기可^가得^득乎^호리까.

且^차君^군王^왕이 以^이束^속帛^백乘^승馬^마[9]로 取^취婢^비子^자於^어敝^폐邑^읍이시거늘 寡^과君^군이

受^수之^지太^태廟^묘也^야하되 不^불約^약死^사하시니이다. 妾^첩은 聞^문之^지諸^제姑^고하니 婦^부

人^인이 以^이死^사로 彰^창君^군之^지善^선하며 益^익君^군之^지寵^총이요 不^불聞^문其^기以^이苟^구從^종

其^기闇^암死^사로 爲^위榮^영이라 하니 妾^첩은 不^불敢^감聞^문命^명이니이다. 於^어是^시에

王^왕이 寤^오하여 敬^경越^월姬^희之^지言^언하되 而^이猶^유親^친嬖^폐蔡^채姬^희也^야러라. 居^거二^이

十^십五^오年^년에 王^왕이 救^구陳^진할새 二^이姬^희從^종이러니 王^왕이 病^병在^재軍^군中^중에

有^유赤^적雲^운이 夾^협日^일하여 如^여飛^비鳥^조거늘 王^왕이 問^문周^주史^사한데 史^사曰^왈

是^시害^해王^왕身^신이나 然^연이나 可^가以^이移^이於^어將^장相^상이니이다. 將^장相^상이 聞^문之^지

하고 將^장請^청以^이身^신으로 禱^도於^어神^신이거늘 王^왕曰^왈 將^장相^상之^지於^어孤^고에 猶^유股^고

肱^굉也^야하니 今^금移^이禍^화焉^언이면 庸^용爲^위去^거是^시身^신乎^호아 하고 不^불聽^청이거늘

越^월姬^희曰^왈 大^대哉^재라 君^군王^왕之^지德^덕이여 以^이是^시로 妾^첩願^원從^종王^왕矣^의로소이다.

昔^석日^일之^지游^유는 淫^음樂^락也^야라 是^시以^이로 不^불敢^감許^허니이다. 及^급君^군

王^왕이 復^복於^어禮^례하시어 國^국人^인이 皆^개將^장爲^위君^군王^왕死^사니 而^이況^황於^어妾^첩乎^호아.

청 원 선 구 호 리⑩어 지 하　　　　　　　왕 왈　　석 지 유 락　　　　오
請願先驅狐狸於地下 하나이다.　　王曰　　昔之遊樂은　　吾

희 이　　약 장 필 사　　시　　창 고 지 부 덕 야　　　　월 회 왈　　석
戲耳니　若將必死면　是는　彰孤之不德也 니라.　越姬曰　昔

일　　첩 수 구 불 언　이나　심 기 허 지 의　　　　첩 문 신 자　　불 부
日에　妾雖口不言이나　心旣許之矣 니이다.　妾聞信者는　不負

기 심　　의 자　　불 허 설 기 사　　하니　첩　　사 왕 지 의　요　불
其心하며　義者는　不虛設其事라 하니　妾은　死王之義요　不

사 왕 지 호 야　　　　　　수 자 살　　　왕　　병 심　　　양 위
死王之好也 로이다 하고　遂自殺하니라.　王이　病甚하여　讓位

어 삼 제　한데　삼 제 불 청　이러라.　왕 이　홍 어 군 중　이나　채 희
於三弟한데　三弟不聽이러라.　王이　薨於軍中이나　蔡姬는

경 불 능 사　러라.　왕 제 자 여　여 자 서 자 기　로　모 왈　모 신 자 는
竟不能死러라.　王弟子閭　與子西子期로　謀曰　母信者는

기 자 필 인　이라 하고　내 복 사 폐 벽　하고　영 월 희 지 자 웅 장 입　하니
其子必仁이라 하고　乃伏師閉壁하고　迎越姬之子熊章立하니

시 위 혜 왕　이라.　연 후　에　파 병　하여　귀 장 소 왕　하니라.
是爲惠王이라.　然後에　罷兵하여　歸葬昭王하니라.

소월희(昭越姬)는 월왕(越王) 구천(句踐)의 딸이며 초나라 소왕(昭王)의 아내다.

소왕이 놀이를 다닐 때 채희(蔡姬)는 왼쪽에 있고 월희는 오른쪽에 있었다. 왕은 친히 네 필의 말이 이끄는 수레를 타고 달려 나가서 드디어 부사(附社)의 대(臺)에 올라 운몽(雲夢)의 동산을 바라보다가 뒤에 사대부들이 뒤쫓아 오는 것을 보고 마음이 즐거워서 두 아내를 돌아보면서 말하기를

"즐거운가?"

하니 채희는 대답하기를

"즐겁습니다."

한다. 왕이 다시

"내 그대와 함께 살아서도 이와 같이 지내고 죽어서도 또 이와 같이 하기

를 원하노라."

하자 채희는

"옛날 저희 고을 임금께서 진실로 그 백성의 심부름꾼으로 군왕의 마족
· (馬足)을 섬기고 있었습니다. 까닭에 저 역시 종의 몸인데도 예물과 보
배스러운 노리개를 주시고 이제 또 비(妃)나 빈(嬪)에 견주어 대해
주시니 진실로 살아서도 같이 즐거워하고 죽음도 함께 하기를 원합니다."
했다.

이에 왕은 사관(史官)을 돌아보면서

"이렇게 써라. 채희가 나를 따라 죽기를 허락했다고."
했다.

왕은 다시 월희를 돌아보고 채희에게 한 말과 같이 물으니 월희는 대답
하기를

"즐겁기는 합니다만 오래 계속하진 못할 것입니다."
했다. 왕이

"내가 그대와 함께 살아서도 이렇게 지내고 죽어서도 이렇게 지내려 하
는데 그렇게 할 수 있겠는가?"
하니 월희는 대답하기를

"옛날 저희 나라 임금인 장왕(莊王)께서 음란을 즐겨 3년 동안 정사를
보지 않으시더니 마침내 능히 이것을 고쳐 천하의 패왕(覇王)이 되셨읍
니다. 그러므로 저는 군왕께서도 우리 선군(先君)의 일을 본받아서 능
히 그 즐겨하시는 것을 고치고 정사에 전념하시리라 여겼습니다만 이제
그렇지 않으시고 저희들과 함께 죽을 것을 요구하시니 어찌 제가 그것
을 따를 수 있겠습니까? 또 군왕께서는 폐백과 말을 보내어 저를 저희
고을에서 데려오실 때 저희 임금은 태묘(太廟)에서 명령을 받았으나 죽
음을 약속하지는 않았습니다. 또 제가 집안 고모(姑母)들에게 듣자오니
남의 부인이 된 사람은 죽음으로써 그 임금의 어진 것을 드러내고 총애
를 더하게 한다고는 했지만 구차하게 드러나지 않는 죽음을 영화로 여긴
다는 말은 듣지 못했습니다. 그러므로 저는 감히 명령을 들을 수가 없
습니다."
했다. 이에 왕은 깨달아서 월희의 말을 공경하기는 하면서도 오히려 채희

를 더 사랑했다.

그 후 25년이 지나서 왕이 진나라를 구하러 가는데 채희와 월희도 함께 가게 되었다. 이때 왕이 군중(軍中)에서 병이 났는데 붉은 구름이 태양을 둘러싸서 마치 나는 새처럼 보였다.

이에 왕이 주(周)의 사관에게 묻자 사관(史官)이 대답하기를

"이는 왕의 몸에 해로울 징조이오나 그 해(害)를 장상(將相)의 몸으로 옮길 수도 있습니다."

했다. 이 말을 듣고 장상이 장차 자신들의 몸이 왕을 대신하여 죽게 해달라고 신(神)에게 기도하려 하자 왕은 말하기를

"장군과 재상들은 나에게 있어 팔이나 다리와 같은데 이제 화를 그들에게 옮긴다면 어찌 내 몸이 벗어날 수 있겠는가?"

하고 이를 듣지 않았다.

월희가 이를 보고 말하기를

"크시도다. 군왕의 덕이시여! 이 일로 해서 저는 왕을 따르기를 원합니다. 옛날에 노신 것은 음란한 즐거움이었기 때문에 감히 허락치 않았으나 군왕께서 예로 다시 돌아가시고 온나라 사람들이 모두 군왕을 따라 죽고자 하는데 하물며 저는 아내된 몸이옵니다. 청컨데 제가 먼저 가서 여우와 너구리를 지하로 쫓게 해 주시옵소서."

했다. 그러나 왕은

"옛날에 놀고 즐길 때는 내가 농담으로 한 말이다. 만일 그대가 먼저 죽는다면 이는 나의 부덕(不德)함을 드러내는 것이다."

했다.

월희가 말하기를

"옛날에 제가 비록 입으로는 말하지 않았으나 마음속으로는 이미 허락했었습니다. 제가 듣자오니 신(信)이란 그 마음을 저버리지 않는 것이며 의(義)란 그 일을 헛되이 하지 않는 것이라 했습니다. 하오니 저는 왕의 의리에 죽는 것이며 왕의 즐거움을 위해 죽는 것이 아닙니다."

말을 마치고 월희는 자살했다.

이윽고 왕의 병이 심하여 세 아우에게 왕위를 물려주려 했으나, 세 아우는 한사코 듣지 않았다. 마침내 군중(軍中)에서 돌아가셨으나, 채희는 끝

100

내 죽음을 택하지 않았다.

이에 왕의 아우 자여가 자서·자기와 의논하기를

"어머니가 의로운 사람은 그 아들이 반드시 어질 것이다."

하고 이에 군사를 매복시키고 진중(陣中)의 문을 닫고서 월희의 아들 웅장(熊章)을 맞이하여 왕으로 세우니 이가 곧 혜왕(惠王)이다.

그 후에 군사를 물리고 돌아가서 소왕을 장사지냈다.

註解 ～～～～～～～～～

1. **越王句踐** : 춘추시대 월(越) 나라의 둘째 왕. 오왕(吳王) 합려(闔閭)와 싸워 이를 죽였으나 합려의 아들 부차(夫差)에게 회계산(會稽山)에서 패하여 사로잡히는 몸이 되었다. 그러나 그는 뜻을 굽히지 않고 20년을 고생하다가 마침내 오나라를 쳐서 지난 날의 원수를 갚았다. 그가 고생하던 일로 해서 와신상담(臥薪嘗膽)이란 말이 생겼다.

2. **楚昭王** : 장왕(莊王)의 아들.

3. **蔡姬** : 초소왕(楚昭王)의 아내.

4. **親乘駟以馴逐** : 사(駟)는 네 필의 말이 끄는 수레.

5. **附社之臺** : 부사(附社)는 지명(地名). 부사에 있는 대(臺).

6. **雲夢之囿** : 운몽(雲夢)은 연못의 이름. 유(囿)는 임금의 동산.

7. **敝邑寡君** : 폐읍(敝邑)은 자기가 살던 곳을 겸칭(謙稱)해서 한 말. 과군(寡君)도 자기 나라 임금의 겸칭.

8. **苞苴玩好** : 포저(苞苴)는 선물. 완호(玩好)는 진기한 노리개.

9. **束帛乘馬** : 비단 다섯 필을 각각 양쪽에서 마주 말아서 한 묶음으로 한 것을 속백(束帛)이라고 한다. 이것을 예물로 썼다. 승마(乘馬)는 탈 수 있는 말.

10. **先驅狐狸** : 왕이 묻히는 곳을 깨끗이 한다는 말로 죽는다는 뜻.

후 한 명 덕① 마 황 후②
後漢明德 馬皇后는

복 파 장 군 원 지 소 녀 야③
伏波將軍援之少女也라.

소 상 부
少喪父하고

모 형 객 경
母兄客卿이

민 혜
敏慧러니

조 요
早夭커늘

모 인 부 인
母藺夫人이

비 상
悲傷하여

발
發

질 황 홀④
疾慌惚이라.

후 시 년
后時年이

십 세
十歲러니

간 리 가 사
幹理家事하여

칙 제 동 어
勅制僮御

하니

내 외 자 품
內外諮稟을

사 동 성 인
事同成人이라.

초
初에

제 가 막 지 자
諸家莫知者러니

후
後

문 지
聞之하고

함 탄 이 언
咸歎異焉이더라.

후 상 구 질
后嘗久疾이거늘

대 부 인
大夫人이

영 서
令筮

之한데 筮者曰 此女雖有患狀이나 而當大貴리니 兆不可言

也로다. 後에 又呼相者하여 使占諸女한데 見后大驚曰

我必爲此女稱臣하리로다. 然이나 貴而少子리니 若養它子

者면 得力이 乃當踰於所生이리이다. 選入太子宮하니 時年

十三이라. 奉承陰后하며 傍接同列하되 禮則修備한데 上

下安之하여 遂見寵異러라. 常居後堂이러니 明帝即位以後로

爲貴人이니라. 時에 后前母姊女賈氏도 亦以選入하여 生肅

宗한데 帝以后無子로 命令養之하고 謂曰 人未必當自生

子니 但患愛養이 不至耳니라. 后於是에 盡心撫育하여

勞悴過於所生하더니 肅宗도 亦孝性淳篤하고 恩性天至하여

母子慈愛 始終無纖介之間이러라. 后常以皇嗣未廣으로 每

懷憂歎하여 薦達左右하되 若恐不及이러라. 後宮이 有進見

者거든 每加慰納하고 若數寵引이거든 輒增隆遇러라. 永平

三年春에 有司奏立長秋宮이거늘 帝未有所言이러니 皇太后

曰 馬貴人이 德冠後宮하니 即其人也라 하거늘 遂立爲皇

后하니라. 先是에 夢有小飛虫가 無數赴着身하고 又入皮

膚中이다가 而復飛出하더니 旣正位宮闈하여 愈自謙肅이러라.

身長이 七尺二寸이요 方口美髮이며 能誦易하고 好讀春秋

楚辭하며 尤善周官과 董仲舒書러라. 常衣大練하고 裙不

加緣이러라. 朔望에 諸姬主朝請에 望見后布疎麤麤하고 反以

爲綺縠이라가 就視乃笑한데 后辭曰 此繒이 特宜染色故로

用之耳라 하니 六宮이 莫不歎息이러라. 帝嘗幸苑囿離宮이

거든 后輒以風邪露霧로 爲戒하여 辭意款備하여 多見詳

擇이러라. 帝幸濯龍中하여 並召諸才人하니 下邳王已下

皆在側이라. 請呼皇后한데 帝笑曰 是家志不好樂하나니

雖來나 無歡이라 하니 是以로 遊娛之事에 希嘗從焉이러라.

十五年에 帝接地圖하고 將封皇子하되 悉半諸國이더니 后

見而言曰 諸子裁食數縣이 於制에 不已儉乎니까. 帝曰我

子 豈宜與先帝子等乎아. 歲給二千萬이라도 足矣니라. 時에

楚獄이 連年不斷하여 囚相證引하여 坐繫者甚衆이더니 后

慮其多濫하여 乘間에 言及愴然하니 帝感悟之하여 夜起彷

徨하여 爲思所納하여 卒多有所降宥하다. 時에 諸將奏事와

급공경교의난평자　제삭이시후　　후첩분해취리
及公卿較議難平者를　帝數以試后이시거늘　后輒分解趣理하여

각득기정　　매어시집지제에　첩언급정사　　다소비
各得其情이러라.　每於侍執之際에　輒言及政事하여　多所毗

보　이미상이가사간욕　총경일륭　시종무쇠
補하고　而未嘗以家私干欲하니　寵敬日隆하여　始終無衰러라.

급제붕　숙종　즉위　존후왈황태후　제귀인⑱
及帝崩에　肅宗이　卽位하여　尊后曰皇太后라 하다.　諸貴人이

당사거남궁　태후감석별지회　각사왕적수
當徙居南宮이거늘　太后感析別之懷하여　各賜王赤綬하고

가안거사마⑲　백월삼천단⑳　잡백이천필　황금십근
加安車駟馬와　白越三千端과　雜帛二千匹과　黃金十斤하다.

자찬현종기거주㉑　삭거형방의　참의약사거늘　제청왈
自撰顯宗起居注하되　削去兄防의　參醫藥事거늘　帝請曰

황문구조석공양이㉒　차일년이거늘　기무포이하고　우불록근
黃門舅朝夕供養이　且一年이거늘　旣無襃異하고　又不錄勤

로하시니　무내과호이까.　태후왈　오불욕령후세로　문선제의
勞하시니　無乃過乎이까.　太后曰　吾不欲令後世로　聞先帝의

삭친후궁지가고로　부저야니라.　건초원년에　욕봉작제구
數親後宮之家故로　不著也니라.　建初元年에　欲封爵諸舅

거늘　태후불청하다.　명년하에　태한이거늘　언사자이위불
거늘　太后不聽하다.　明年夏에　太旱이거늘　言事者以爲不

봉외척지고라 하더니　유사㉓ 인차상주하되　의의구전이라 하니
封外戚之故라 하더니　有司 因此上奏하되　宜依舊典이라 하니

태후조왈　범언사자　개욕미짐하여　이요복이로다.　석에
太后詔曰　凡言事者　皆欲媚朕하여　以要福耳로다.　昔에

왕씨오후동일구봉㉔이거늘　기시에　황무사색하여　불문주우
王氏五侯同日俱封이거늘　其時에　黃霧四塞하여　不聞澍雨

지응하며　우전분㉕두영㉖이　총귀횡자하여　경복지화　위세소
之應하며　又田蚡竇嬰이　寵貴橫恣하여　傾覆之禍　爲世所

전하니　고로　선제방신구씨하여　불령재추기지위하고　제자
傳하니　故로　先帝防愼舅氏하여　不令在樞機之位하고　諸子

104

之封을 裁令半楚淮陽諸國하여 常謂我子는 不當與先帝子

等이라 하니 今에 有司가 奈何欲以馬氏로 比陰氏乎아.

吾爲天下母하여 而身服大練하고 食不求甘하며 左右但着

帛布하고 無香薰之飾者는 欲身率下也라. 以爲外親이 見

之면 當傷心自勅이러니 但笑言太后素好儉이라. 前過濯龍

門上일새 見外家問起居者하니 車如流水하며 馬如游龍이라.

倉頭衣綠褠하고 領袖正白이거늘 顧視御者하니 不及이 遠[37]

矣러라. 故로 不加譴怒하고 但絶歲用而已는 冀以默愧其

心이거늘 而猶懈怠하여 無憂國忘家之慮하니 知臣도 莫若

君이거늘 況親屬乎아. 吾豈可上負先帝之旨하고 下虧先人

之德하여 重襲西京敗亡之禍哉아 하고 固不許러라. 帝省

詔悲歎하여 復重請曰 漢興에 舅氏之封侯는 猶皇子之爲

王也니 太后誠存謙虛나 奈何令臣으로 獨不加恩三舅乎니까.

且衛尉는 年尊하고 兩校尉는 有大病하니 如今不諱면 使

臣으로 長抱刻骨之恨이니 宜及吉時요 不可稽留니이다.

太后報曰 吾反覆念之하여 思令兩善이니 豈徒欲獲謙讓之

名하여 而使帝로 受不外施之嫌哉리오. 昔에 竇太后 欲

封王皇后之兄이거늘 承相條侯言 受高帝約하니 無軍功과

非劉氏거든 不候라 하니 今에 馬氏無功於國이거늘 豈得與

陰郭中興之后로 等耶아. 嘗觀富貴之家컨대 祿位重疊하여

猶再實之木이 其根必傷하며 且人所以願封侯者는 欲上奉

祭祀하고 下求溫飽耳 今에 祭祀則受四方之珍하고 衣食

則蒙御府餘資하나니 斯豈不足하여 而必當得一縣乎아. 吾

計之熟矣로니 勿有疑也하라. 夫至孝之行은 安親爲上이니

今에 數遭變異하여 穀價數倍일새 憂惶晝夜하여 不安坐

臥거늘 而欲先營外封하여 違慈母之拳拳乎아. 吾素剛急

하여 有胷中氣라 不可不順也니라. 若陰陽이 調和하며

邊境이 淸靜然後에 行子之志하라. 吾는 但當舍飴弄孫

하고 不能復關政矣리라. 時에 新平主家御者失火하여 延

及北閣後殿이거늘 太后以爲己過하여 起居不歡이더니 時에

當謁原陵이러니 自引守備不愼하여 慙見陵園이라 하고 遂不

行이러라. 初에 大夫人葬에 起墳이 微高거늘 太后以爲言

106

한데 兄廖等이 即時減削하니라. 其外親이 有謙素義行者거든

輒假借溫言하여 賞以財位하고 如有纖介거든 則先見

嚴恪之色然後에 加譴하며 其美車服하여 不軌法度者는

便絶屬籍하여 遣歸田里하더라. 廣平과 鉅鹿과 樂成王이

車騎朴素하여 無金銀之飾이거늘 帝以白太后한데 太后即

賜錢各五百萬하시니 於是內外從化하여 被服如一하니 諸

家惶恐이 倍於永平時러라. 乃置織室하여 蠶於濯龍中하고

數往觀視하여 以爲娛樂이러라. 嘗與帝로 旦夕言道政事하며

及教授諸小王論語經書하며 述叙平生하여 雍和終日하더니

四年에 天下豊稔하고 方垂無事거늘 帝遂封三舅廖防光

爲列侯한데 並辭讓하여 願就關內侯라. 太后聞之曰 聖人

設教 各有其方은 知人情性이 莫能齊也니 吾少壯時엔

但慕竹帛하고 志不顧命이러니 今雖已老나 而復戒之在得

이라. 故로 日夜惕厲하여 思自降損하여 居不求安하며

食不念飽하여 冀乘此道하여 不負先帝하며 所以化導兄弟

하여 共同斯志하여 欲令瞑目之日에 無所復恨이로다. 何意

老志_{로지}를 復不從哉_{부불종재}리오. 萬年之日_{만년지일}에 長恨矣_{장한의}로다. 廖等_{요등}이

不得已受封爵_{부득이수봉작}하고 而退位歸第焉_{이퇴위귀제언}하니라. 太后其年_{태후기년}에 寢疾_{침질}

이나 不信巫祝小醫_{불신무축소의}하고 數勅絶禱祀_{삭칙절도사}더니 至六月_{지육월}하여 崩_붕하니

在位二十三年_{재위이십삼년}이요 年_연이 四十餘_{사십여}러라.

후한 때의 명덕 마황후(明德馬皇后)는 복파장군(伏波將軍) 원(援)의 어린 딸이다. 어려서 아버지를 여의고 오빠 객경(客卿)이 민첩하고 지혜가 있었으나 일찍 죽으니 그 어머니 인부인(藺夫人)이 슬퍼하다가 병이 나서 경황이 없었다.

이때 황후(皇后)의 나이 10세인데도 집안 일을 주장해 다스려서 종들을 신칙해 거느렸다. 이리하여 안팎에서 일을 묻고 아뢰고 하는 것을 마치 어른과 똑같이 했다. 이런 일을 처음에는 아무도 알지 못했다가 뒤에 가서 듣고 모두 감탄하고 이상히 여겼다.

황후가 어렸을 때 오랫동안 병을 앓고 있으므로 그 어머니가 점을 치게 했더니 점쟁이가 말하기를

"이 따님이 비록 병이 있으나 마땅히 귀하게 될 것이오니 이런 점이야기를 아예 말하지 마십시오."

했다.

그 후에 또 관상쟁이를 불러서 딸의 점을 치게 했더니 관상쟁이는 황후를 보자 크게 놀라면서 말하기를

"나는 반드시 이 따님을 위해 신하가 되겠습니다. 그러나 귀하게는 되어도 아들을 두지 못할 것이니 만일 남의 아들을 데려다 기르면 자기가 낳은 아들보다 훨씬 나을 것입니다."

이런 일이 있은 후에 태자궁(太子宮)에 뽑혀 들어가니 그 때 나이 13세였다. 음황후(陰皇后)를 받들어 섬기고 옆으로 동렬(同列)들을 대하는 데 예절과 법도가 갖추어져서 윗사람이나 아랫사람이 모두 편안해 하고 남달리 총애를 받아서 항상 후당(後堂)에 거처하게 하였다.

　명제(明帝)가 즉위하게 되자 귀인(貴人)이 되었는데 이때 황후의 전 어머니의 언니의 딸 가씨도 또한 뽑혀 들어와서 숙종(肅宗)을 낳았다. 그러나 명제는 황후가 아들이 없기 때문에 그를 데려다 기르라고 명령하고 말하기를

　"사람은 꼭 제 자식만 낳아서 기르란 법은 없는 것이니 다만 지극히 사랑하여 기르지 못할까 걱정일 뿐이다."

했다.

　이에 황후는 마음을 다해 사랑하고 길러서 그 수고로움이 자기가 낳은 아들보다 더했고, 그 아들 숙종도 또한 효성이 두텁고 돈독하며 은혜로운 성품이 몹시 지극하여 어머니와 아들 사이의 자애로움이 처음부터 끝까지 조그만 틈도 없었다.

　황후는 항상 왕의 대를 이을 아들이 많지 못한 것을 조심하고 한탄하여 좌우에 명하여 후궁을 천거하게 하면서도 이것이 미치지 못할까 걱정했다. 후궁 중에서 혹시 들어와 뵙는 자가 있으면 매양 위로해 주었으며 그 중에서 만일 자주 왕의 총애를 끄는 자가 있으면 그 사람을 더욱 융숭히 대접했다.

　영평(永平) 3년 봄에 일을 맡은 관리가 장추궁(長秋宮)을 세울 것을 아뢰자 왕은 아무 말도 하지 않았다. 이때 황태후가 말하기를

　"후궁 중에서 마귀인(馬貴人)이 덕이 제일 뛰어났으니 바로 그 사람으로 정하오."

했다. 이리하여 마침내 그를 황후로 삼게 되었다.

　이보다 먼저 황후는 조그만 날벌레가 무수히 날아와 몸에 붙기도 하고 또 살갖을 파고 들락거리는 꿈을 꾸었다고 한다.

　이미 궁중에 있어서의 자리를 바로 잡고서도 더욱 스스로 겸손하고 엄숙하게 처신했다. 그는 키가 7척 2촌이나 되었고 반듯한 입모습에 머리카락이 아름다웠다. 능히 〈주역(周易)〉을 외웠고 또 춘추(春秋)와 초사(楚辭)를 읽기 좋아했으며 특히 주관(周官)과 동중서(董仲舒)의 글에 조예가 깊었다.

　항상 굵은 옷감을 입고 치마에는 선을 두르지 않았다. 초하루와 보름에 여러 공주들이 들어와 뵈올 때 황후의 옷이 거칠고 초라한 것을 바라보고

그것이 필연 비단이리라 했다가 가까이 가서 보고 웃으니 황후는 해명하듯이

"이 옷감이 특히 염색하기에 편해서 내가 입는 것이다."

하니 여섯 궁궐의 사람들이 감탄하지 않는 자가 없었다.

왕이 일찍이 동산에 있는 이궁(離宮)에 거동할 때 황후는 언제나 바람과 좋지 못한 기운과 이슬과 안개를 조심하도록 경계했는데, 그 말이 매우 정성스러워서 왕은 자세히 그 말을 들어서 행했다.

왕이 탁룡(濯龍)에 거동하여 여러 재인(才人)들을 모두 부르게 했다. 이때 하비왕(下邳王) 이하 여러 사람이 모두 곁에 있다가 황후를 모셔와야 한다고 말했다. 이때 왕은 웃으면서 말하기를

"그 사람은 뜻이 음악을 즐겨하지 않기 때문에 비록 온다고 해도 즐거움이 없을 것이다."

했다. 이 때문에 놀고 즐기는 일이 있을 때에는 왕을 따르는 일이 별로 없었다.

15년에 왕이 지도(地圖)를 상고해 보고 장차 황자(皇子)를 봉하려 했다. 그리고 그들에게 여러 제후 나라의 절반 정도를 주려고 했다. 그러나 황후는 이를 듣고 말하기를

"여러 아들이 몇몇 현(縣)을 식읍(食邑)으로 받는다면 이것은 제도보다 너무 검소한 것이 아닙니까?"

했다. 이 말에 왕은

"내 아들이 어찌 선왕(先王)의 아들과 같을 수 있단 말이오? 해마다 2천만을 주면 족할 것이오."

했다.

이때 초(楚) 땅의 옥사(獄事)가 여러 해 동안 판결이 나지 않아서 죄수들이 서로 증거를 대느라고 여기에 연루된 사람이 몹시 많았다. 이것을 보고 황후는 그 수가 너무 많은 것을 걱정하여 한가한 틈을 타서 그 일을 말하면서 슬퍼하는 빛을 보였다.

이에 왕은 감동하고 깨달아서 밤에 일어나 거닐다가 황후의 말을 생각하고 받아들여서 마침내 많은 사람을 용서해 주었다.

이때 여러 장수들이 아뢰는 말과 공경(公卿)들의 의논하는 일이 일치하

지 못한 것이 있어서 이것을 왕은 자주 황후에게 의논했다. 황후는 그 때마다 이것을 분석하여 이치에 맞도록 가려내어 각각 그 정상을 참작하게 하였다.

매양 왕을 모시고 있을 때 항상 그 말이 정치에 미쳐서 도움 되는 것이 많았고 일찍이 집안의 사사로운 일로 욕심부리는 것이 없으니, 이로 해서 왕의 사랑함과 공경함이 날로 높아져서 끝까지 쇠하는 일이 없었다.

명제가 죽고 숙종이 왕위에 오르자 황후를 높혀 황태후(皇太后)라고 했다. 이때 명제를 섬기던 여러 귀인들이 마땅히 남궁(南宮)으로 거처를 옮기게 되었다. 태후는 작별을 아쉬워 하며 이들에게 각각 왕의 붉은 인끈을 하사하고 그 위에 안거(安車), 사마(駟馬)와 백월(白越) 3천필, 잡백(雜帛) 2천필, 황금 10근씩을 더 주었다.

스스로 현종(顯宗)의 기거주(起居注)를 편찬했는데 오빠인 방(防)이 의약(醫藥)에 참여한 일을 삭제했다. 이것을 보고 숙종이 묻기를

"황문(黃門) 외숙이 조석으로 공양하신 것이 1년이나 되는데 이제 남달리 상을 내리시지도 않으시고 또 그 부지런히 수고하신 것도 기록하지 않으시니 이것은 좀 지나치지 않습니까?"

하자 태후는 말하기를

"나는 후세사람에게서 선왕이 후궁의 집을 자주 가까이 하셨다는 말을 듣고 싶지 않아 기록치 않은 것이다."

했다.

건초(建初) 원년에 숙종이 여러 외숙들에게 봉작(封爵)을 내리려 했으나 태후가 이를 듣지 않았다. 이듬해 여름에 가뭄이 심하자 예언하는 사람들이 이는 외척(外戚)을 봉하지 않은 까닭이라 하므로 일을 맡은 관원이 이 일을 가지고 아뢰기를

"마땅히 옛 법에 의해야 합니다."

했다.

이에 태후가 조서(詔書)를 내려

"모든 예언을 하는 자는 나에게 잘 보여서 이로써 복을 받으려 하는 것이다. 옛날에 왕씨(王氏)의 오후(五侯)가 같은 날에 모두 봉함을 받았는데 그때 누런 안개가 사방을 가리어도 비온다는 말을 들을 수가 없었

다. 또 전분(田蚡)과 두영(竇嬰)이 총애와 존귀를 믿고 맘대로 방자히 굴어서 무너지는 화를 당했다는 이야기도 세상에 전해진다. 그런 까닭에 선제(先帝)께서 외숙들을 막아 삼가하셔서 중요한 벼슬 자리에 있게 하지 않으시고, 또 여러 아들을 봉하는 것도 초(楚)나 회양(淮陽) 같은 제후 나라의 반만큼으로 하시고 항상 말씀하시기를 '내 아들은 선제의 아들과 같이 할 수가 없다.'고 하셨다. 그런데 이제 일을 맡은 관원은 어찌해서 마씨(馬氏)를 음씨(陰氏)에 비하고자 하는가? 내가 천하의 어머니인데도 몸에 굵은 옷감을 입고 먹는데 맛있는 것을 구하지 않으며, 주위 사람들도 오직 굵은 비단과 베옷을 입고 향내나는 장식을 하지 않았으니 이는 몸소 아랫사람을 거느리고자 해서다. 이것을 외친(外親)들이 보면 마땅히 마음이 상하고 스스로 경계하리라 했더니 오직 웃으면서 '태후는 본래 검소한 것을 좋아했다.'고만 말했다. 전에 탁룡문(濯龍門)을 지날 때 외가(外家)의 안부를 묻는 자를 보니 수레는 흐르는 물과 같고 말은 뛰는 용과 같았으며 종들은 푸른 홑옷을 입었는데 그 소매와 옷깃이 반듯하여 궁중의 모시는 자들을 돌아볼 때 그들보다 훨씬 못했다. 그런데도 그들을 책망하거나 노여워하지 않고 다만 해마다 주는 비용만을 끊었으니 이는 그들이 묵묵히 그 마음에 부끄러워하기를 바랐던 것인데 오히려 더욱 나태하여 나라를 근심하고 집안의 사사로움을 잊으려 하지 않았다. 그러므로 신하를 알아보는 것은 임금만한 이가 없는 것이다. 하물며 나는 친속(親屬)이니 더 말할 나위 있겠는가? 내 어찌 위로 선제의 뜻을 저버리고 아래로 선인의 덕을 허물어뜨릴 수 있으며 서경(西京)이 패해서 망했던 화를 거듭 본받을 수 있으랴?"
하고 굳이 허락하지 않았다.

왕이 이 조서를 보고 슬퍼하고 탄식하여 다시 청하기를
"한나라가 일어날 때 외숙들을 제후로 봉한 것은 황자(皇子)가 왕이 된 것과 같았습니다. 태후께서 진심으로 겸허(謙虛)하시지만 어찌 저로 하여금 세 외숙에게 은혜를 베풀지 못하게 하십니까? 또 위위(衛尉)께서는 연세가 높으시고 두 분 교위(校尉)께서는 큰 병이 있으니 만일 돌아가시는 날엔 저로 하여금 길이 뼈에 사무치는 한(恨)을 품게 하는 것입니다. 지금이 좋은 때인 듯 하오니 더 지체하게 하지 마시옵소서."

했다. 이에 태후가 대답하기를

"내 거듭 생각해 보아서 양쪽이 다같이 좋게 하려 한 것이오. 어찌 겸양한다는 이름을 얻기 위하여 왕으로 하여금 외척을 돌보지 않았다는 혐의를 받게 할 수야 있겠소? 옛날에 두태후(竇太后)가 왕황후(王皇后)의 오빠를 봉하고자 했지만 승상인 조후(條侯)가 말하기를 '고제(高帝)의 약속을 받았는데 군공(軍功)이 없거나 유씨(劉氏)가 아니면 제후로 봉하지 말라고 했습니다.' 했다 하오. 그런데 이제 마씨는 나라에 공이 없으니 어찌 음씨(陰氏)·곽씨(郭氏) 같은 나라를 중흥시킨 황후와 같겠소. 일찍이 부귀를 누린 집을 보건대 녹(祿)과 벼슬이 중첩하면 마치 열매가 두번 열린 나무와 같아서 그 뿌리가 반드시 상하며, 또 사람들이 제후에 봉해지기를 원하는 것은 위로는 제사를 받들고 아래로는 따뜻하고 배불리 살기를 구하는 법인데 이제 제사를 지내는 데는 사방에서 좋은 음식을 받아들이고 옷과 음식은 궁중의 남은 것을 쓰고 있는데 이것을 가지고도 어찌 부족해서 기어이 한 고을을 얻어야 한단 말이오? 내 익히 생각한 바이니 조금도 의심치 마시오. 대체로 지극히 효성스러운 행동은 부모의 마음을 편안케 해주는 것이 제일인데 이제 자주 변이(變異)를 당해서 곡식값이 몇 갑절로 올라 밤낮으로 근심하고 황황하여 앉고 눕는 것이 편안치 못하거늘 먼저 외척을 봉하려고 하여 자모(慈母)의 정성스러운 마음을 어기려 하는가? 내 본래 성질이 굳세고 급해서 가슴속에 기운이 있는 터이니 이것을 순하게 하지 않으면 안될 말이오. 만일 음(陰)과 양(陽)이 고루 화평하여 변방 국경이 맑고 조용해 진다면 그대의 뜻을 행하도록 하오. 그 때가 되면 나는 다만 엿이나 가지고 손자들과 놀면서 다시는 정사에 관계하지 않을 것이오."

했다.

이때 신평공주(新平公主) 집의 종이 불을 내어 북각(北閣) 뒤 대궐에까지 번지는 일이 있었다. 태후는 이것이 자신의 과실이라 하여 기거(起居)하는 것을 즐거이 하지 않았다. 마침 원릉(原陵)에 참배할 일이 있었으나 스스로 수비(守備)를 삼가하지 못했다고 책망하여 능(陵)에 가는 것조차 부끄럽게 여기고 가지 않았다.

처음 대부인(大夫人) 장례에 봉분(封墳)이 약간 높았으므로 이것을 태후가 말하니 오빠 요(廖)가 즉시 낮추었다. 그 외친(外親) 중에 겸손하고 검소하며 의리있는 행동을 하는 이가 있으면 즉시 온화한 말로 재물과 지위를 상으로 주고, 만일 터럭만큼이라도 허물이 있으면 먼저 엄숙한 태도를 보인 후에 책망을 했다. 또 그 수레와 의복을 아름답게 하여 법도를 지키지 않는 자가 있으면 즉시 친속의 적(籍)에서 삭제하여 고향으로 돌려보냈다.

광평(廣平)과 거록(鉅鹿)과 낙성왕(樂成王)이 수레와 말이 질박하고 검소하여 금이나 은으로 장식한 것이 없으므로 왕이 이 사실을 태후께 아뢰었더니 태후는 즉시 돈을 각각 5백만씩 내렸다. 이에 안팎이 여기에 따라 교화되어 옷입는 것이 한결같으니 여러 집들이 황공해 하기를 영평(永平) 때의 갑절이나 더했다.

이에 길쌈하는 집을 만들고 탁룡(濯龍)에서 누에를 치면서 자주 가보아 이것을 즐겁게 여겼다. 일찍이 왕과 함께 조석으로 정사에 대해서 이야기하고 또 여러 젊은 왕들에게 논어(論語)와 그밖의 경서를 가르치고 평생의 일을 서술하면서 온화하게 하루를 보냈다.

즉위 4년에 천하에 풍년 들고 사방 변방이 아무 일도 없자 왕은 드디어 세 외숙인 요(廖)와 방(防)과 광(光)을 봉하여 모두 제후를 삼았다. 그러나 이들은 모두 사양하며 관내후(關內侯)가 되기를 원했다. 이 소식을 듣고 태후가 말하기를

"성인이 가르침을 마련하는 것이 각각 그 방법이 있는 것은 사람의 성품이 모두 같지 않기 때문이다. 내가 젊었을 때는 다만 책만을 사모하고 뜻하는 일에는 목숨도 돌아보지 않았소. 이제 비록 늙었으나 역시 욕심을 부리는 것을 경계하는 바이오. 까닭에 밤낮으로 두려워하고 염려하여 내 몸을 낮출 것을 생각하며 거처하는 것도 편안한 것을 구하지 않고 먹는 것도 배부를 것을 생각하지 않았소. 이 도리를 가지고 선제의 뜻에 부끄럽지 않기를 바랐고 또 형제들을 잘 교화시키고 인도해서 이 뜻을 함께 하고 싶었던 것이오. 그리하여 눈을 감는 날에 다시 아무런 여한(餘恨)이 없으면 하는 것이오. 그러니 어찌 늙은이의 뜻을 다시 좇지 않는단 말이오. 그렇게 되면 만년 후에는 길이 한이 될 것이오."

했다.

　이에 요(廖) 등은 부득이 봉작(封爵)을 받고 벼슬을 내놓고 고향 집으로 돌아갔다.

　태후가 그 해에 오래 병을 앓았으나 무당과 의원을 믿지 않고 기도를 하지 말도록 자주 신칙했다. 6월에 이르러 돌아가시니 황후의 자리에 있은 지 23년이었고 나이는 사십이 넘어서였다.

註解

1. **明德** : 후한의 세조광무황제(世祖光武皇帝)의 아내 마황후(馬皇后)의 시호.
2. **馬皇后** : 세조의 황후로서 복파장군(伏波將軍) 마원(馬援)의 딸.
3. **伏波將軍援** : 마원. 후한 때 정치가로서 처음에는 외효(隗囂)를 따르다가 광무제 때 벼슬하여 복파장군이 됨. 그가 오수전(五銖錢)의 주조(鑄造)를 실현했음. 세상에서 마복파(馬伏波)라고도 함.
4. **慌惚** : 병세가 위급하다는 뜻.
5. **此** : 여기에서는 점에 나타난 괘(卦)의 내용.
6. **稱臣** : 자기 자신을 신(臣)이라 일컬음. 즉 신하노릇한다는 뜻.
7. **少子** : 여기에서는 아들이 많지 않다는 뜻으로 썼음.
8. **它子者** : 타(它)는 타(他)와 같음.
9. **陰后** : 후한 세조의 황후. 명제 장(莊)의 어머니. 마황후의 시어머니.
10. **肅宗** : 명제의 아들 달(炟).
11. **纖介** : 티끌이란 말로 아주 작은 일의 뜻.
12. **永平** : 후한 명제 때의 연호.
13. **長秋宮** : 황후라는 뜻인데 황후의 궁을 말하기도 한다.
14. **宮闈** : 원래는 궁의 문으로 썼으나 대개 궁중이란 뜻이다.
15. **楚辭** : 중국 남방 초나라 지방에서 비롯된 아름다운 글로 그 중 굴원(屈原)의 사부(辭賦)는 초사의 대표적인 것임.
16. **周官** : 서경(書經), 주서(周書)의 편명. 주대의 제도를 기술했고 위정자의 할 일도 실려 있다.
17. **董仲舒** : 전한의 학자. 유교일존주의(儒敎一尊主義)를 세워 유교 독립의 기반을 확고히 했다. 그의 학설은 춘추공양전(春秋公羊傳)에 나타나 있다. 저서로는 춘추번로(春秋繁露) 등이 있다.
18. **大練** : 올이 굵은 옷감.
19. **綺縠** : 무늬가 있는 고운 비단.
20. **離宮** : 임금이 궁성 밖에서 거처하는 별궁(別宮).
21. **風邪** : 감기.
22. **濯龍** : 후원(後苑)의 이름.
23. **才人** : 노래와 춤으로 후궁에서 섬기는 여자.

24. 下邳王 : 명제의 아들.

25. 楚獄 : 명제의 형인 초왕 영(楚王英)이 방사(方士)들과 결탁하여 도서(圖書)를 날조하고 역모를 꾀했던 옥사(獄事)로 황족 등 수천명이 연루되었던 사건.

26. 坐繫 : 남의 일에 연좌되어 옥에 갇힘.

27. 乘間 : 틈을 탐.

28. 諸貴人 : 여기에서는 명제의 후궁들.

29. 安車 : 주로 노인이나 부녀자가 편안히 타고 다니던, 말 한 필이 끄는 수레.

30. 白越 : 흰 비단 이름.

31. 起居注 : 왕의 실록(實錄)을 말함.

32. 黃門 : 벼슬의 이름. 대궐 금문(禁門)을 황문(黃門)이라고 하는데 이 곳을 지키는 관리를 이렇게 부른다.

33. 有司 : 관리

34. 王氏五侯 : 성제(成帝) 때 태후(太后)의 오빠 다섯명을 봉하여 오후(五侯)라 함.

35. 田蚡 : 전한 제 6 대 경제(景帝)의 황후의 동생이며 무제의 외숙. 무안후(武安侯)에 봉해졌으며 두영과의 권력다툼이 치열했다. 두태후(竇太后)가 죽은 후 전분은 승상이 되어 두영을 무살(誣殺)했다.

36. 竇嬰 : 전한 제 5 대 문제 두황후(竇皇后) 사촌의 아들. 경제(景帝)에게 벼슬하여 칠국을 평정한 공으로 위기후(魏其侯)에 봉해졌으며 태자 율(栗)을 가르치기도 했다. 무제 때 승상에 이르렀으나 두태후의 뜻을 거슬려서 파직되었다. 후에는 전분(田蚡)과의 권력싸움에서 관부(灌夫)의 죄에 연루되어 경제 황후의 노여움을 사서 기시(棄市)를 당해 죽었다.

37. 綠褠 : 구(褠)는 소매가 짧은 홑옷.

38. 陰郭 : 음씨(陰氏)와 곽씨(郭氏)는 후한 광무제의 두 황후. 곽씨가 첫번째 황후로 태자 강(彊)의 모후(母后)였으나 총애를 잃고 왕을 원망하다가 폐해지고 귀인으로 있던 음씨가 황후가 되었으므로 태자 강은 동해왕(東海王)이 되고 음황후의 아들 장(莊)이 태자가 되었다가 즉위하여 명제가 되었다.

39. 御府 : 임금이 쓰는 물건을 넣어 두는 창고.

40. 拳拳 : 정성스러운 마음.

41. 屬籍 : 족친(族親)의 이름을 적은 책.

제4 부부장(夫婦章)

하편(下篇)

後漢和熹鄧皇后는 太傅禹之孫也라. 父訓은 護羌校尉요

母는 陰氏니 光烈皇后從弟女也라. 后年五歲에 太傅夫

人이 愛之하여 自爲剪髮이러니 夫人이 年高目冥하여 誤

傷后額한데 忍痛不言이거늘 左右怪而問之한데 后曰非不

痛也나 大夫人이 哀憐爲斷髮일새 難傷老人意故로 忍之

耳로다. 六歲에 能史書하고 十二에 通詩論語러니 諸兄이

每讀經傳이거든 輒下意難問하여 志在典籍하고 不問居家

之事러라. 母常非之曰 汝不習女工하여 以供衣服하고 乃

更務學하니 寧當擧博士耶아. 后重違母言하여 晝修婦業

하고 暮誦經典한데 家人이 號曰諸生이라 하더라. 父訓이

異之^{이지}하여 事無大小^{사무대소}를 輒與詳議^{첩여상의}러라. 永元四年^{영원사년⑥}에 當以選^{당이선}

入^{입⑦}이러니 會^회에 訓^훈이 卒^졸하거늘 后晝夜號泣^{후주야호읍}하고 終三年^{종삼년}토록

不食鹽菜^{불식염채}하여 憔悴毀容^{초췌훼용}이거늘 親人^{친인}이 不識之^{불식지}러라. 后嘗^{후상}

夢捫天^{몽문천}하니 蕩蕩正青^{탕탕정청⑧}하여 若有鍾乳狀^{약유종유상⑨}이라. 乃仰漱飲之^{내앙수음지⑩}

하고 以訊諸占夢^{이신제점몽}한데 言堯夢^{언요몽}에 攀天而上^{반천이상}하고 湯^탕이 夢及^{몽급}

天而咶之^{천이시지}하니 斯皆聖王之前占^{사개성왕지전점}이라. 吉不可言^{길불가언}이로다. 又相^{우상}

者見后^{자견후}하고 驚曰^{경왈} 此^차는 成湯之法也^{성탕지법야⑪}라 하거늘 家人^{가인}이 竊喜^{절희}

而不敢宣^{이불감선}이러라. 后叔父陔言嘗聞活千人者^{후숙부해언상문활천인자}는 子孫^{자손}이 有封^{유봉}

이라 하니 兄訓^{형훈}이 爲謁者^{위알자⑫}라. 使修石臼河^{사수석구하⑬}하여 歲活數千人^{세활수천인}

하니 天道可信^{천도가신}인댄 家必蒙福^{가필몽복}하리라. 初^초에 太傅嘆曰^{태부탄왈} 吾將^{오장}

百萬之衆^{백만지중}하여 未嘗妄殺一人^{미상망살일인}하니 其後世^{기후세}에 必有興者^{필유흥자}리라.

七年^{칠년}에 后復與諸家子^{후부여제가자}로 俱選入宮^{구선입궁}하니 后^후는 長^장이 七尺二^{칠척이}

寸^촌이요 姿顔^{자안}이 姝麗^{주려⑭}하여 絶異於衆^{절이어중}하니 左右皆驚^{좌우개경}이러라.

八年冬^{팔년동}에 入掖庭^{입액정⑮}하여 爲貴人^{위귀인}하니 時年^{시년}이 十六^{십륙}이러라. 恭^공

肅小心^{숙소심}하여 動有法度^{동유법도}하며 承事陰后^{승사음후}하되 夙夜戰兢^{숙야전긍}하며 接^접

撫同列^{무동렬}하되 常克己以下之^{상극기이하지}하며 雖宮人隸役^{수궁인례역⑯}이라도 皆假恩^{개가은}

차 화 제 심 가 애 언　　급 후 유 질　　특 령 후 모 형 제
借한데 和帝深嘉愛焉이러라. 及后有疾에 特令后母兄弟로

입 시 의 약　　불 한 일 수　　후 언 어 제 왈 궁 금　 지 중
入侍醫藥하여 不限日數거늘 后言於帝曰 宮禁이 至重이거늘

이 사 외 사　구 재 내 성　　상 령 폐 하　유 행 사 지 기
而使外舍로 久在內省하여 上令陛下로 有幸私之譏하고

하 사 천 첩　　획 부 지 족 지 방　　상 하 교 손　성 불 원 야
下使賤妾으로 獲不知足之謗하여 上下交損을 誠不願也로소

이다. 제 왈 인 개 이 삭 입　　위 영　　귀 인　반 이 위 우
　帝曰人皆以數入으로 爲榮이거늘 貴人이 反以爲憂

심 자 억 손⑰　　성 난 급 야　　매 유 연 회　제 회 귀 인
하여 深自抑損하니 誠難及也로다. 每有讌會에 諸姬貴人이

경 자 수 정　　잠 이 광 채　　규 상 선 명　이 후　독 착
競自修整하여 簪珥光采하며 袿裳鮮明하되 而后는 獨着

소　　장 복　무 식　기 의 유 여 음 후 동 색 자　즉 시
素하여 裝服이 無飾하며 其衣有與陰后同色者거든 卽時

해 역　　약 병 시 진 현　　즉 불 감 정 좌 리 립　행 즉 루
解易하시며 若並時進見이거든 則不敢正坐離立하며 行則僂

신 자 비　제 매 유 소 문　　상 준 순 후 대　불 감 선 음
身自卑하며 帝每有所問이거든 常逡巡後對하여 不敢先陰

후 언　　제 지 후　노 심 곡 례　　탄 왈 수 덕 지 로 내 여
后言이러라. 帝知后의 勞心曲禮하고 歎曰修德之勞 乃如

시 호　후　음 후 점 소　매 당 어 현　첩 사 이 질
是乎아. 後에 陰后漸疎거늘 每當御見하며 輒辭以疾이러라.

시　제 삭 실 황 자　　후 우 계 사 불 광　항 수 체 탄 식
時에 帝數失皇子거늘 后憂繼嗣不廣하여 恒垂涕歎息하고

삭 선 진 재 인　　이 박 제 의　음 후 견 후 덕 칭 일 성
數選進才人하여 以博帝意러라. 陰后見后德稱日盛하고

부 지 소 위　수 조 축 저⑱　욕 이 위 해　제 상 침 병 위
不知所爲하여 遂造祝詛하여 欲以爲害러라. 帝嘗寢病危

심　음 후 밀 언　아 득 의　불 령 등 씨　부 유 유 류
甚이거늘 陰后密言하되 我得意면 不令鄧氏로 復有遺類하

리라. 后^후聞^문하고 乃^내對^대左^좌右^우하여 流^유涕^체言^언曰^왈 我^아竭^갈誠^성盡^진心^심하여

以^이事^사皇^황后^후하되 竟^경不^불爲^위所^소祐^우하니 而^이當^당獲^획罪^죄於^어天^천이로다. 婦^부人^인이

雖^수無^무從^종死^사之^지義^의나 然^연이나 周^주公^공이 身^신請^청武^무王^왕之^지命^명하며 越^월姬^희[19]

心^심誓^서必^필死^사之^지分^분하니 上^상以^이報^보帝^제之^지恩^은하고 中^중以^이解^해宗^종族^족之^지禍^화하며

下^하不^불令^령陰^음氏^씨로 有^유人^인豕^시之^지議^의[20]하리라 하고 即^즉欲^욕飲^음藥^약이거늘 宮^궁人^인

趙^조玉^옥者^자 固^고禁^금之^지하고 因^인詐^사言^언하되 屬^속有^유使^사來^래하여 上^상疾^질이 已^이

愈^유라 하거늘 后^후信^신以^이爲^위然^연하여 乃^내止^지러니 明^명日^일에 帝^제果^과廖^료러라.

十^십四^사年^년夏^하에 陰^음后^후以^이巫^무蠱^고事^사[21]로 廢^폐커늘 后^후請^청救^구不^불能^능得^득이라.

帝^제便^편屬^속意^의焉^언한데 后^후愈^유稱^칭疾^질篤^독하여 深^심自^자閉^폐絶^절이러라. 會^회에

有^유司^사奏^주建^건長^장秋^추宮^궁[22]한데 帝^제曰^왈皇^황后^후之^지尊^존이 與^여朕^짐同^동體^체라. 承^승宗^종

廟^묘하며 母^모天^천下^하하나니 豈^기易^이哉^재리오. 唯^유鄧^등貴^귀人^인이 德^덕冠^관後^후庭^정

하니 乃^내可^가當^당之^지니라. 至^지冬^동하여 立^입爲^위皇^황后^후한데 辭^사讓^양者^자三^삼然^연

後^후에 即^즉位^위하여 手^수書^서表^표謝^사하여 深^심陳^진德^덕薄^박하여 不^부足^족以^이充^충小^소

君^군之^지選^선이라 하다. 是^시時^시에 方^방國^국貢^공獻^헌을 競^경求^구珍^진麗^려之^지物^물이러니

自^자后^후即^즉位^위로 悉^실令^령禁^금絶^절하고 歲^세時^시에 但^단供^공紙^지墨^묵而^이已^이러라. 帝^제

每^매欲^욕官^관爵^작鄧^등氏^씨거늘 后^후輒^첩哀^애請^청謙^겸讓^양故^고로 兄^형騭^즐이 終^종帝^제世^세에

불과호분중랑장
不過虎賁中郞將이러라.
원흥원년
元興元年에
제붕
帝崩커늘
장자평원왕
長子平原王이

유질
有疾하고
이제황자요몰
而諸皇子夭歿이
전후십수
前後十數러니
후생자
後生者를
첩
輒

은
隱하여
양어인간
養於人間이러니
상제생시백일
殤帝生始百日에
후내영립지
后乃迎立之하다.

존후위황태후
尊后爲皇太后하고
태후림조
太后臨朝하시다.
화제장후
和帝葬後에
궁인
宮人이

병귀원
並歸園이러니
태후사주풍귀인책왈
太后賜周馮貴人策曰
짐여귀인
朕與貴人으로
탁배후
託配後

정
庭하여
공환등렬
共歡等列이
십유여년
十有餘年이러니
불획복우
不獲福祐하여
선제조
先帝早

기천하
棄天下나
고심경경
孤心煢煢하여
미소첨앙
靡所瞻仰이라.
숙야영회
夙夜永懷하여
감
感

창발중
愴發中이로다.
금당이구전
今當以舊典으로
분귀외원
分歸外園일새
참결증탄
慘結增歎하니

연연지시[23]
燕燕之詩를
갈능유언
曷能喩焉이리오.
기사귀인왕청개거[24]
其賜貴人王靑盖車와
채식
采飾

로[25]
輅와
참마각일사
驂馬各一駟와
황금삼십근
黃金三十斤과
잡백삼천필
雜帛三千匹과
백월사
白越四

천단
千端하라 하고
우사풍귀인왕적수
又賜馮貴人王赤綬하고
이미유보요환패[26][27]
以未有步搖環珮라

가사각일구
하여 加賜各一具하다.
시시
是時에
신조대우
新遭大憂하여
법금
法禁이
미
未

설
設이러니
궁중
宮中에
망대주일협
亡大珠一篋한데
태후념욕고문
太后念欲考問하되
필유
必有

불고
不辜라 하여
내친열궁인
乃親閱宮人하여
관찰안색
觀察顏色하니
즉시수복
卽時首服이러라.

우화제행인길성어자[28]
又和帝幸人吉成御者
공왕길성이무고사
共枉吉成以巫蠱事거늘
수하액정고
遂下掖庭考

신
訊하니
사증
辭證이
명백
明白이러니
태후이선제좌우
太后以先帝左右로
시지유은
侍之有恩이

라도 平^평日^일에 尚^상無^무惡^악言^언하더니 今^금反^반若^약此^차하니 不^불合^합人^인情^정이라

하고 更^갱自^자呼^호見^견實^실覈^핵하니 果^과御^어者^자所^소爲^위라. 莫^막不^불歎^탄服^복하여 爲^위

以^이聖^성明^명이라 하더라.

후한의 화희 등황후(和熹鄧皇后)는 태부(太傅) 등우(鄧禹)의 손녀다. 아버지 등훈(鄧訓)은 호강교위(護羌校尉)며 어머니 음씨(陰氏)는 광렬황후(光烈皇后) 사촌동생의 딸이다.

등후(鄧后)가 5세 때 할머니 태부부인(太傅夫人)이 그를 사랑하여 손수 머리를 깎아 주었다. 그러나 태부부인이 나이가 많고 눈이 어두운지라 잘못하여 등후의 이마에 상처를 내었으나 등후는 아픔을 참고 아프다는 말을 하지 않았다.

좌우 사람들이 이상히 여겨 까닭을 묻자 등후는 말하기를

"내가 아프지 않은 것은 아니지만 할머니께서 내가 귀여워서 손수 머리를 깎아 주시는데 노인의 맘을 상하게 할 수가 없어서 참은 것이오."

했다.

6세에 능히 사서를 읽었고 12세에 시경과 논어에 능통했다. 여러 오빠들이 매양 경전(經傳)을 읽고 있으면 문득 공손한 태도로 어려운 곳을 물어 뜻이 언제나 책에만 있고 집안살림에 대해서는 묻지 않았다.

어머니는 항상 이것을 잘못이라고 여겨 말하기를

"너는 여자의 할 일을 익혀서 의복 만드는 일은 하지 않고 언제나 학문에만 힘을 쓰니 차라리 박사(博士)가 될 것이냐?"

했다.

등후는 어머니 말씀을 어기는 것을 걱정하며 낮에는 여자로서의 할 일을 닦고 밤에는 경전을 외우니 집 사람들이 그를 선비라고 일컬었다. 아버지 등훈은 딸을 남달리 여겨 크고 작은 일이 없이 모두 그와 의논해서 처리했다.

영원(永元) 4년에 마땅히 궁중에 뽑혀 들어가게 되었으나 마침 아버지

등훈이 죽었으므로 등후는 밤낮으로 울면서 3년상을 마치도록 간을 맞춘 음식이나 채소도 먹지 않으니 얼굴이 초췌하여 가까운 사람들도 그를 알아보지 못했다.

등후가 일찍이 꿈을 꾸었는데 하늘을 더듬어보니 한없이 푸르러 마치 종유(鍾乳)의 모양과 같아서 이에 머리를 들고 그것을 빨아먹었다고 한다. 이 사실을 해몽하는 사람에게 물었더니 말하기를

"요 임금은 꿈에 하늘을 휘어잡고 올라갔으며 탕(湯) 임금은 꿈에 하늘에 올라가 그것을 핥았다고 하니 이것은 모두 성왕(聖王)이 될 조짐을 꿈으로 꾼 것입니다. 길하기가 말할 수 없습니다."

했다.

또 관상쟁이가 등후를 보더니 놀라서 말하기를

"이는 성탕(成湯)의 상(相)입니다."

하니 집안 사람들은 속으로 기뻐하면서도 감히 입 밖에 내지 않았다.

등후의 숙부 해(陔)가 말하기를

"일찍이 들으니 천 사람을 살린 자는 자손들이 봉함을 받는다고 했는데 우리 형님 훈(訓)께서 알자(謁者)가 되어 석구하(石臼河)를 수리하게 하여 해마다 수천 명의 인명을 살렸으니 하늘의 이치를 믿을 수 있다면 그 집은 반드시 복을 받을 것이다."

했다.

이전에 태부(太傅)도 스스로 말하기를

"내가 백만의 무리를 거느리고 있으면서도 일찍이 한 사람도 함부로 죽이지 않았으니 후세에 반드시 일어날 사람이 있을 것이다."

했다.

7년에 등후는 다시 여러 집 딸들과 함께 궁중으로 뽑혀 들어갔다. 등후는 신장이 7척 2촌이며 모습과 얼굴이 고와서 다른 사람과 특별히 다르니 좌우 사람들이 모두 놀랐다.

8년 겨울에 후궁(後宮)에 들어가 귀인이 되니 그때 나이 16세였다. 공손하고 엄숙하며 조심하여 행동에 법도가 있어서, 음황후(陰皇后)를 섬기는 데도 아침부터 저녁까지 온종일 전전긍긍(戰戰兢兢) 조심했다. 또 동렬(同列)에 있는 사람들을 대접하고 어루만지는 데에도 항상 극기(克己)

의 태도로써 내 몸을 낮추었다. 비록 궁인(宮人)이나 궁중에서 부리는 종
이라도 모두 다 은혜를 베푸니 화제(和帝)가 심히 아름답게 여기고 사랑
했다.

등후가 병이 나자 왕은 특별히 등후의 어머니와 형제들로 하여금 들어와
서 의약(醫藥)을 받들도록 하여 기한이 없이 오래 있게 했다. 이에 등후
는 왕에게 말하기를

"궁궐 안은 지극히 소중한 곳인데 밖에 있는 사람이 오래 들어와 있어서
위로는 폐하로 하여금 사사로이 총애한다는 의론을 들으시게 하고 아래
로는 천첩(賤妾)으로 하여금 족한 것을 알지 못한다는 비난을 얻게 하
시어 상하가 모두 손해를 입는 것이오니 진실로 원치 않습니다."

했다.

왕이 듣고 말하기를

"사람들은 모두 궁중에 자주 들어오는 것을 영화로 여기는데 귀인은 도
리어 근심으로 여겨서 몹시 스스로 억제하니 진실로 남이 따르지 못할 일
이로다."

했다.

매양 연회가 있을 때면 모든 희첩(姬妾)이나 귀인들이 다투어 자기의 맵
시를 닦고 다듬어 비녀와 귀걸이가 빛나고 광채나며 웃옷과 치마가 선명했
으나 등후는 유독 소박한 옷을 입고 의복에 아무런 장식이 없으며 만일 음
황후와 같은 빛의 옷을 입었으면 즉시 다른 옷으로 바꾸어 입었다.

만일 같이 들어가 왕께 뵈올 때는 감히 바로 앉지 않고 떨어져서 서 있
으며 걸음을 걸을 때에는 몸을 구부리고 스스로 자기를 낮추었다. 왕이 매
양 묻는 것이 있으면 항상 깊이 생각해 본 뒤에 대답하고 감히 음황후보
다 먼저 말하지 않았다. 왕은 등후가 애써 예를 지키는 것을 알고 찬탄하
기를

'덕을 닦는 수고로움이 바로 이와 같은가?'

했다.

뒤에 음황후가 점점 등후를 멀리하여 매양 찾아 뵙고자 해도 번번이 병
이 있다고 사양했다.

이때 왕은 자주 황자(皇子)를 잃으므로 등후는 대를 이을 아들이 많지

못할까 걱정하여 항상 눈물을 흘리고 탄식하며 자주 재인(才人)을 뽑아서 들여보내어 왕의 마음을 위로해 주었다.

음황후는 등후의 덕을 칭송하는 소리가 날로 높아지자 어찌할 바를 몰라 드디어 저주(詛呪)하는 일을 꾸며 등후를 해치려 했다.

왕이 일찍이 병으로 누워 몹시 위태로운 지경이 되자 음황후는 비밀히 말하기를

"내가 만일 뜻을 얻으면 등씨(鄧氏)들로 하여금 다시 씨가 남지 않게 하리라."

했다.

등후가 이 말을 듣고 좌우 사람들을 보고 눈물을 흘리면서 말하기를

"내가 정성을 다하고 마음을 기울여 황후를 섬겨왔건만 마침내 도움이 되지 못했으니 이는 하늘에 죄를 지은 것이로다. 부인이 비록 따라 죽어야 된다는 법은 없지만, 그러나 주공(周公)은 몸으로써 무왕의 명령을 청했으며 월희는 역시 마음으로써 반드시 따라 죽는다는 맹세를 했었으니, 위로는 임금의 은혜에 보답하고 가운데로는 종족의 화를 면하게 하고 아래로는 음씨로 하여금 인시(人豕)라는 비방을 듣지 않게 하리라."

하고 즉시 독약을 마시려 하자 조옥(趙玉)이라는 궁인이 기어이 만류하면서 거짓으로 아뢰기를

"지금 사람이 왔는데 상[임금]께서 병환이 이미 나으셨다고 합니다."

하므로 등후는 그 말을 믿고 즉시 중지했는데 이튿날 왕의 병은 과연 완쾌되었다.

14년 여름에 음황후가 푸닥거리를 한 일로 해서 황후의 자리가 폐해지자 등후는 이를 구원하려고 왕께 청했으나 되지 않았고, 왕이 깊이 등후에게 마음을 두자 등후는 더욱 병이 중하다고 핑계하고 깊이 문을 닫고 스스로 사람을 끊었다.

마침 일을 맡은 관리가 장추궁(長秋宮)을 세울 것을 아뢰자 왕은 말하기를

"황후의 존귀함은 나의 한 몸과 같아서 종묘를 모시고 천하의 어머니가 되는 것이니 어찌 쉬운 일이겠는가? 오직 등귀인의 덕이 후궁에서 뛰어났으니 그가 마땅할 것이다."

했다.

겨울에 이르러 등귀인을 황후로 삼았는데 세번 사양한 뒤에 즉위하여 손수 표문(表文)을 써서 사례하기를, 몹시 덕이 박해 소군(小君)의 자리에 앉기에 부족하다고 말했다.

이때 사방의 모든 나라들이 공물(貢物)을 바치는데 다투어 보배롭고 화려한 물건을 구해서 바쳤다. 그러나 등후가 즉위한 뒤로 이를 모두 금해서 끊고 다만 정해진 때에 종이와 먹만을 바치게 했다.

왕이 매양 등씨들에게 관직을 주려고 하자 등황후는 심히 애절하게 청해서 사양했기 때문에, 그의 오빠 즐(騭)은 왕이 죽을 때까지 벼슬이 호분중랑장(虎賁中郎將)에 지나지 않았다.

원흥(元興) 원년에 왕이 붕(崩)했는데 큰아들 평원왕(平原王)은 병이 있고 여러 황자(皇子)들은 모두 일찍 죽은 자가 십여명이나 되므로 뒤에 낳은 자들은 비밀히 숨겨서 남에게 주어 양육시키는 형편이었다. 이때 상제(殤帝)는 태어난 지 겨우 백일인데 등황후가 그를 맞아다가 왕위에 세우니 황후를 높혀서 황태후를 삼고 태후가 조정 일을 보았다.

황제의 장례를 지낸 뒤에 궁인들이 모두 후원으로 돌아오자 태후가 귀인 주씨(周氏)와 풍씨(馮氏)에게 책문(策文)을 내려 말하기를

"내가 귀인들과 함께 배필이 되어 후궁으로 들어온 후로 한 반열(班列)에서 함께 기뻐한 지가 10여년이 되었다. 그런데 복과 도움을 받지 못하여 선제께서 일찍 세상을 버리시니, 외롭고 근심스러운 마음이 우러러 볼 곳이 없고 밤낮으로 길이 그리워서 슬픈 감회가 마음속에서 솟구치오. 이제 마땅히 옛법에 의해 각각 외원(外園)으로 돌아가야 되겠으니 슬픈 마음이 맺히고 탄식이 더하여 연연의 시〔燕燕之詩〕인들 어찌 이 심정에 비유하겠는가?"

하고 귀인들에게 왕청개(王靑蓋)의 수레와 채색으로 장식한 수레, 참마(驂馬) 각 한 필과 황금 30근, 잡백(雜帛) 3천필, 백월(白越) 4천필을 주게 하고 또 풍귀인(馮貴人)에게는 왕의 붉은 인끈〔赤綬〕을 주고 보요(步搖)와 환패(環珮)를 갖지 않았다 하여 각각 한 벌씩을 더 주었다.

이때 새로 큰 일을 당해서 법령이 아직 마련되지 않았는데 궁중에서 큰 구슬 한 상자를 잃었다. 태후는 처음에 사람들을 불러서 조사하고 신문하

126

려 했으나 그렇게 하면 반드시 죄없는 자가 있을 것이라 하여 이에 친히 궁인들을 훑어보고 그 얼굴빛을 살펴보니 즉시 자복(自服)하는 자가 있었다.

또 화제가 총애하던 길성(吉成)이란 자의 시종이 모의하여, 길성이 무당을 부려서 귀신을 내리게 한 일이 있다고 하므로 즉시 후궁에 통지해서 심문하게 했더니 말의 증거가 분명했다.

그러나 태후는 그가 선제를 모셔온 은혜가 있었다 하여 평시에 조금도 모진 말을 하지 않았는데 이제 도리어 이와 같이 하면 인정에 옳지 못하다 하고, 다시 사람들을 불러 만나보고 사실을 밝히게 했더니 과연 시종이 한 짓이었다. 사람들이 모두 탄복하지 않는 자가 없어 성인의 밝음이 있다고 했다.

註解

1. **和熹鄧皇后** : 후한 제4대 화제의 황후로서 시호가 희(熹)이므로 화희(和熹)라 부른다. 이름은 수(綏). 궁중에 들어가 처음에 귀인으로 있다가 음황후가 폐해지자 황후가 되었고 화제가 죽은 후 어린 상제·안제를 위해서 10여년 동안 섭정(攝政)했으며 선정(善政)을 베풀다가 영녕(永寧) 연간에 죽었다.
2. **太傅** : 천자를 도와서 정치를 돌보는 삼공(三公)의 하나.
3. **護羌校尉** : 한나라 무제 때 만든 벼슬. 농서(隴西)의 영거현(令居縣)에 주둔하여 여러 강(羌)을 진압하는 임무를 맡고 있었다.
4. **博士** : 선비의 벼슬 이름.
5. **諸生** : 여기에서는 글하는 선비를 말함.
6. **永元** : 후한 화제의 연호(年號).
7. **選入** : 궁중에 뽑혀 들어감.
8. **蕩蕩正青** : 탕탕(蕩蕩)은 넓은 모양. 넓고 반듯하며 빛이 푸르다는 뜻.
9. **鍾乳狀** : 석회암(石灰岩)이 지하수(地下水)로 해서 이루어진 모양.
10. **飮之** : 지(之)는 핥는다는 뜻으로 지(舐)와 같은 글자임.
11. **成湯** : 은(殷)나라의 초대 왕. 이름은 이(履). 하(夏)의 걸왕(桀王)을 내쫓고 천자의 자리에 올랐다. 탕왕(湯王).
12. **謁者** : 응접(應接)을 맡은 벼슬.
13. **石臼河** : 하수의 이름.
14. **姝麗** : 주(姝)는 예쁘고 아름답다는 뜻.
15. **掖庭** : 궁녀가 있는 궁. 후궁.
16. **隸役** : 종. 노복(奴僕).
17. **抑損** : 자만(自慢)하는 마음을 누르고 겸양(謙讓)함.

18. 祝詛 : 원한을 품은 사람에게 화가 내리게 해달라고 신에게 비는 일.

19. 越姬 : 월왕 구천(句踐)의 딸이며 초나라 소왕의 아내. 부부장 상권에 나와 있음.

20. 人彘之譏 : 사람돼지란 말로서 한나라 고조(高祖)의 황후 여씨(呂氏)는 고조가 죽고 아들 혜제(惠帝)가 즉위하자, 평소 고조에게 총애가 깊었고 이를 기화로 태자로 있던 혜제(惠帝)를 폐하고 자기 소생인 여의(如意)를 태자로 바꾸도록 자주 고조를 졸랐던 척부인(戚夫人)을 잡아들였다. 그리하여 손과 발을 자르고 눈을 뽑아내고 귀를 찢고서 목이 쉬는 약을 먹여 말을 못하게 한 후 변소에 가두고서 사람돼지(人彘)라고 불렀던 사건을 말함.

21. 巫蠱事 : 무당을 불러서 귀신을 내리게 하여 사람을 해치도록 푸닥거리를 하는 일.

22. 長秋宮 : 황후가 기거하는 궁궐.

23. 燕燕之詩 : 연연(燕燕)은 모시(毛詩)의 편명. 위(衛)나라 장공(莊公)의 부인 장강(莊姜)이 아들이 없어 장공의 첩 대규(戴嬀)의 아들을 양자로 삼아 왕위를 계승하게 했으나 다른 첩의 아들이 그를 살해했으므로 대규는 자기 나라로 돌아가려 했다. 이에 장강이 그를 보내며 슬퍼서 부른 노래라고 한다.

24. 王青盖車 : 황자가 왕으로 봉해지면 타는 수레.

25. 采飾輅 : 노(輅)는 천자가 타는 수레.

26. 步搖 : 황후의 머리 장식으로, 걸을 때 구슬이 흔들린다.

27. 環珮 : 허리에 차는 패옥(珮玉).

28. 御者 : 말 부리는 사람. 마부(馬夫).

대명태조 효자소헌지인문덕승천순성고황후마씨[①]
大明太祖 孝慈昭憲至仁文德承天順聖高皇后馬氏 는

기선이 자송태보묵[②]으로 가우숙주민자향신풍리하여 세호
其先이 **自宋太保默**으로 **家于宿州閔子鄉新豊里**하여 **世豪**

리중하더니 부마공이 성강직하고 애인희시하여 주인지급
里中하더니 **父馬公**이 **性剛直**하고 **愛人喜施**하여 **賙人之急**

하되 여장불급이러라. 모정씨조졸하고 후유러니 부소여정
하되 **如將不及**이러라. **母鄭氏早卒**하고 **后幼**러니 **父素興定**

원인곽자흥으로 위문경지교[③]라. 수이후로 탁기가하고
遠人郭子興으로 **爲刎頸之交**라. **遂以后**로 **託其家**하고

부졸이거늘 자흥이 육후하되 동기녀러라. 후자소로 정정
父卒이거늘 **子興**이 **育后**하되 **同己女**러라. **后自少**로 **貞靜**

단일하며 효경자혜하며 총명이 출인의표하고 우호시서
端一하며 **孝敬慈惠**하며 **聰明**이 **出人意表**하고 **尤好詩書**

러니 旣笄④에 嬪于太祖高皇帝하여 誠敬이 感孚하여 內外

咸譽之러라. 値歲大歉하여 后從帝在軍일새 嘗自忍飢하고

懷糗餌脯脩供帝⑤하여 未嘗乏絶하며 造次顚沛⑥에 恪遵婦道

러라. 帝每有識記書札이거든 輒命后藏之하고 倉卒取視거든

后即於囊中으로 出而進之하되 未嘗脫誤러라. 帝焚香祝天

하되 願天命이 早有所付하여, 母苦天下生民하소서 하거늘 后

謂帝曰 方今豪傑이 並爭하여 雖未知天命所歸나 以妾視

之컨대 惟以不殺人으로 爲本하여 顚者를 扶之하고 危者를

救之하여 收集人心이면 人心所歸 即天命所在니 彼縱殺

掠하여 以失人心이면 天之所惡니 雖其身이나 亦難保也니

이다. 帝曰 爾言이 深合我意라 하고 明日에 冒雨歸하여

語后曰 昨聞爾言하니 往來方寸間하여 不能忘이로다. 有一

卒違令하여 忽與婦人俱거늘 詰之하니 不能隱하여 吐實云

掠得之라. 我告之曰 今日用兵은 所以禁亂이니 若寡人之

妻하며 孤人之子면 適以生亂이니 不即舍之면 吾必戮爾

하리라 하니 此卒이 感悟하여 遂即舍之하니 由爾之言也니라.

후왈 용심여차 하우인심지불귀호 호초미유자
后曰 用心如此하니 何憂人心之不歸乎아. 后初未有子하여

무육제형자문정 자자이문충 급목영등수인 애여
撫育帝兄子文正과 姊子李文忠과 及沐英等數人하되 愛如

기출 후 태자제왕 생 은무체언 제수
己出이러니 後에 太子諸王이 生하되 恩無替焉이러니 帝帥

사도강 후역솔제장사처첩 계지태평 급거
師渡江할새 后亦率諸將士妻妾하여 繼至太平이러니 及居

건강시 오한 접경 전무허일 친솔첩잉⑦
建康時에 吳漢이 接境하여 戰無虛日이러니 親率妾媵하고

완즙의혜 조급장사 야분불매 시시 좌우제
完緝衣鞋하며 助給將士하여 夜分不寐하며 時時에 左右帝

규획 동합사기 홍무⑧원년춘정월 제즉위
規畫하여 動合事機러라. 洪武元年春正月에 帝即位하여

책위황후 인위시신왈 석 한광무로풍이⑨왈 창졸
冊爲皇后하고 因謂侍臣曰 昔에 漢光武勞馮異曰 倉卒에

무루정⑩두죽 호타하⑪맥반후의 구불보 군신지간
蕪蔞亭豆粥과 滹沱河麥飯厚意를 久不報라 하여 君臣之間이

시종보전 짐 염황후 기포의⑫ 동감고 상종
始終保全하니 朕이 念皇后 起布衣하여 同甘苦하며 嘗從

짐재군 창졸 자인기아 회구이식짐 비지두
朕在軍하여 倉卒에 自忍飢餓하고 懷糗餌食朕하니 比之豆

죽맥반 기곤 우심 석 당태종 장손황후
粥麥飯컨대 其困이 尤甚이로다. 昔에 唐太宗의 長孫皇后

당은태자구극지제 내능진효 근승제비 소석
當隱太子構隙之際하여 內能盡孝하며 謹承諸妃하여 消釋

혐시 짐 삭위곽씨소의 짐 경정불휼
嫌猜라. 朕이 數爲郭氏所疑하여 朕이 徑情不恤하니라.

장사 혹이복용위헌 후선헌곽씨 위열기의
將士 或以服用爲獻이거든 后先獻郭氏하여 慰悅其意하며

급욕위짐 후첩위미봉 졸면어환 태우난어장
及欲危朕하여는 后輒爲彌縫하여 卒免於患하니 殆又難於長

130

孫皇后者^{손황후자}니라. 朕^짐이 或因服御^{혹인복어}하여 詰怒小過^{힐노소과}거든 輒謂朕曰^{첩위짐왈}

主忘昔日之貧賤耶^{주망석일지빈천야}아거든 朕復惕然^{짐부척연}이러라. 家之良妻^{가지양처}는 猶國^{유국}

之良相^{지량상}이거니 豈忍忘之^{기인망지}리요 하고 罷朝^{파조}에 因以語后^{인이어후}한데 后曰^{후왈}

妾聞夫婦相保^{첩문부부상보}는 易^이하고 君臣相保^{군신상보}는 難^난이라 하니 陛下旣^{폐하기}

不忘妾於貧賤^{불망첩어빈천}하시니 願無忘群臣百姓於艱難^{원무망군신백성어간난}하소서. 且妾^{차첩}은

安敢比長孫皇后賢^{안감비장손황후현}이리오. 但願陛下^{단원폐하}는 以堯舜^{이요순}으로 爲法耳^{위법이}로

이다. 后旣正位中宮^{후기정위중궁}하여 益自勤勵^{익자근려}하여 督宮妾^{독궁첩}하고 治女工^{치여공}

하며 夙興夜寐^{숙흥야매}하여 無時豫怠^{무시예태}⑬하며 勸帝親賢務學^{권제친현무학}하며 隨事^{수사}

幾諫^{기간}하며 講求古訓^{강구고훈}하여 諭告六宮^{유고육궁}⑭하되 孜孜不倦^{자자불권}이러라.

一日^{일일}에 集女史清江范孺人等^{집여사⑮청강범유인⑯등}하여 問曰^{문왈} 自漢唐以來^{자한당이래}로 何后^{하후}

最賢^{최현}이며 家法^{가법}은 何代最正^{하대최정}고 對曰^{대왈} 惟趙宋諸后^{유조송제후} 多賢^{다현}하며

家法^{가법}이 最正^{최정}이니이다. 后於是^{후어시}에 命女史^{명여사}하여 錄其家法賢行^{녹기가법현행}

하여 每令誦而聽之^{매령송이청지}하고 曰 不從爲吾^{왈 부도위오}의 今日法^{금일법}이라. 子孫^{자손}

帝王后妃^{제왕후비} 皆當省覽^{개당성람}이니 此可以爲萬世法也^{차가이위만세법야}로다. 或曰^{혹왈} 宋^송

朝過於仁厚^{조과어인후}라 한데 后曰 過於仁厚^{후왈 과어인후} 不猶愈於刻薄乎^{불유유어각박호}아. 吾^오

子孫^{자손}이 苟能以仁厚爲本^{구능이인후위본}이면 至於三代不難矣^{지어삼대불난⑰의}라. 仁厚雖^{인후수}

過나 何害於人之國哉아. 帝嘗謂后曰 君者는 百責所萃니

一夫不得其所라도 君之責也라 하거늘 后卽起拜曰 妾聞古

人有云 一夫失所라도 時予之辜라 하고 一民饑거든 曰我饑

之라 하고 一民寒이거든 曰我寒之라 하니 今陛下之言이 卽

古人之心也로다. 致謹於聖心하여 加惠於窮民이면 天下受

其福하며 妾亦與有榮焉하리이다. 又嘗從容告帝曰 人主雖

有明聖之資라도 不能獨理天下요 必擇賢以圖治나 然이나

世代愈降하여 人無全材하니 陛下於人材에 固能各隨其短

長而用之나 然이나 尤宜赦小過하여 以全其人이니이다. 帝

喜하여 稱善이리라. 一日에 聞得元府庫하여 輪其貨寶하여

至京師하여 問帝曰 得元府庫何物이니이까. 帝曰寶貨耳로다.

后曰元氏有此寶거늘 何以不能守而失之이까. 盖貨財非可

寶라 抑帝王이 自有寶也니이다. 帝曰 皇后之意를 朕이

知之矣라. 但謂以得賢으로 爲寶耳로다. 后卽拜謝曰 誠如

聖言이로다. 妾이 每見人家産業이 厚則驕至하고 時命이

順則逸生하나니 家國이 不同이나 其理는 無二니 人之常

정　소당심계　　　첩　여　폐하　　동　처　궁약　　금부귀
情에 所當深戒니이다. 妾與陛下로 同處窮約이다가 今富貴

지차　　　항공교종　　생어사치　　위망　　기어홀미
至此하니 恒恐驕縱이 生於奢侈하며 危亡이 起於忽微니이

고　세전　기교　위상국부근　주옥　위탕
다. 故로 世傳하되 技巧는 爲喪國斧斤이요 珠玉은 爲蕩

심짐독⑱　　성재　시언　단득현재　조석계옥⑲
心鴆毒이라 하니 誠哉과 是言이어 但得賢才하여 朝夕啓沃

공보천하　즉대보야　현명만세　즉대보야　이기재
하여 共保天下 即大寶也며 顯名萬世 即大寶也니 而豈在

어물호　제왈선　상시좌건청궁　어급궁약
於物乎이까. 帝曰善 하더라. 嘗侍坐乾清宮하여 語及窮約

시사　제왈 오여이　발섭⑳간난　비상신고　금
時事러니 帝曰 吾與爾로 跋涉艱難하여 備嘗辛苦하니 今

일　화가위국　무심소득　상감천지지덕　조종지
日에 化家爲國은 無心所得이라. 上感天地之德과 祖宗之

은　연　역이내조지공야　후왈 폐하일념구민지
恩이나 然이나 亦爾內助之功也니라. 后曰 陛下一念救民之

심　격우황천　천명　권지　조종　우지
心이 格于皇天하여 天命이 眷之하고 祖宗이 祐之하니

첩　하력지유　단원폐하　불망어궁약지시　이경
妾이 何力之有리오. 但願陛下는 不忘於窮約之時하고 而警

계어치안지일　첩역불망상종어환난　이근칙어
戒於治安之日하소서. 妾亦不忘相從於患難하여 而謹飭於

조석　즉천지조종　비유비우어금일　장위자손
朝夕하리다. 則天地祖宗이 非惟庇祐於今日이라 將爲子孫

무궁지복이　제범어선　후필궁자성시　궁인
無窮之福耳니이다. 帝凡御膳을 后必躬自省視러니 宮人이

청왈 궁중인중　무번성체　후왈 오고지궁중유
請曰 宮中人衆하니 無煩聖體하소서. 后曰 吾固知宮中有

인　단부지사부　불가불근　선수상진　불가
人이어니와 但婦之事夫는 不可不謹이며 膳羞上進은 不可

不蠲潔^{불견결}이니 脫有不至^{탈유부지}하여 汝輩受責^{여배수책}이면 吾心豈安^{오심기안}이리오.

吾所以爲此者^{오소이위차자}는 一以敬上而不敢忽^{일이경상이불감홀}이오. 一以保汝輩^{일이보여배}하여

免於責也^{면어책야}니 豈爲無人耶^{기위무인야}리오 하니 宮人^{궁인}이 聞之^{문지}하고 莫不感^{막불감}

悅^열이러라. 后聞女史^{후문여사}의 論西漢竇太后好黃老^{논서한두태후호황로}하고 顧而問曰^{고이문왈}

黃老^{황로}⑳는 何如^{하여}오. 女史答曰^{여사답왈} 淸淨無爲^{청정무위}로 爲本^{위본}이니 若絶仁^{약절인}

棄義^{기의}하여 民復孝慈^{민부효자} 是也^{시야}니이다. 后曰不然^{후왈불연}하다. 孝慈^{효자}는 卽^즉

仁義事也^{인의사야}니 詎有絶仁義而爲孝慈哉^{거유절인의이위효자재}리오. 仁義^{인의}는 乃爲治之^{내위치지}

本^본이거늘 乃曰絶之棄之^{내왈절지기지}라 하니 非理也^{비리야}로다. 后令誦小學^{후령송소학}

書^서하고 注意聽之^{주의청지}러니 旣而^{기이}요 奏曰^{주왈} 小學書^{소학서}는 言易曉^{언이효}하고

事易行^{사이행}이라. 於人道^{어인도}에 無所不備^{무소불비}하니 眞聖人之敎法^{진성인지교법}이로소니

盡表章之^{합표장지}리까 帝曰然^{제왈연}하다. 吾已令親王^{오이령친왕}과 駙馬^{부마}⑳와 大學生^{대학생}

으로 咸講讀之矣^{함강독지의}로다. 后嘗聞元世祖后^{후상문원세조후}의 煮故弓絃事^{자고궁현사}하고

亦命取練之^{역명취련지}하여 織爲衾裯^{직위금주}하여 以惠孤老^{이혜고로}하며 每製衣裳^{매제의상}하고

餘帛^{여백}을 緝爲巾褥曰^{즙위건욕왈} 身處富貴^{신처부귀}하여는 當爲天地惜物^{당위천지석물}이니 暴^포

殄天物^{진천물}⑳은 古人深戒也^{고인심계야}라. 織工治絲^{직공치사}에 有荒類棄遺者^{유황류기유자}거든

亦俾緝而織之^{역비즙이직지}하여 以賜諸王妃公主^{이사제왕비공주}하고 謂曰 生長富貴^{위왈 생장부귀}하

134

여는 ^{당지잠상지불이}當知蠶桑之不易니 ^{차수황류기유}此雖荒類棄遺나 ^{재민간}在民間하여는 ^유猶

^{위난득고}爲難得故로 ^{직이시여}織以示汝하나니 ^{불가부지야}不可不知也라 하더라. ^{평거}平居에

^{복한탁지의}服澣濯之衣하고 ^{불회치려}不喜侈麗하며 ^{금주수폐}衾裯雖弊나 ^{불인역}不忍易이러니

^{유언어후왈}有言於后曰 ^{향천하지귀지부}享天下至貴至富하시니 ^{하용석차}何庸惜此이까. ^{후왈 오}后曰 吾

^{문고지후비}聞古之后妃는 ^{개이부이능검}皆以富以能儉하며 ^{귀이능근}貴而能勤으로 ^{견칭어재}見稱於載

^적籍하니 ^{개사치지심}蓋奢侈之心은 ^{이맹}易萌하고 ^{숭고지위}崇高之位는 ^{난처}難處라 ^{불가}不可

^{망자근검}忘者勤儉이요 ^{불가시자부귀야}不可恃者富貴也니 ^{근검지심}勤儉之心이 ^{일이}一移면 ^화禍

^{복지응}福之應이 ^{향지}響至하나니 ^{매념급차}每念及此하고 ^{자불감유홀이지심이}自不敢有忽易之心耳

로다. ^{궁인}宮人이 ^{유과}有過하여 ^{제노지}帝怒之거든 ^{후역노}后亦怒하여 ^{명좌우}命左右하여

㉔^{집부궁정사의죄}執付宮正司議罪러니 ^{제노해}帝怒解하여 ^{문후왈}問后曰 ^{이불자책벌}爾不自責罰하고

^{부지궁정사}付之宮正司는 ^{하야}何也요. ^{후왈}后曰 ^{첩문상벌}妾聞賞罰이 ^{유공}惟公이라야 ^{족이}足以

^{복인}服人이라 하니 ^고故로 ^{불이희이가상}不以喜而加賞하며 ^{불이노이가형}不以怒而加刑이니

^{희노지제}喜怒之際에 ^{이행상벌}而行賞罰이면 ^{필유편중}必有偏重하여 ^{인의기사}人議其私거니와

^{부지궁정사}付之宮正司면 ^{즉당짐작기경중의}則當斟酌其輕重矣리이다. ^{치천하자 역기능}治天下者 亦豈能

^{인인}人人을 ^{자상벌재}自賞罰哉리이까. ^{유사자 논지이}有司者 論之耳니이다. ^{제왈 이역}帝曰 爾亦

^{노지}怒之는 ^{하야}何也오. ^{후왈}后曰 ^{당폐하노시}當陛下怒時하여 ^{거자벌지}遽自罰之면 ^{비유}非惟

宮人이 得重責이라 陛下도 亦損中和之氣故[25]로 妾之怒者는

所以解陛下之怒也니이다. 帝喜러라. 后以不逮事舅姑로 爲

恨하여 見帝의 追慕悲傷하고 亦爲之流涕하며 晨夕에 褘

翟[26]從帝하여 拜謁奉先殿[27]하며 每當祭하얀 躬治膳羞하여 務

盡誠敬하며 接妃嬪以下有恩하며 被寵顧有子者란 待之加

厚러라. 語諸王妃公主曰 無功受福은 造物所惡니 吾與若

屬으로 被金繡하며 美飮食하고 終日無所爲니 當勤女工

하여 以報造物者라 하며 太子諸王을 雖愛之甚篤이나 勉令務

學하여 諄切懇至러라. 嘗曰 汝父尊臨萬國하여 身致太平은

亦由學以聚之니 爾小子는 當思繼繼繩繩[28]하여 以不辱所生

이니라. 又曰吾聞女史言하니 鄧禹爲將[29]하여 不妄殺人故로

其女爲后라 하니라. 吾家世忠厚하며 至吾父하여 雖無禹之

功이나 然이나 平生急於義하니 今日爲后 非偶然也니라.

汝輩異日에 有人民社稷之寄하니 尤必積累忠厚라도 乃可

長世니 切不可自恃而不務德하고 謂事有偶然也니 汝切識

之하라. 諸王이 或以衣服器皿으로 相尙者[30]거든 后曰唐堯虞[31]

舜은 茅茨土階요 夏禹文王은 惡衣卑服하니 汝父儉朴하여

尤惡奢麗하고 日夜憂勤하여 以治天下하시니 汝輩無功하되

錦衣玉食하고 猶欲以服御相加하니 何志氣不同이 如是乎아.

惟當親師取友하여 講論聖賢之學하여 開明心志라도 自無

此氣習也리라. 后慈以接下하여 親戚勳舊之家를 無不得其

懽心하며 命婦入朝거든 不以尊貴로 臨之하여 延接을 如

家人禮러라. 遇水旱歲凶하여 進食에 必間設麥飯野蔬러니

帝因告以賑恤之事거늘 后曰妾聞水旱이 無時無之라 賑恤

之有方이 不如蓄積之先備니 卒不幸하여 有九年之水와

七年之旱이면 將何法以賑之리이까. 帝深以爲然하시다. 嘗

爲帝言하되 施恩은 欲溥徧이나 然이나 亦有等差하니 衆

庶는 日給이 固有艱難이거니와 百官家在京者는 其鄕里遠

近이 不同하며 家貧富亦異하되 而俸入은 有限하니 慮或

不給이면 艱難이 必甚하여 遇暑雨祁寒하야는 輒形於嗟嘆

하니이다. 帝感其意하여 每遣存問하여 周給之러라. 近臣及

諸奏事官이 朝罷하고 會食庭中이거늘 后命中官하여 取其

飲食하여 親嘗之하니 滋味涼薄不旨거늘 奏帝曰 朝廷이

用天祿하여 以養天下之賢하나니 故로 自奉은 欲其薄이요

養賢은 欲其豊이니 今之典大烹者는 不能輯其下人하여

惟奉上者는 甘旨요 群臣飲食은 皆不得其味하니 豈陛下

養賢之意乎아. 上曰 飲食之事는 朕不經心하여 將謂群臣이

皆得甘旨러니 豈意所司自分厚薄이리오. 想群臣이 欲言하고

又難於啓齒로다. 事雖甚微나 所係亦大하니 皇后今日不言

이언들 朕豈知其如此리오 하고 亟召光祿卿徐興祖等하여 切

責之하니 興祖等이 皆慚服하더라. 帝嘗臨大學하여 祀先師

孔子하고 還커늘 后問曰 大學生이 幾何오. 帝曰數千이로

다. 又問悉有家乎아 曰亦多有之니라. 后曰善理天下者는

以賢才로 爲本하나니 今人才衆多하니 深足爲喜니이다. 但

生員이 廩食於大學하고 而妻子는 無所仰給하니 彼寧無

所累於心乎이까. 帝即命月賜糧하여 給其家를 以爲常하다.

嘗謂帝曰 事幾得失은 本君心之邪正하고 天下安危는 係

民情之苦樂이니이다. 又曰 法屢更이면 必弊하나니 法弊則

姦生_{하고} 民數擾_면 必困_{하고} 民困則亂生_{이니이다.} 帝皆命

女史書之_{하다.} 后得疾_{이거늘} 帝寢食不安_{하여} 以語群臣_{한데}

群臣_이 請禱祀山川_{하고} 徧求名醫_{거늘} 后聞_{하고} 謂帝曰

妾_이 平生無疾_{이다가} 今一旦_에 得疾如此_{하니} 自度不能起

_{니이다.} 死生_이 有命_{하니} 禱祀求醫_{인들} 何益之有_{리오.}

及疾亟_에 帝問曰 爾有身後之屬乎_아 后曰陛下 與妾_{으로}

起布衣_{하여} 今日_에 陛下_는 爲億兆主_{하고} 妾_은 爲億兆母

_{하니} 尊榮_이 至矣_니 尙何言之_{리이까.} 惟感天地祖宗_{하여}

無忘布衣而已_{니이다.} 帝復問之_{한데} 后曰 陛下當求賢納諫

_{하시며} 明政敎_{하여} 以致雍熙_{하시며} 敎育諸子_{하여} 使進德

修業_{이니이다.} 帝曰吾已知之_{이라.} 但老身_이 何以爲懷_{오.}

后復曰 死生_은 命也_니 願陛下_는 愼終如始_{하여} 使子孫_이

皆賢_{하며} 臣民_이 得所_면 妾雖死_나 如生也_{니이다} 하고 遂崩

_{하니} 年_이 五十一_{이요} 洪武壬戌八月丙戌也_{러라.} 帝慟哭

_{하고} 終身不復立后_{하니라.} 帝嘗罷朝_에 內臣女史更進_{하여}

奏事不已_{한데} 帝悽然不懌曰 皇后在_면 吾豈有此煩眊哉

리오. _{후 재 시} 后在時에 _{내 정} 內政을 _{일 불 이 번 제} 一不以煩帝하여 _{제 종 용 심 적 고} 帝從容甚適故로 _{불 승 애 도 언} 不勝哀悼焉이러라.

대명 태조(大明太祖)의 효자소헌 지인문덕 승천순성 고황후(孝慈昭憲至仁文德承天順聖高皇后) 마씨(馬氏)는 그 조상인 송나라 태보 묵(黙) 때부터 숙주(宿州) 민자향 신풍리(閔子鄕新豊里)에서 대대로 그 마을의 호족으로 살아 왔다.

아버지 마공(馬公)은 성품이 강직하며 사람을 사랑하고 베풀기를 좋아하여 남의 급한 일을 돕는 것이라면 앞뒤를 돌보지 않았다.

황후가 어렸을 때 황후의 어머니 정씨(鄭氏)가 일찍 죽었다. 아버지는 평소에 정원(定遠) 사람 곽자흥(郭子興)과 아주 절친한 친구 사이였는데 이때 황후를 그 집에 부탁하고 마공이 죽으니 자흥은 황후를 자기의 딸처럼 양육했다.

황후는 어려서부터 정숙하고 단정하기가 한결같았고 효성스럽고 공경스러우며 자상했다. 거기에 은혜스러우며 총명함이 남보다 뛰어나 시(詩)와 서(書)를 몹시 좋아했다.

계례(筓禮)를 치러 비녀를 꽂으면서부터는 태조 고황제의 빈(嬪)이 되었는데 정성과 공경이 사람을 감동시켜 안팎이 모두 칭찬해 마지 않았다.

마침 큰 흉년이 들었을 때 황후는 왕을 따라 군중에 있었다. 이때 황후는 항상 자신의 배고픔을 참고, 말린 밥과 포와 고기를 간직했다가 황제에게 바쳐 한번도 먹을 것이 떨어지게 하는 일이 없었다. 또 아무리 졸지에 급한 일을 당해도 조심하여 부도(婦道)를 좇았다. 왕이 매양 기록해 둔 것이나 편지가 있으면 곧 황후에게 명하여 간직해 두게 했는데 급히 볼 일이 생겨서 찾으면 황후는 즉시 주머니 속에서 꺼내 바쳐서 일찍이 잘못되는 일이 없었다.

어느 날 왕이 향을 피우고 하늘에 축원하기를

"하루 빨리 천명을 내리시어 천하의 생민(生民)들이 고통받지 않게 하소서."

했다. 이에 황후가 왕에게 말하기를

"이제 바야흐로 호걸들이 다투어 일어나고 있으니 천명이 어느 곳으로 돌아갈지 모르지만 제가 보기에는 오직 사람을 죽이지 않는 것으로 근본을 삼아서 넘어진 사람은 부축해 주고 위태로운 사람은 구원해 주어서 인심을 수습해 모으시옵소서. 인심이 돌아오는 것이 곧 천명이 있는 바이오니 함부로 사람을 죽이고 물건을 약탈하여 인심을 잃게 되면 이는 하늘이 미워하는 바로서, 자기 한 몸도 보존하지 못할 것입니다."

했다. 왕은 이 말을 듣고

"그대의 말이 내 뜻과 깊이 일치되오."

하고 그 이튿날 비를 무릅쓰고 돌아와서 황후에게 말하기를

"어제 들은 그대의 말이 마음 속에 맴돌면서 잊혀지지를 아니하였소. 한 병졸이 군령을 어기고 어느 부인과 같이 있기에 그를 조사해 물었더니 그는 감히 숨기지 못하고 노략질해서 얻은 것이라고 실토했소. 이에 내가 말하기를 '오늘날 군사를 일으키는 것은 어지러운 것을 금하기 위한 것이다. 그런데 만일 남의 아내를 과부로 만들고 남의 자식을 고아로 만들면 그 일로 해서 어지러운 일이 생길 것이니, 만일 즉시 버리지 않으면 내 반드시 너를 죽일 것이다'했더니 그 병졸은 내 말을 듣고 깨달아서 즉시 그를 버리었소. 이는 그대의 말을 들어서 얻은 일이로다."

했다. 황후가 말하기를

"마음 쓰심이 이와 같으시니 인심이 돌아오지 않을 것을 어찌 근심하겠습니까."

황후가 처음엔 아들이 아직 없어서 왕의 형님의 아들인 문정(文正)과 여동생의 아들 이문충(李文忠) 및 목영(沐英) 등을 양육했는데 자기가 낳은 자식처럼 길렀다. 그 후에 태자와 제왕(諸王)이 생겼는데도 은혜는 조금도 바뀌지 않았다.

왕이 군사를 거느리고 강을 건널 때 황후 또한 군사들의 처첩(妻妾)을 거느리고 뒤를 따라 태평(太平)을 향해 가다가 건강(建康)에 이르러 잠시 머물러 있었다.

이때 오나라와 한나라의 접경에 끼어 있어서 단 하루도 전쟁이 그칠 날이 없었다. 황후는 친히 첩잉(妾媵)들을 거느리고 군사들의 옷과 신을 고

쳐 꿰매면서 군사들을 돕는 일로 밤에도 잠을 자지 않았다. 또 틈틈이 왕의 계략을 보좌하여 모든 일을 상황에 맞게 처리했다.

홍무(洪武) 원년 봄 정월에 왕이 즉위하여 황후로 책봉하고 시신(侍臣)들에게 이르기를

"옛날 한나라의 광무제가 풍이(馮異)의 노고를 위로하면서 '창졸간에 무루정(蕪蔞亭) 콩죽과 호타하(滹沱河)의 보리밥을 구해 주던 두터운 뜻을 오래도록 갚지 못했다'고 말하여 임금과 신하 사이가 처음부터 끝까지 잘 보전되었다 한다. 그러나 내가 황후를 생각하는 마음은, 베옷을 입던 한갓 보잘것없던 시절부터 동고동락하며 항상 나를 좇아 군중에 있으면서 창졸간에도 스스로 배고픔을 참으면서 마른 밥을 간직했다가 나를 먹게 했으니 콩죽이나 보리밥에 비교한다면 그 괴로움이 더욱 심한 것이었다. 또 옛날에 당나라 태종의 장손황후(長孫皇后)는 태자 은(隱)과 틈이 벌어졌을 때 안으로는 능히 효도를 다하면서, 조심하여 여러 왕비들을 받들어서 혐의하고 시기하는 마음을 없애 주었다. 내가 자주 황후의 의부(義父)인 곽씨의 의심을 받았는데도 내 뜻을 바르게 하고 아무런 걱정도 하지 않았다. 장사(將士)들이 혹 의복이나 일용(日用)에 쓰는 물건을 바치는 일이 있을 때면 황후는 먼저 곽씨에게 바쳐서 그 마음을 기쁘게 하고, 또 나를 위험에 빠뜨리려는 일이 있을 때는 황후가 재빠르게 이것을 수습하여 마침내 어려움을 면하게 하였으니 이는 자못 장손황후에 비하기 어려운 것이다.

내가 혹 의복이나 거마(車馬)의 일로 해서 조그만 잘못을 가지고 힐책하고 노여워하면 황후는 갑자기 나에게 말하기를 '옛날 가난하고 천하게 지내던 일을 잊으셨습니까?' 하기 때문에 나는 다시 마음이 엄숙해졌다. 집안의 어진 아내는 한 나라의 어진 정승과 같거니 어찌 차마 이를 잊겠는가?"

했다.

조회(朝會)를 파하고 이와 같은 말을 황후에게 하자 황후는 말하기를

"제가 듣자오니 남편과 아내가 서로 보존하기는 쉽고 임금과 신하가 서로 보존하기는 어렵다고 했습니다. 폐하께서 이미 가난하고 천했을 때의 저를 잊지 않으시오니 원컨대 여러 신하와 백성들의 어려웠던 시절의

일을 잊지 마시옵소서. 또 저를 어찌 장손황후(長孫皇后)의 어지신 데에 비할 수야 있겠습니까? 다만 폐하께서는 요 임금과 순 임금을 본받으시기를 바랄 뿐입니다."

했다.

황후가 중궁(中宮)의 자리를 바로잡은 뒤로 더욱 스스로 부지런하고 힘써서 궁첩(宮妾)들을 독려하여 여자가 할 일을 다스리매 일찍 일어나고 늦게 잠들어 잠시도 게을리 하지 않았다. 왕에게 권하여 어진 이를 친히 하고 학문에 힘쓰도록 때에 따라 자주 간(諫)하며, 옛 교훈을 찾아 구해서 육궁(六宮)을 타이르는 일에도 게으르지 않았다.

어느 날 여사(女史)와 청강(淸江)의 범유인(范孺人) 등을 모아 놓고 묻기를

"한나라 당나라 이래로 어느 황후가 가장 어질고 가법(家法)은 어느 대(代)가 가장 바르오?"

하니 대답하기를

"오직 조(趙)나라와 송나라의 여러 황후들이 가장 어질었으며 가법(家法)도 가장 바릅니다."

했다.

이에 황후는 여사에게 명하여 그 가법과 어진 행실을 기록하게 하여 매양 외우게 하고 그 말을 들으면서 말하기를

"비단 나만이 오늘날 본받을 일이 아니라 앞으로 자손이나 제왕, 후비(后妃)들이 모두 마땅히 살펴 읽어야 할 것이니, 이것은 만세(萬世)의 본받을 일이다."

했다.

어떤 사람이 말하기를

"송나라 조정은 지나치게 어질고 후합니다."

하자 황후는 말하기를

"지나치게 어질고 후한 것이 오히려 각박(刻薄)한 것보다는 낮지 않느냐? 내 자손이 진실로 능히 어질고 후한 것으로 근본을 삼는다면 삼대(三代)에 이르는 것은 어렵지 않으리라. 어질고 후한 것이 비록 지나치더라도 무엇이 그 나라에 해롭겠는가?"

했다.

왕이 일찍이 황후에게 말하기를

"임금이란 것은 백 가지 책임을 다 짊어지는 것이니 한 지아비가 제 할 일을 하지 못해도 이는 곧 임금의 책임인 것이다."

하자 황후는 즉시 일어나서 절하고 말하기를

"제가 옛사람의 말을 들으니 한 지아비가 제 자리를 잃는 것은 곧 나의 책임이며 한 백성이 굶주려도 곧 내가 배고픈 것이며 한 백성이 헐벗어도 곧 내가 춥다고 했으니, 지금 폐하의 말씀은 곧 옛사람의 마음입니다. 성스러운 마음을 조심스럽게 갖추시어 궁한 백성들에게 은혜를 더하시면 온 천하가 그 복을 받을 것이며 저도 또한 영예로운 것입니다."

했다.

또 일찍이 조용히 왕에게 고하기를

"임금이 아무리 밝고 성스러운 바탕이 있다고 해도 혼자서 천하를 다스릴 수 없는 것이며, 반드시 어진 사람을 가려서 다스리도록 도모해야 합니다. 하오나 세대(世代)가 내려올수록 온전한 재목을 가진 사람이 없으니 폐하께서는 진실로 각각 그 사람의 단점과 장점을 가리어 사람을 쓰셔야 합니다. 그러나 조그만 과실은 용서하시어 그 사람을 온전하게 해야 합니다."

하니 왕은 기뻐하면서 옳은 말이라고 했다.

어느 날 원(元)나라 궁중 창고를 얻어서 거기에 있는 보물과 재물을 서울로 옮겨온다는 말을 듣고 황후가 왕에게 묻기를

"원나라 궁중 창고에서 무슨 물건을 얻었습니까?"

하니 왕이 말했다.

"보물이오."

황후가 말했다.

"원씨(元氏)가 이런 병물을 가졌는데 어찌해서 지키지 못하고 잃은 것입니까? 대개 재물이 보배가 아니옵고, 제왕이 스스로 보물로 여길 것이 따로 있습니다."

이 말을 듣고 왕은 다시 말했다.

"황후의 뜻을 내가 알겠노라. 다만 어진 사람을 얻는 것으로 보배를 삼

144

으라는 말이로다. "

황후가 즉시 절하고 사례하기를

"진실로 폐하의 성스러운 말씀과 같습니다. 제가 매양 보오니 사람의 집에 산업(産業)이 많아서 부(富)해지면 교만이 따르고 운수가 좋으면 편안히 살려고 합니다. 집과 나라가 같지는 않사오나 그 이치는 두 가지가 아니오니, 사람들의 일상 심정에 마땅히 깊이 경계해야 할 것입니다. 제가 폐하와 함께 궁한 처지에 살다가 이제 부귀(富貴)가 여기에 이르렀으니, 항상 두려워하는 바는 교만과 방종은 사치하는 데서 나오고 위태롭고 망하는 것은 아주 작은 일에서 일어나는 것입니다. 그런 까닭에 세상에 접하기를 '기교(技巧)를 부리는 것이 나라를 잃는 원인이며, 구슬과 옥은 마음을 방탕하게 만드는 독약이다.'고 했으니 참으로 옳은 말입니다. 다만 어진 인재를 얻어서 조석으로 임금을 일깨워 함께 천하를 보존하는 것이 곧 큰 보배이며 이름을 만세에 나타내는 것이 큰 보배이오니 어찌 그 보배가 물건에 있겠습니까? "

하니 왕이 옳은 말이라고 했다.

일찍이 건청궁(乾淸宮)에 모시고 앉아서 곤궁할 때의 일을 회상할 때 왕이 말하기를

"내가 그대와 함께 어려운 일을 겪으면서 고생스러운 일을 다 맛보았으니 오늘날 한 집을 일으켜 한 나라를 만든 것은 실로 본래의 뜻이 아니었다. 진실로 하늘과 땅의 덕과 역대 임금의 은혜에 감동하는 바이다. 그러나 이는 또한 그대의 내조(內助)의 공이로다. "

하니 황후가 말하기를

"폐하의 한결같이 백성을 구제하려고 하시는 마음이 황천(皇天)을 감동시켜서 천명이 보살펴 주신 것이며 역대의 임금이 도와주신 것이니 제게 무슨 힘이 있겠습니까. 다만 원컨대 폐하께서는 곤궁하던 때의 일을 잊지 마시어 편안한 날을 오히려 경계하시옵소서. 저도 또한 어려운 때에 서로 따르던 일을 잊지 않고 조석으로 삼가고 조심하겠습니다. 하늘과 땅 그리고 역대의 임금께서는 비단 오늘만을 도와주시는 것이 아니라, 장차 자손을 위해 무궁한 복을 주실 것입니다. "

했다.

왕의 모든 음식 절차를 황후가 반드시 몸소 친히 보살피므로 궁인이
청하기를

"궁인들이 여럿 있으니 성체(聖體)를 번거롭게 하지 마시옵소서."

했다. 그러나 황후는 말하기를

"나도 진실로 궁중에 여러 사람이 있는 것을 알지만 다만 지어미가 지
아비를 섬기는 것은 항상 삼가지 않을 수 없는 것이며 반찬을 올리는
것은 깨끗이 하지 않으면 안되는 것이니, 혹시라도 잘못된 일이 있어서
너희들이 책망을 받게 되면 내 마음이 어찌 편안하겠느냐? 내가 지금
이렇게 하는 것은 윗사람을 공경하는 일을 감히 소홀히 하지 않으려는 것
이며 한편 너희들을 보호하여 책망 듣는 일을 면하게 하려는 것이다. 어
찌 사람이 없다고 해서 이러겠느냐?"

하니 궁인들이 이 말을 듣고 모두 감동하여 기뻐하지 않는 자가 없었다.

황후가 여사(女史)에게서 서한(西漢)의 두태후가 황로(黃老)를 좋아
했다는 것을 강론하는 것을 듣고 돌아보며 묻기를

"황로(黃老)란 어떠한 것이오?"

하니 여사가 대답하기를

"맑고 깨끗하고 아무 것도 하지 않는 것으로 근본을 삼는 것이오니 마치
인(仁)을 끊고 의(義)를 버리고서도 백성들이 효도하고 인자한 데로 돌
아가게 하는 것이 바로 이것입니다."

했다.

이에 황후는 말하기를

"그렇지 않소. 효도와 인자한 것이 곧 인과 의이니 어찌 인과 의를 끊고
서 효도하고 인자할 수가 있단 말이오? 인과 의는 곧 다스리는 근본이
되는 것인데 이것을 끊으라 버리라 하니 이것은 옳은 이치가 아닌 것이
오."

했다.

황후는 〈소학〉을 읽게 하고 주의해서 이를 듣다가 왕에게 아뢰기를

"소학이란 글은 말이 깨닫기 쉽고 일이 행하기 쉬운 것으로 사람의 도
리에 갖추어지지 않은 것이 없으니 곧 성인의 가르치는 법이온데 어찌
이것을 드러내어 밝히지 않으십니까?"

146

하니 왕이 말하기를

"그러하오. 그래서 내 이미 친왕(親王)과 부마(駙馬)와 대학생(大學生)들로 하여금 모두 강독(講讀)하게 하였소."
했다.

황후는 일찍이 원나라 세조의 황후가 낡은 활줄을 삶아서 다시 썼다는 이야기를 듣고 역시 낡은 활줄을 가져다가 다듬어서 이것으로 이불감과 옷감을 짜서 외로운 늙은이들에게 나누어 주었다. 또 매양 옷과 치마를 만들고 나머지 비단쪽을 이어 꿰매서 수건과 옷을 만들었다. 그리고 황후는 말하기를

"몸이 부귀(富貴)에 처해 있으면 마땅히 천지의 뜻을 헤아려 물건을 아껴야 하는 것이니, 하늘이 준 물건을 함부로 버리는 것은 옛사람이 깊이 경계하던 바이다."
했다.

베를 짜는 직공들이 실을 만질 때, 거칠어서 버리는 것이 있으면 또한 이것을 주워다가 비단을 짜서 여러 왕비와 공주들에게 주면서 말하기를

"부귀한 집에서 나고 자란 사람은 마땅히 누에치는 일이 쉽지 않다는 것을 알아야 할 것이니, 이것이 아무리 거칠다고 해서 버렸지만 민간에 있어서는 이것도 오히려 얻기 어려운 것이다. 까닭에 이것으로 비단을 짜서 너희들에게 보이는 것이니 이런 것을 알지 않으면 안된다."
했다.

평소 거처할 때에도 깨끗이 빤 옷을 입고, 사치스럽고 화려한 것은 좋아하지 않았다. 이불 호청이 아무리 떨어졌어도 쉽게 바꾸지 않았다. 어떤 사람이 황후에게 말하기를

"천하의 지극한 귀하심과 지극한 부를 누리시면서 어찌 이런 것을 아끼십니까?"
하면 황후는 말하기를

"내가 들으니 옛날의 황후나 왕비는 부유했어도 능히 검소했으며, 귀하면서도 능히 부지런했기 때문에 칭송받은 것이 서적에 실려 있다. 대개 사치스러운 마음은 싹트기 쉽고 높은 지위는 처신하기가 어려운 것이니, 잊어서 안될 것은 부지런하고 검소한 것이며 믿을 수 없는 것은 부와 귀

인 것이다. 부지런하고 검소한 마음이 한번 옮겨지면 화(禍)와 복 (福)의 반응이 그대로 따라 오는 것이니 매양 이것을 생각하고 스스로 감히 소홀한 마음을 갖지 말아야 한다."

했다.

궁인이 허물이 있어서 왕이 노할 때는 황후도 또한 노하여 좌우에게 명하여 궁정사(宮正司)에게 맡겨 죄를 의논하게 했다.

왕이 노여움이 풀려서 황후에게 묻기를

"그대가 스스로 책망하여 벌주지 않고 궁정사에게 맡기는 것은 무슨 까닭이오?"

하자 황후는 대답하기를

"제가 듣자오니 상주고 벌주는 것은 오직 공정해야만 사람을 복종시킨다고 했으니, 그런 까닭에 기쁘다고 해서 함부로 상을 주지 않고 노엽다고 해서 함부로 벌을 주지 않는 법입니다. 기쁘고 노여울 때에 함부로 상을 주거나 벌을 주면 반드시 치우치게 되어 사람들이 그 사사로움에 대해서 의론하게 됩니다. 하오나 궁정사에게 맡기면 마땅히 그 가볍고 중한 것을 참작해서 처리할 것입니다. 천하를 다스리는 자가 또한 어찌 능히 사람마다 스스로 상을 주고 벌을 주겠습니까? 오직 유사(有司)가 의논해서 할 뿐입니다."

했다.

왕이 말하기를

"그대도 또한 노여워한 것은 무슨 까닭이오?"

하니 황후는 말하기를

"폐하께서 노여워하신 때를 당하여 갑자기 스스로 벌을 내리시면 비단 궁인이 중한 책망을 받을 뿐 아니라 폐하께서도 역시 중화(中和)의 기운을 손상시키실 것입니다. 까닭에 제가 노한 것은 곧 폐하의 노여움을 풀기 위한 것입니다."

하니 황제는 기뻐했다.

황후가 시부모를 미처 섬기지 못한 것을 가지고 한(恨)을 삼아 왕이 추모하여 슬퍼하고 그리워하는 모습을 보면, 반드시 눈물을 흘리며 조석으로 제복(祭服)을 입고 왕을 따라서 봉선전(奉先殿)에 배알했다.

　매양 제사를 당해서는 몸소 음식을 장만하여 정성과 공경을 다하도록 힘쓰며 비빈(妃嬪) 이하를 대접하는데도 은혜롭게 하며, 황제의 총애를 받아 자식이 있는 자에게는 더욱 후하게 대접했다.

　여러 왕비와 공주에게 말하기를

　"공이 없이 복을 받으려 하는 것은 하늘이 미워하는 바로서, 내가 너희들과 함께 금으로 수놓은 좋은 옷을 입고 맛있는 음식을 먹으면서 하루 종일 하는 일이 없으니 마땅히 여공(女工)에 부지런히 힘써 하늘의 뜻에 보답하도록 하자."

했다.

　태자와 여러 왕자(王子)들을 비록 몹시 두터이 사랑하고 있었으나 더욱 학문에 힘쓰도록 타일렀는데 그 타이르는 것이 지극히 간절했다.

　일찍이 말하기를

　"너희 아버지가 높이 만국을 다스려 몸이 태평을 누린 것은 역시 학문으로 인해서 이루어진 것이니, 너희 소자(小子)들도 마땅히 앞으로 오래도록 계승하여 아버지에게 욕됨이 없게 하라."

하고 또 말하기를

　"내가 여사의 말을 들으니, 등우(鄧禹)는 장수가 되어 함부로 사람을 죽이지 않았기 때문에 그 딸이 황후가 되었다고 했다. 우리 집안은 대대로 충성되고 순후했으며 내 아버지에 이르러서 비록 등우(鄧禹)만한 공은 없었어도 평생 의리를 행하는데 힘썼으니, 오늘 내가 황후가 된 것이 우연한 일이 아니다. 너희들은 뒷날에 백성과 사직(社稷)에 몸을 붙이고 반드시 더욱 충성되고 후한 행실을 쌓아야만 자손이 길이 살 수 있을 것이니, 절대로 제 몸을 스스로 믿고 덕에 힘쓰지 않거나 일이 우연히 이루어지리라고 생각하지 말아라. 너희는 이 말을 잘 기억해 두라."

했다.

　여러 왕자들이 혹 의복이나 기명(器皿)을 가지고 서로 좋은 것을 숭상하려 할 때는 황후가 말하기를

　"요 임금이나 순 임금은 띠로 지붕을 이으시고 흙으로 계단을 만들었으며, 우(禹) 임금과 문왕은 나쁜 옷과 천한 복장을 했었다. 너희 아버지가 검소하고 소박하시어 역시 사치스럽고 화려한 것을 미워하시고 밤낮으

로 근심하고 부지런히 천하를 다스렸기 때문에 너희들이 아무런 공도 없으면서 비단옷을 입고 좋은 음식을 먹는 것인데, 오히려 의복이나 거마(車馬)를 더 좋은 것을 갖고자 하니 어찌해서 뜻과 기개가 같지 않은 것이 이와 같단 말이냐? 오직 마땅히 스승을 친히 하고 벗을 취해서 성현의 학문을 강론(講論)하여 심지(心志)를 열고 밝히면 저절로 이러한 기습(氣習)이 없어질 것이다."

했다.

황후는 자애로운 마음으로 아랫사람을 대하여 친척과 공신들의 집이 모두 기쁜 마음을 갖지 않는 이가 없었다. 명부(命婦)가 조정에 들어오면 존귀한 태도로 대하지 않고 보통 집안에서 쓰는 예절로 대우했다.

수해나 가뭄과 흉년을 당해서는 식사에 반드시 조촐하게 보리밥과 야채로 상을 차렸다. 황제가 백성들을 구제할 일을 의논하면 황후는 말하기를

"제가 듣자오니 홍수나 가뭄은 없는 때가 없다고 했습니다. 백성의 어려움을 구제하는 방법은 미리 저축해서 예비하는 것이 있을 뿐이니, 졸지에 불행한 일을 당해서 만일 9년의 홍수와 7년의 가뭄이 있다고 하면 장차 무슨 방법으로 백성들을 구제하겠습니까?"

하니 왕이 진정 그렇다고 했다.

일찍이 왕을 위하여 말하기를

"은혜를 베푸는 일은 고르게 해야 할 것이나 또한 차등이 있는 것이니 보통 무리들에게 날마다 주는 것은 진실로 어려운 바가 있고 백관(白官)들 중에 집이 서울에 있는 자와 그 고향에 있는 자와는 멀고 가까운 것이 같지 않으며 집의 가난하고 부자인 것이 또한 다른데도 녹봉(祿俸)을 주는 것은 한도가 있으니, 혹시 이것을 지급하지 않는다면 어려움이 반드시 심해서 더위나 비나 추위를 당하여 몹시 슬퍼하고 탄식할 것입니다."

하니 왕은 그 뜻에 감동하여 매양 사람을 보내서 안부를 묻고 살펴 주었다.

근신(近臣)들과 여러 주사관(奏事官)들이 조회가 파하고 뜰 가운데에 모여서 식사를 할 때, 황후가 중관(中官)에게 명하여 그 음식을 가져오게 하여 친히 맛보니 맛이 별로 좋지 못했다. 이에 왕에게 아뢰기를

"조정에서는 하늘이 주는 녹(祿)을 써서 천하의 어진 이를 기르고 있습니다. 이것은 자신을 받드는 데는 박하게 하려 하고, 어진 이를 기르는 것은 풍성하게 하려 하는 것입니다. 이제 음식을 관장하는 관리가 그 아랫사람을 잘 다스리지 못해서 오직 윗사람을 받드는 데만 좋은 음식을 써서 여러 신하의 음식은 모두 그 맛을 얻지 못하고 있으니 어찌 폐하의 어진 이를 기르는 뜻이겠습니까?"

하니 왕이 말하기를

"음식에 대한 일은 내가 마음을 쓰지 않아서 다른 사람들도 모두 맛있는 음식을 먹는 것으로 알았던 것인데, 어찌 유사(有司)가 스스로 후하고 박한 구별을 했으리라고 생각이나 했겠소. 생각건대 여러 신하가 말을 하고자 해도 입을 열기 어려웠던 것이로다. 비록 몹시 작은 일이지만 관계되는 바가 또한 크니 황후가 오늘 말해 주지 않았던들 내 어찌 이러한 것을 알았겠는가?"

하고 급히 광록대경(光祿大卿) 서흥조(徐興祖) 등을 불러 몹시 책망하니 흥조 등이 모두 부끄러워하며 복종했다.

왕이 일찍이 대학(大學)에 나아가 선사(先師) 공자(孔子)께 제사를 지내고 돌아온 일이 있었다. 이때 황후가 묻기를

"대학생이 몇 명이나 되었 니까?"

하니 왕은 대답했다.

"수천 명 되었오."

"학생들이 모두 자기 집이 있었습니까?"

"많이 가지고 있었오."

이에 황후는 다시 말하기를

"천하를 잘 다스리는 자는 어진 인재로 주장을 삼는 것이온데 이제 인재가 몹시 많으니 매우 기쁩옵니다. 하오나 생원(生員)만 대학에서 먹을 것을 주고 그 처자에게는 지급해 주는 것이 없으니 어찌 저들의 마음에 불평이 없겠습니까?"

하니 왕은 즉시 명하여 다달이 양곡을 주고 그들의 집에 지급하는 것을 상례(常例)로 삼았다.

일찍이 황후는 왕에게 말하기를

"일이 잘되고 못되는 것은 임금의 마음이 간사하고 바른 데에 근본하고, 천하가 편안하고 위태로운 것은 백성들의 심정이 괴롭고 즐거운 데에 달려 있습니다."

하고 또 말하기를

"법을 자주 고치면 반드시 폐단이 있는 것이니 법이 폐단이 있으면 간사한 일이 생기고, 이리하여 자주 시끄러우면 백성들이 반드시 괴롭게 되며 백성이 괴로우면 난(亂)이 생기는 것입니다."

하니 왕은 즉시 여사에게 명하여 기록하게 했다.

황후가 병이 나자 왕은 잠자고 먹는 것이 편안치 않아 여러 신하에게 말하니 여러 신하들은 산천(山川)에 기도하고 제사지내기를 청하고 두루 이름난 의원을 구하자고 했다.

황후는 이 소리를 듣고 왕에게 말하기를

"제가 평생 병이 없다가 이제 하루아침에 병을 얻어서 이와 같이 되었으니 스스로 헤아리건대 일어나지 못할 것 같습니다. 죽고 사는 것은 하늘의 명에 달려 있으니 기도하고 제사지내고 의원을 구한들 무슨 유익함이 있겠습니까."

했다.

병이 급해지자 왕이 묻기를

"그대가 죽은 뒤의 부탁이 있는가?"

하니 황후가 말하기를

"폐하께서 저와 함께 포의(布衣)로부터 일어나 오늘날 폐하께서는 억조창생의 주인이 되셨고 저는 억조창생의 어머니가 되어 높고 영화로운 것이 지극하오니 다시 무슨 말이 있겠습니까? 오직 천지와 역대 제왕의 은혜에 감사하여 포의(布衣)로 계실 때의 일을 잊지 마시기를 바랄 뿐입니다."

했다.

왕이 다시 묻자 황후는 말하기를

"폐하께서는 마땅히 어진 이를 구하시고 간(諫)하는 말을 받아들여 정치와 교육을 밝게 하고 화락한 세상을 이루시며, 여러 아들들을 교육시켜서 그들로 하여금 덕을 행하고 업(業)을 닦게 하시옵소서."

했다.

왕이 다시

"내 알았노라. 그러나 늙은 몸이 어떻게 그 모든 뜻을 이루겠는가?

하니 황후는 다시 말하기를

"죽고 사는 것은 하늘의 명이니 원컨대 폐하께서는 끝을 삼가하시기를 시작할 때와 같이 하시어, 자손으로 하여금 모두 어질게 하시고 신하와 백성들이 소임을 얻을 수 있게 하시면 제가 비록 죽어도 살아 있는 것과 같겠습니다."

하고 붕(崩)하니 나이 51세로 홍무(洪武) 임술(壬戌)년 8월 병술(丙戌)일이었다. 왕은 통곡하고 죽을 때까지 다시 황후를 세우지 않았다.

왕이 일찍이 조회를 파하고 나니 내신(内臣)과 여사가 다시 와서 일을 아뢰는 것이 끝이 없었다. 이것을 보고 왕은 쓸쓸하고 슬픈 빛으로 말하기를

"황후가 있었으면 내 어찌 이러한 번거로움이 있겠는가?"

했다.

황후가 살아 있을 때 내정을 가지고서는 한번도 왕을 번거롭게 하지 않아서 왕은 조용하고 한적하게 지낼 수 있었기 때문에 더욱 슬픔을 이기지 못했던 것이다.

註解

1. **孝慈昭憲至馬氏** : 명나라 태조 주원장(朱元璋)의 황후 마씨(馬氏)의 칭호. 어려서 부모를 여의고 곽자흥(郭子興)의 양녀로 자랐는데 곽자흥은 그 부하로 있는 주원장의 인물이 비범함을 알고 그에게로 시집보냈다.

2. **太保** : 벼슬 이름. 삼공(三公)의 하나로 천자가 덕을 행하도록 옆에서 돕는 직책.

3. **刎頸之交** : 비록 목이 달아나더라도 마음이 변치 않을 만큼 친한 사이. 즉 생사(生死)를 같이 하는 가까운 사이.

4. **既笄** : 계(笄)는 비녀. 여자 15세에 비녀를 꽂는데 혼기(婚期)가 되었다는 것을 뜻함.

5. **糗餌脯脩** : 구이(糗餌)는 간량(乾糧)으로 말린 밥이나 볶은 쌀. 포수(脯脩)는 육포.

6. **造次顛沛** : 창졸간. 발을 헛딛고 아차 넘어지는 사이.

7. **媵勝** : 첩을 말하기도 하지만 신부를 따라 그의 시가(媤家)에 가서 시비(侍

婢)가 되는 여자의 뜻으로 쓰기도 한다.

8. **洪武** : 명나라 태조의 연호.

9. **馮異** : 후한 광무제 때의 공신(功臣). 자는 공손(公孫), 시호는 절(節)이다. 맹진장군(孟津將軍)이 되어 양하후(陽夏侯)에 봉해졌으며 진중(陣中)에서 여러 장수들이 자신의 전공(戰功)을 이야기할 때는 항상 나무 밑으로 피해 숨었으므로 수하장군(樹下將軍)이란 칭호를 얻었음.

10. **蕉蕢亭** : 정자 이름. 호타하(滹沱河) 가에 있음.

11. **滹沱河** : 산서성(山西省) 번치현(繁峙縣)에서 시작하여 백하(白河)로 흘러 들어가는 하수. 갱시(更始) 2년에 광무제가 계(薊)의 동남쪽으로부터 요양현의 무루정까지 달려갔을 때 날씨는 몹시 춥고 배가 고파 모두가 허기에 지쳐 있는데, 풍이(馮異)가 콩죽을 바쳐서 광무제의 기한을 풀어 주었다. 또 호타하를 건너 신도(信都)로 갈 때에도 보리밥을 바쳐서 광무제의 허기를 채워주었다고 한다. 그 후 광무제는 제위(帝位)에 오른 후에도 그때의 고마움을 잊지 못했다고 한다.

12. **布衣** : 서인(庶人). 벼슬하지 않은 사람. 포의(布衣)는 서민의 옷이며 서민은 노인이 되기 전에는 비단옷을 입지 못했으므로 이렇게 말함.

13. **豫怠** : 예(豫)는 놀고 즐긴다는 뜻으로 게으른 것을 말함.

14. **六宮** : 후비(后妃)가 거처하는 궁전.

15. **女史** : 글을 아는 예인으로 황후의 예절이나 후궁 안의 정사를 살피는 여관(女官).

16. **淸江范孺人** : 청강(淸江) 땅에 사는 범씨(范氏) 성을 가진 사람의 아내. 유인(孺人)은 대부(大夫)의 아내이다.

17. **三代** : 하(夏), 은(殷), 주(周)의 세 왕조를 말함. 그때는 모두 성인의 정치를 베풀었다고 한다.

18. **鴆毒** : 짐(鴆)이라는 새의 독. 이 짐새의 깃에는 독이 있어 그것을 술에 담그면 독주(毒酒)가 되는데 이것을 사람이 먹으면 곧 죽는다.

19. **啓沃** : 흉금을 터놓고 마음속에 있는 것을 말하여 임금의 마음을 바르게 함.

20. **跋涉** : 산을 넘고 물을 건너 여러 곳을 돌아다님.

21. **黃老** : 도가(道家)의 학문. 원래 황제(黃帝)와 노자(老子)를 가리키는 말.

22. **駙馬** : 임금의 사위는 반드시 부마도위(駙馬都尉)가 되었기 때문에 천자나 왕의 사위를 부마라고 부름.

23. **暴殄天物** : 하늘이 준 물건을 함부로 살상하거나 버리는 것. 暴殄은 포진으로 발음함.

24. **宮正司** : 궁중 안에서 생기는 일을 다스리는 기관.

25. **中和之氣** : 치우치지 않고 과불급(過不及)이 없는 바른 성정(性情)의 기운.

26. **褘翟** : 황후가 제사 때 입는 제복(祭服).

27. **奉先殿** : 임금의 조상의 위패를 모신 궁전.

28. **繼繼繩繩**: 자자손손(子子孫孫)이 대를 이어 가는 모양. 계계승승(繼繼承承)으로도 쓴다.

29. **鄧禹**: 후한 창업기의 명신으로 자는 중화(仲華). 광무제를 도와서 천하를 평정하여 벼슬이 대사도(大司徒)에 이르렀다. 운대이십팔장(雲臺二十八將)의 우두머리.

30. **相尚**: 저마다 좋은 것을 희망한다는 뜻.

31. **唐堯**: 옛 성황(聖皇). 제곡(帝嚳)의 아들로서 처음에는 도(陶)에 봉함을 받았다가 뒤에 당(唐)으로 옮겼으므로 도당씨(陶唐氏)라고도 부르며 당요(唐堯) 또는 방훈(放勳)이라고도 부른다. 아들 단주(丹朱)가 불초하므로 순(舜)에게 자리를 물려 주었다. 요(堯)는 그의 호이다.

32. **茅茨**: 띠로 이은 지붕.

33. **命婦**: 봉호(封號)를 받은 부인의 통칭. 옛 중국에서는 사대부의 아내를 일컫던 말.

34. **賑恤**: 어려운 살림을 구제함. 구휼(救恤).

35. **光祿卿**: 명나라 때 궁중에서 음식에 대한 일을 맡아 보던 벼슬 이름.

36. **仰給**: 나라에서 월급을 받음.

宿瘤女者는 齊東郭採桑之女니 閔王之后也라. 項有大
숙류녀자 제동곽채상지녀 민왕지후야 항유대

瘤故로 號曰宿瘤라 하더라. 初에 閔王이 出遊하여 至東郭
①류고 호왈숙류 초 민왕 출유 지동곽

하니 百姓이 盡觀하되 宿瘤採桑如故거늘 王이 怪之하여
백성 진관 숙류채상여고 왕 괴지

召問曰 寡人出遊에 車騎甚衆하여 百姓이 無少長히 皆棄
소문왈 과인출유 ②거기심중 백성 무소장 개기

事來觀이거늘 汝採桑道傍하되 曾不一視는 何也오. 對曰
사래관 여채상도방 증불일시 하야 대왈

妾이 受父母教採桑이요 不受教觀大王이라. 王曰 此는 奇
첩 수부모교채상 불수교관대왕 왕왈 차 기

女也로다. 惜哉라 宿瘤여. 女曰 婢妾之職은 屬之不二하며
녀야 석재 숙류 여왈 ③비첩지직 속지불이

予之不忘이니 中心謂何언정 宿瘤何傷이리이까. 王이 大悅
여지불망 중심위하 숙류하상 왕 대열

之曰 此는 賢女也라 하고 命後乘載之한데 女曰 賴大王之
지왈 차 현녀야 명후승재지 여왈 뇌대왕지

力하여 父母在内하니 使妾으로 不受父母之教하고 而隨大

王이면 是는 奔女也니 大王은 又安用之리이까. 王이 大慙

曰 寡人이 失之호라 하니 又曰 貞女 一禮不備거든 雖死나

不從이니이다. 於是에 王이 遣歸하고 使使者로 加金百鎰

하여 往聘迎之한데 父母驚惶하여 欲洗沐加衣裳이러니 女

曰 如是見王이면 則變容更服이라 不見識也리니 請死不往

하리이다. 於是에 如故隨使者하니라. 閔王이 歸見諸夫人告

曰 今日出遊하여 得一聖女하여 今至矣나니 斥汝屬矣리라.

諸婦人이 皆怪之하여 盛服而衛하여 遲其至也러니 宿瘤駭

한데 宮中諸夫人이 皆掩口而笑하고 左右失貌하여 不能自

止거늘 王이 大慙曰 且無笑하라. 不飾耳니라. 夫飾與不飾이

固相去 十百也니라. 女曰 夫飾은 相去千萬이라도 尚不足

言이니 何獨十百也리이까. 王曰 何以言之오. 對曰 性相

近也나 習相遠也니 昔者에 堯舜桀紂는 俱天子也라. 堯

舜은 自飾以仁義하여 雖爲天子라도 安於節儉하여 茅茨를

不剪하며 采椽을 不斲하며 後宮은 衣不重采하며 食不重

^미味하니 ^{지금수천세}至今數千歲에 ^{천하귀선언}天下歸善焉하니이다. ^{걸주}桀紂는 ^{부자}不自

^{식이인의}飾以仁義하고 ^{습위가문}習爲苛文하며 ^{조위고대심지}造爲高臺深池하며 ^{후궁}後宮이 ^도蹈

^{기곡}綺穀하며 ^{농주옥}弄珠玉하되 ^{의비유염시야}意非有饜時也라. ^{신사국망}身死國亡하여 ^위爲

^{천하소}天下笑하니 ^{지금천여세}至今千餘歲에 ^{천하 귀악언}天下 歸惡焉하나니 ^{유시관지}由是觀之컨대

^{식여불식}飾與不飾이 ^{상거천만}相去千萬이라도 ^{상부족언}尚不足言이니 ^{하독십백야}何獨十百也리까.

^{어시}於是에 ^{제부인}諸夫人이 ^{개대참}皆大慙이러라. ^{민왕}閔王이 ^{대감유녀}大感瘤女하여

^{이위후}以爲后하고 ^{출령비궁실}出令卑宮室하며 ^{전지택}塡池澤하며 ^{손선감악}損膳減樂하며 ^후後

^궁宮이 ^{부득중채}不得重采하니 ^{기년지간}期年之間에 ^{화행린국}化行隣國하여 ^{제후조지}諸侯朝之

거늘 ^{침삼진⑨}侵三晋하며 ^{구진초}懼秦楚하며 ^{일립제호}一立帝號하니 ^{민왕}閔王이 ^{지어}至於

^{차야}此也는 ^{숙류녀유력언}宿瘤女有力焉이러라. ^{급여사지후}及女死之後에 ^{연수도제}燕遂屠齊거늘

^{민왕}閔王이 ^{도망}逃亡하여 ^{이시사어외}而弑死於外러라. ^{군자위숙류녀}君子謂宿瘤女 ^{통이유}通而有

^례禮하니 ^{시운}詩云 ^{청청자아}菁菁者莪여 ^{재피중아}在彼中阿로다. ^{기견군자}旣見君子하니 ^낙樂

^{차유의}且有儀라 하니 ^{차지위야}此之謂也로다.

숙류(宿瘤)라는 여자는 제(齊)나라 동곽(東郭)에서 뽕을 따던 여자이니 곧 민왕(閔王)의 황후이다. 목에 큰 혹이 있다고 해서 숙류라고 모두 불렀다.

처음에 민왕(閔王)이 나가 놀다가 동곽에 이르렀더니 백성들이 모두 나와 보는데 유독 숙류만은 전과 같이 뽕을 따고 있었다.

왕은 괴이하게 여겨 그를 불러 묻기를

"내가 나와 노는데 말과 수레가 몹시 많아서 백성들이 어른 아이 없이 모두 하던 일을 버리고 나와 구경하는데, 너는 바로 길 옆에서 뽕을 따면서 한번도 쳐다보지 않으니 무슨 일이냐?"

하니 그녀는 대답하기를

"저는 부모의 가르침을 받아서 뽕을 딸 뿐이옵고 대왕의 행차를 구경하라는 가르침은 받지 아니했습니다."

했다.

왕이 말하기를

"이는 기특한 여자로다. 그런데 혹이 있어 애석하도다."

하니 그녀는 다시 말하기를

"천한 저의 직책은 두마음을 갖지 않사오며 주어진 책임은 잊지 않습니다. 하오니 마음의 뜻이 중요한 것이지 이 혹이 무엇이 해롭겠습니까?"

한다. 이 말을 듣고 민왕은 크게 기뻐하며

"이는 어진 여자로다."

하고는 명하여 뒷수레에 태우라고 했다.

그러나 숙류는 말하기를

"대왕의 힘을 입어 부모님이 집에 계시건만 저로 하여금 부모의 가르침을 받지 않고 대왕을 따르게 하면 이는 달아난 계집이오니 대왕께서 또 어디에 쓰시겠습니까?"

했다.

민왕이 크게 부끄러워하면서

"내가 실수를 했도다."

하니 그녀가 말하기를

"처녀의 몸으로 한 가지 예절도 갖추지 않으면 비록 죽어도 좇지 못하겠습니다."

한다.

이에 민왕이 그녀를 돌려보내고 사람을 시켜 금 백일(百鎰)을 가지고 가서 맞아오게 했다.

이것을 보고 그녀의 부모는 놀라고 황공하여 목욕을 시키고 옷을 갈아입

히려 하자 그녀는 말하기를

"그렇게 하고 왕을 뵙게 되면 용모가 변하고 옷도 바뀌어 알아보지 못할 것이오니 그렇게 하고는 죽어도 가지 않겠습니다."

했다. 이리하여 그전 모습대로 사자(使者)를 따라갔다.

한편 민왕은 돌아와서 여러 부인들을 보고 말하기를

"오늘 놀러 나갔다가 성스러운 한 여인을 얻었는데, 이제 도착할 것이니 너희들은 모두 내쫓을 것이다."

하니 여러 부인들은 모두 괴상히 여겨 몸치장을 하고 경계하는 태도로 그녀가 도착하기를 기다리고 있었는데 이것을 보고 숙류는 몹시 놀랐다.

숙류를 보자 여러 부인들은 모두 입을 가리고 웃었고, 좌우 사람들도 얼굴빛이 변하여 어찌할 바를 몰랐다.

이에 왕은 크게 부끄러워하며 말하기를

"그대들은 웃지 말라. 장식을 하지 않았기 때문이니라. 장식하고 장식하지 않은 것은 진실로 그 차이가 십배 백배나 되느니라."

하니 숙류가 말하기를

"대체로 장식은 그 차이가 천배 만배라 해도 오히려 말이 부족하온데 어찌 십배 백배에 그치겠습니까?"

한다.

왕이 다시

"무엇을 가지고 하는 말이냐?"

하니 그녀는 대답하기를

"성품은 서로 가까우나 습관은 서로 먼 것입니다. 옛날 요순(堯舜)과 걸주(桀紂)는 모두 천자입니다. 요·순은 스스로 인과 의로 장식하여 비록 천자가 되었으나 절약하고 검소한 것을 편안하게 여겨 지붕을 띠로 이어도 잘라서 다듬지 않았으며 거치른 서까래도 깎아주지 않았습니다. 후궁들은 여러 가지 빛깔의 옷을 입지 않았고 여러 음식을 먹지 않았습니다. 그리하여 지금에 이르기까지 수천년 동안 천하가 어질다고 하는 것입니다. 한편 걸·주는 스스로 인과 의로 몸을 장식하지 않고 번거롭고 까다로운 글만 익히며 높은 누대(楼臺)와 깊은 못을 만들고, 후궁들은 무늬가 고운 비단옷을 끌고 다니며 주옥(珠玉)을 가지고 놀면서 마음 속으로 만족할 줄을 몰랐습니다. 그러다가 몸이 죽고 나라도 망하여 천하의 웃음거리가 되었고 지금에 이르기까지 천년 동안 천하가 모두 악하다고 하는 것입니다. 이것으로 보면 장식하고 장식하지 않는 것은 그 차이가 천배나 만배가 된다고 해도 오히려 말을 다할 수 없으니 어찌 십배 백배만 되오리까?"

했다. 이에 여러 부인들이 모두 크게 부끄러워했다.

민왕은 숙류에게 크게 감동하여 그를 황후로 삼고 명령을 내려 궁실을 낮추고 못을 메우며 반찬을 줄이고 풍악을 줄이고 후궁들은 여러 색깔의 옷을 입지 못하게 하니, 1년 사이에 교화(教化)가 이웃나라에까지 전해져서 제후들이 모두 와서 조회했다. 이에 삼진(三晉)을 침공하고 진과 초를 두렵게 하여 단번에 황제의 칭호를 세웠으니 민왕이 여기에 이른 것은 숙류의 힘이 컸다.

그녀가 죽은 뒤에 연나라가 드디어 제나라를 무찌르자 민왕은 도망치다 외지(外地)에서 죽음을 당하고 말았다.

군자가 말했다.

"숙류 여인은 통달하고 예의가 있었으니 시경에서 '청청하고 무성한 다북쑥, 저 언덕에 있네. 이미 군자를 만났으니 기쁘고 또 예절이 있네.'한 것이 이것을 말한 것이로다."

註解 ∿∿∿∿∿∿∿∿∿∿∿∿∿

1. **大瘤**：큰 혹.
2. **車騎**：여기에서는 수레와 수레를 끄는 말.
3. **婢妾**：자기의 신분을 종에 비겨 낮추어 말한 것.
4. **奔女**：정식의 예를 갖추지 않고 남자에게로 간 여자. 바람나서 달아난 여자도 이렇게 말한다.
5. **貞女**：처녀.
6. **百鎰**：일(鎰)은 중량의 단위로서 24냥(兩), 또는 20냥, 30냥이라고도 한다. 백일이라면 많은 금(金)이다.
7. **不飾**：몸치장을 하지 않는 것.
8. **采椽**：산에서 벤 나무를 다듬지 않고 그대로 쓴 서까래. 아무렇게나 집을 지은 것을 말함.
9. **三晉**：전국시대의 한(韓)·위(魏)·조(趙). 이들은 진(晉)을 섬기다가 그 땅을 나누어 차지했기 때문에 이렇게 부른다.

한포선　　처환씨　　자　소군　　선　　상취소군부
漢鮑宣의 妻桓氏의 字는 少君이라. 宣이 嘗就少君父

학　　　　부기기청고고　　이녀처지　　장송② 자회심성
學이러니 父奇其清苦故로 以女妻之러라. 裝送에 資賄甚盛

선　　불열　　위처왈 소군　　생부교　　습미식
이러니 宣이 不悦하여 謂妻曰 少君은 生富驕하여 習美飾

오　실빈천　　불감당례　　처왈 대인③
이거늘 吾는 實貧賤하여 不敢當禮하노라. 妻曰 大人은 以

선생수덕수약고　　사천첩　　시건즐　　기봉승군자
先生脩德守約故로 使賤妾으로 侍巾櫛하시니 既奉承君子에

유명시종　　선　소왈 능여시　　시오지야
唯命是從하리이다. 宣이 笑曰 能如是면 是吾志也라 하다.

처내실귀시어복식　　갱착단포상　　여선　　공만록
妻乃悉歸侍御服飾하고 更着短布裳하고 與宣으로 共挽鹿

거귀향리　　배고례필　제옹출급　　수행부도　　향
車歸鄉里하여 拜姑禮畢에 提甕出汲하여 脩行婦道하니 鄉

방　칭지
邦이 稱之러라.

한나라 포선(鮑宣)의 아내 환씨(桓氏)의 자는 소군(少君)이다. 선(宣)이 일찍이 소군의 아버지에게 나아가 배우는데, 소군의 아버지는 그의 청렴한 것을 기특하게 여겨서 자기의 딸을 그의 아내로 삼게 했다.

그러나 혼인에 보내는 혼수와 그밖의 재물이 너무 풍성하므로 선은 기뻐하지 않고 그 아내에게 말하기를,

"소군은 부유하고 풍족하게 살아왔기 때문에 아름답게 치장하는 것을 익혔으나, 나는 실로 가난하고 천해서 감히 예절을 갖추지 못하겠소."
했다.

이에 아내가 말하기를

"친정 아버님께서는 당신이 덕을 닦고 검소한 것을 지키기 때문에 천한 저로 하여금 모시게 하셨으니, 이미 당신을 모신 바에야 오직 명령대로 따르겠습니다."

하니 선은 웃으면서

"능히 그럴 수 있다면 그것이 내가 바라는 본래의 뜻이오."

했다.

이에 아내는 종과 의복과 장식품을 모두 돌려보내고 짧은 무명옷으로 갈아 입고 남편과 함께 조그만 수레만을 끌고 시집으로 돌아왔다. 시어머니를 뵙고 절하고 나서 예의를 마친 다음 항아리를 들고 나가서 물을 길어 오는 등 며느리로서의 도리를 닦아 행하니 온 고을과 나라 안에서 모두 이를 칭찬했다.

註解 ～～～～～～～～～～～～～～

1. **清苦** : 청렴하여 빈곤을 견디어 냄.

2. **裝送** : 혼수(婚需).

3. **大人** : 여기에서는 소군이 자기 아버지를 가리켜 한 말.

4. **先生** : 여기에서는 소군이 자기 남편을 가리켜 한 말.

5. **鹿車** : 겨우 사슴 한 마리를 실을 만한 조그만 수레.

제 3 권

제 5 모의장(母儀章)

제 6 돈목장(敦睦章)

제 7 염검장(廉儉章)

제5 모의장(母儀章)

內則에 曰 凡生子에 擇於諸母와 與可者하되 必求其寬[1]

裕慈惠溫良恭敬愼而寡言者하여 使爲子師니라. 子能食食거든

敎以右手하며 能言이거든 男唯女俞[2]하며 男鞶은 革이요

女鞶은 絲니라. 六年이거든 敎之數與方名이니라. 七年이거든

男女不同席하며 不共食이니라. 八年이거든 出入門戶와 及

卽席飮食에 必後長者하여 始敎之讓이니라. 十年이거든

不出[3]하고 姆敎[4]를 婉娩聽從하며 執麻枲[5]하며 治絲繭하며

織紝組紃하여 學女事以供衣服이니라. 觀於祭祀하여 納酒

漿籩豆菹醢하여 禮相助奠이니라. 十有五年而筓하며

二十而嫁니 有故거든 二十三年而嫁니라. 聘則爲妻요 奔則

위 첩
爲妾이니라.

〈내칙〉에 이르기를

대체로 자식을 낳으면 유모(乳母) 등 여러 어머니 중에서 옳게 키울 사람을 가리되, 반드시 그 사람됨이 너그럽고 여유가 있고 인자하며, 은혜스럽고 온화하며, 어질고 공손하고 공경스러우며, 삼가하면서도 말이 적은 자를 구해서 자식의 스승이 되게 해야 한다.

스스로 밥을 먹기 시작하거든 오른손으로 먹도록 가르치고, 말을 하기 시작하거든 남자는 '예!'라고 공손하게 대답하게 하고 여자는 '예!'라고 부드럽게 하게 한다. 남자의 주머니는 가죽으로 만들고 여자의 주머니는 실로 만든다. 6세가 되면 숫자와 방위이름을 가르친다. 7세가 되면 남자와 여자가 한 자리에 앉지 않으며 함께 음식을 먹지 않도록 가르친다.

8세가 되면 문을 출입할 때나 자리에 앉아서 음식을 먹을 때 반드시 어른보다 뒤에 행동하게 하여 비로소 양보하는 것을 가르친다.

10세가 되면 여자는 밖에 나가지 못하게 하며 모교(姆教)의 가르침을 온순하게 들어 행하도록 한다. 삼과 모시를 손에 잡고 실과 고치를 다루며, 베와 비단을 짜고 가늘고 굵은 끈을 꼬아서 여자의 일을 배워 의복을 만들어 바치게 한다.

제사 지내는 일을 살펴서, 술과 국물과 대나무나 나무로 만든 제기(祭器)와 채소 절인 것과 생선 절인 것을 올려 예를 갖추어 일을 돕도록 한다.

15세가 되면 비녀를 꽂으며, 20세가 되면 시집가게 한다. 그러나 부모가 죽는 등 연고가 있으면 23세에 시집가게 한다. 예를 갖추어 시집을 가면 정식 아내가 되고 제 맘대로 남자를 따라가면 첩이 되는 것이다.

[註解]

1. **諸母** : 아버지의 자매. 고모(姑母).
2. **男唯女俞** : 유(唯)와 유(俞)는 모두 '예'하고 대답하는 소리.
3. **姆教** : 여자 선생. 옛날에 부인의 나이 50이 되어도 아들이 없으면 다시 시집가지 않고 부도(婦道)를 남에게 가르쳤다.
4. **婉娩** : 온순함.
5. **麻枲** : 삼과 모시.

司馬溫公曰 女子六歲에 始習女工之小者하고 七歲誦孝
① 論語 ②
經論語하고 九歲 講解論語孝經及女戒之類하여 略曉大義니
今人이 或教女子以作歌詩하며 執俗樂하니 殊非所宜也니라.

사마 온공이 말하기를

여자가 6세가 되면 비로소 여자가 할 일 중에 작은 것을 익히게 하고, 7세가 되면 효경과 논어를 외우게 한다.

9세가 되면 논어와 효경 및 여자가 경계해야 할 글들을 강론하고 해석하여 대략 그 큰 뜻을 깨우쳐야 한다. 오늘날 사람들은 혹 여자에게 노래나 시(詩)를 짓도록 가르치기도 하고 세속의 악기를 만지게도 하는데 이는 자못 마땅치 않은 일이다.

註解

1. **孝經** : 경서의 하나로 공자가 증자를 위해 효도에 관해서 한 말을 기록한 책. 1권 18장으로 되어 있다.

2. **論語** : 사서 중의 하나로 공자가 그의 제자 또는 당시의 사람들과 문답한 말 및 제자들끼리 주고받는 말들을 공자 사후에 그의 제자들이 편수한 책이다. 모두 20편으로 되어 있다.

凡子婦 未敬未孝라도 不可遽有憎疾이오. 姑教之하여
若不可教然後에 怒之요 若不可怒然後에 笞之니 屢笞而
終不改거든 子放婦出이니라. 然이나 亦不明言其犯禮也니라.

무릇 아들과 며느리가 공경하지 않거나 효도를 하지 않더라도 갑자기 미워하지 말 것이며 우선 가르쳐 주어야 한다. 그러다가 만일 가르쳐도 안 될 때에는 비로소 노여워할 것이며, 만일 노여워해도 안 될 때에는 매를 때려야 한다. 또 여러 번 매를 때려도 끝내 그치지 못하면 아들을 내쫓고 며느리는 나가게 한다. 그러나 역시 그들의 허물을 분명히 드러내어 말하지는 말 것이다.

方氏女教^{방씨여교}에 云^운 育子辛勤^{육자신근}하여 欲望其成^{욕망기성}은 嗣先續門^{사선속문}하며

送死養生^{송사양생}하니 其任^{기임}이 至重^{지중}하고 負荷不易^{부하불이}니라. 若非敎之^{약비교지}면

寧免隕墜^{영면운추}리오 我見富人^{아견당인}이 積金如山^{적금여산}타가 一旦敗之^{일단패지}가 若反^{약반}

掌間^{장간}하며 又見名流^{우견명류}가 功德^{공덕}이 晃耀^{황요}타가 一旦^{일단}에 壞之^{괴지}하여

貽人訕誚^{이인산초}①니라. 厥初經營^{궐초경영}에 晝夜弗遑^{주야불황}하여 凡爲子故^{범위자고}로 謀深^{모심}

慮長^{려장}이러니 豈知今日^{기지금일}에 遽至於此^{거지어차}리오. 黃泉^{황천}에 有知^{유지}이면 雙^쌍

淚^루가 傾水^{경수}라. 此盖無他^{차개무타}라 愛爲之根^{애위지근}이니라. 有愛無敎^{유애무교}면 長^장

遂不仁^{수불인}이니 毋徇其意^{무순기의}하여 稍縱^{초종}이면 輒束^{첩속}하며 毋護其惡^{무호기악}하여

一起^{일기}에 輒撲^{첩박}이리니 嬰孩有過^{영해유과}가 皆母養之^{개모양지}니 養之至成^{양지지성}이면

雖悔^{수회}라도 已遲^{이지}니라 子之不肖^{자지불초}가 實係於母^{실계어모}니 母哉母哉^{모재모재}여

敢辭厥咎^{감사궐구}아.

〈방씨 여교〉에 이르기를

고생하면서 힘들게 자식을 길러서 그 자식이 성공하기를 바라는 것은, 조상들을 계승하여 가문(家門)을 이어가고 죽은 사람을 잘 보내주고 산 사람을 잘 봉양하게 하려는 것이니, 그 책임이 지극히 소중하고 지고 있는 짐을 소홀히 할 수 없는 것이다. 그러니 만일 가르치지 않는다면 어찌 집안

168

이 무너지고 몸이 망하는 것을 면할 수 있을 것인가.

내가 보니 부자로 사는 사람이 금을 산더미처럼 쌓아 놓고 있다가 하루 아침에 망하게 되어 마치 손바닥 뒤집듯이 쉽게 망해 버렸다. 또 이름난 사람이 그 공덕(功德)이 휘황하게 빛나다가 하루아침에 무너지고나니 남의 비웃음과 책망만을 당했다.

부모가 처음 자식을 가르칠 때에는 밤낮을 가리지 않고 애써, 그 자식을 위해서 계획도 깊고 걱정도 많았는데 어찌 오늘날 여기에 이를 줄 알았으리오. 황천(黃泉)에서라도 이를 안다면 두 눈에 하염없이 눈물이 흐를 것이다.

이는 대개 다른 까닭이 아니라 사랑이 그 근원이 되는 것이니, 사랑만 있고 가르침이 없으면 자라서는 드디어 어질지 못한 사람이 되고 만다. 까닭에 제 뜻대로만 하지 못하게 하고 조금이라도 방종하면 그때마다 이를 단속해서 못하게 할 것이며, 그 악한 것을 보호해 주지 말아서 그런 일이 한번 일어나면 때려서라도 못하게 해야 한다.

어린 아이에게 허물이 있는 것은 모두 어머니의 양육 탓이니, 양육하다가 장성할 때가 되면 비록 후회해도 이미 늦은 것이다. 자식이 똑똑치 못한 것은 진실로 어머니에게 달렸으니 어머니여! 어머니여! 어찌 감히 그 허물을 남에게 돌리겠는가?

註解

1. 訕誚 : 산(訕)은 헐뜯음. 초(誚)는 꾸짖음.

주태임자 문왕지모 지임씨중녀야 왕계취위비①
周太任者는 文王之母니 摯任氏中女也로 王季娶爲妃

태임지성 단일성장 유덕지행 급기유신
니라. 太任之性은 端一誠莊하여 惟德之行이러니 及其有娠

목불시악색 이불청음성 구불출오언
하여는 目不視惡色하며 耳不聽淫聲하며 口不出傲言이러라.

생문왕이명성 태임 교지이일이식백 군자위태
生文王而明聖하여 太任이 敎之以一而識百하니 君子謂太

임 위능태교② 고자 부인 임자 침불측
任이 爲能胎敎라 하더라. 古者에 婦人이 妊子에 寢不側하며

좌불변   입불필   불식사미   할부정   불식
坐不邊하며   立不蹕하며   不食邪味하며   割不正이거든   不食

석부정   부좌   목불시사색   이불청음성
하며 席不正이거든   不坐하며   目不視邪色하며   耳不聽淫聲

야 즉 령 고 송 시   도 정 사   여 차   즉 생 자
하며 夜則令瞽誦詩하며   道正事하니라.   如此면   則生子에

형용   단정   재덕   필과인의   고   임지시   필
形容이   端正하고   才德이   必過人矣니라.   故로   妊之時에 必

신소감   감어선   즉선   감어악   즉악   인
愼所感이니   感於善이면   則善하고   感於惡이면   則惡이니 人

생 이 초 만 물 자   개 기 모   감 어 물 고   형 음   초 지   문 왕
生而肖萬物者는   皆其母   感於物故로   形音이   肖之니 文王

모   가 위 지 초 화 의
母는   可謂知肖化矣로다.

주나라 태임(太任)은 문왕의 어머니이며 지(摯)나라 임씨(任氏)의 가운데 딸로 왕계(王季)가 맞아다가 왕비로 삼았다.

태임은 성품이 단정하며 한결같이 정성스럽고 엄숙하여 오직 덕스러운 일만 행했다. 임신하면서부터 눈으로는 악한 빛을 보지 않으며 귀로는 음란한 소리를 듣지 않고 입으로는 거만한 말을 하지 않았다.

이렇게 해서 문왕을 낳으니 밝고 성스러웠다. 태임이 하나를 가르치면 백 가지를 아니 군자들은 말하기를 이것은 태임이 능히 태교(胎敎)를 잘 한 까닭이라고 했다.

옛날에는 부인이 임신을 하면 잠잘 때도 옆으로 눕지 않고 앉아도 한쪽 가에 앉지 않으며 서도 비스듬히 서지 않고 나쁜 음식을 먹지 않았다. 반듯하게 자른 것이 아니면 먹지 않고 자리가 반듯하지 않으면 앉지 않으며 눈으로 간사한 빛을 보지 않고 귀로는 음란한 소리를 듣지 않으며 밤이면 소경을 시켜서 시경을 외우게 하여 바른 일을 말하게 했다.

이렇게 하여 낳은 자식은 형용이 단정하고 재주와 덕이 반드시 남보다 뛰어날 것이다. 그런 까닭에 임신했을 때에는 반드시 마음에 받아들이는 느낌을 조심해야 할 것이니 마음에 느끼는 것이 착하면 낳는 아이도 착하

고, 마음에 느끼는 것이 악하면 낳는 아이도 악한 것이다.

사람이 태어날 때 만물을 닮게 되는 것은 모두 그 어머니가 물건에 감동했기 때문에 형용과 음성이 이것을 닮는 것이니, 문왕의 어머니는 이와 같이 닮게 된다는 사실을 알고 있었다고 말할 수 있 다.

註解 〰〰〰〰〰〰〰〰〰〰〰〰

1. **王季** : 문왕의 아버지.
2. **胎敎** : 잉부(孕婦)가 언행을 삼가해서 태아에게 좋은 감화를 주는 일.

주 태 사 자　　무 왕 지 모　　우 후 유 신 사 씨 지 녀 야　　인 이
周太姒者는 **武王之母**니 **禹後有莘姒氏之女也**라. **仁而**

명 도　　문 왕　　가 지　　친 영 우 위　　조 주 위 량**①**
明道러니 **文王**이 **嘉之**하여 **親迎于渭**할새 **造舟爲梁**하다.

급 입　　태 사　　은 미 태 강 태 임　　단 석 근 로　　이 진 부
及入에 **太姒**는 **恩媚太姜太任**하여 **旦夕勤勞**하여 **以進婦**

도　　태 사　　호 왈 문 모　　문 왕　　치 외　　문 모　　치
道러라. **太姒**는 **號曰文母**니 **文王**은 **治外**하고 **文母**는 **治**

내　　태 사 생 십 남　　장　　백 읍 고　　차　　무 왕 발
內러라. **太姒生十男**하니 **長**은 **伯邑考**요 **次**는 **武王發**이요

차　　주 공 단　　차　　관 숙 선　　차　　채 숙 도　　차
次는 **周公旦**이요 **次**는 **管叔鮮**이요 **次**는 **蔡叔度**요 **次**는

조 숙 진 탁　　차　　곽 숙 무　　차　　성 숙 처　　차　　강 숙
曹叔振鐸이요 **次**는 **霍叔武**요 **次**는 **成叔處**요 **次**는 **康叔**

봉　　차　　담 계 재　　태 사　　교 회 십 자　　자 소 급 장
封이요 **次**는 **聃季載**니 **太姒** **敎誨十子**하되 **自少及長**에

미 상 견 사 벽 지 사
未嘗見邪僻之事러라.

주나라 태사(太姒)는 무왕의 어머니로, 우(禹)의 뒤를 이은 유신(有莘)이란 나라의 사씨(姒氏)의 딸이다.

어질고 도에 밝으므로 문왕이 그를 아름답게 여겨 친히 위수(渭水)에 가서 맞아오는데, 배를 이어 다리를 만들었다.

궁중으로 들어온 뒤로 태사는 그의 시할머니 태강(太姜)과 시어머니 태임(太任)에게 사랑을 받으면서 조석으로 부지런히 힘써서 부도(婦道)를 다스렸다.

태사는 문모(文母)라는 칭호로 불리었다. 문왕은 밖을 다스리고 문모는 안을 다스렸다. 태사는 아들 10명을 낳았으니 맏아들은 백읍 고(伯邑考)이며 두번째는 무왕 발(武王發)이며 세번째는 주공 단(周公旦)이며 네번째는 관숙 선(管叔鮮)이며 다섯번째는 채숙 도(蔡叔度)이며 여섯번째는 조숙 진탁(曹叔振鐸)이며 일곱번째는 곽숙 무(霍叔武)이며 여덟번째는 성숙 처(成叔處)이며 아홉번째는 강숙 봉(康叔封)이며 열번째는 담계 재(聃季載)이다.

태사가 이 아들 열명을 가르치는데 있어서 어려서부터 어른이 되기까지 일찌기 간사하고 편벽된 일을 보이지 않았다.

註解

1. **造舟爲梁** : 배를 연결하여 다리를 만듦.

---

① 孟軻之母가 其舍近墓러니 孟子之少也에 嬉戲爲墓間之

事하여 踊躍築埋하니 孟母曰 此는 非所以居子也라 하고 乃

去舍市하니 其嬉戲를 ② 爲賈衒이라. 孟母曰 此는 非所以居

子也라 하고 乃徙하여 ③ 舍學宮之旁하니 其嬉戲를 乃設俎豆

하고 揖讓進退하니 孟母曰 此는 眞可以居子矣라 하고 遂居

之하다. 孟子幼時에 問東家殺猪는 何爲오. 母曰 欲啖汝

니라. 旣而悔曰 吾聞하니 古有胎敎거늘 今適有知而欺之면

是는 敎之不信이라 하고 乃買猪肉하여 以食之하다. 旣長就

학   수 성 대 유
學하여 遂成大儒니라.

맹가(孟軻) 어머니의 집이 무덤 가까이에 있었다. 맹자(孟子)가 어렸을 때 노는 것이 모두 무덤 사이에서 행하는 일들로 통곡을 하면서 뛰거나 땅을 파서 다지고 파묻는 시늉을 했다.

이것을 보고 맹자의 어머니는

"여기는 살 곳이 못된다."

하고 그곳을 떠나 시장 속에서 살았다. 그런데 이번에는 그 놀이가 시장에서 사고 팔고 홍정하는 시늉들이었다.

맹자의 어머니는 또

"여기도 내 아들이 살 곳이 아니다."

하고는 그곳을 옮겨 학교 가까운 곳에서 살았더니 이번에는 그 노는 것이 제기(祭器)를 차려 놓고 읍(揖)하고 사양하는 시늉을 한다.

이에 맹자의 어머니는

"여기는 참으로 내 아들이 살 곳이다."

하고 거기에서 살았다.

맹자가 어렸을 때 동쪽 집에서 돼지를 잡는 것을 보고

"저것을 무엇하러 잡는 겁니까?"

하고 묻자 어머니는 무심코

"너에게 주려고 그러는 것이다."

하고 대답했다.

그러나 이윽고 그 대답이 잘못된 것을 깨닫고

"내 들으니 옛날에는 태교(胎教)도 있었다고 하는데, 이제 내가 아는 일도 속였으니 이는 불신(不信)을 가르치는 것과 같다."

하고 돼지고기를 사다가 먹였다.

맹자는 자라면서 학문에 힘써 드디어 큰 선비가 되었다.

註解 ∿∿∿∿∿∿∿∿∿∿∿∿∿∿∿∿∿∿∿

1. **孟軻** : 맹자. 가(軻)는 맹자의 이름. 자는 자여(子輿). 전국시대의 사상가이며 공자 다음 가는 성인이라 하여 아성(亞聖)이라고 부른다. 성선설(性善説)을 주장했으며 저

서로 〈맹자(孟子)〉가 있다.

2. 賈術 : 물건을 판다는 뜻.

3. 學宮 : 학교.

呂榮公의 名은 希哲이요 字는 原明이니 申國正獻公之

長子라. 正獻公이 居家에 簡重寡默하여 不以事物로 經

心하며 而申國夫人이 性嚴有法하며 雖甚愛公이나 然이나

敎公하되 事事를 循蹈規矩이러라. 甫十歲에 祁寒暑雨에

侍立終日하되 不命之坐거든 不敢坐也러라. 日必冠帶하고

以見長者하며 平居에 雖甚熱이라도 在父母長者之側하여는

不得去巾襪縛袴하여 衣服을 唯謹이러라. 行步出入 無得

入茶肆酒肆하며 市井里巷之語와 鄭衛之音을 未嘗一經於

耳하며 不正之書와 非禮之色을 未嘗一接於目이러라. 正獻

公이 通判潁州일새 歐陽公이 適知州事러니 焦先生千之伯

強이 客文忠公所러니 嚴毅方正이라. 正獻公이 招延之하여

使敎諸子러니 諸生이 小有過差거든 先生이 端坐하여 召

與相對하여 終日竟夕하되 不與之語라가 諸生이 恐懼畏伏

하면 先生이 方略降辭色이러라. 時에 公이 方十餘歲러니

174

```
내 즉 정 헌 공          여 신 국 부 인 교 훈        여 차 지 엄           외 즉 초 선
內則正獻公과  與申國夫人教訓이  如此之嚴하고  外則焦先

생 화 도   여 차 지 독 고     공      덕 기 성 취       대 이 중 인
生化導 如此之篤故로  公이  德器成就하여  大異衆人이러라.

공      상 언 인 생        내 무 현 부 형       외 무 엄 사 우      이 능 유
公이  嘗言人生이  內無賢父兄하고  外無嚴師友면  而能有

성 자   소 의
成者 少矣라 하더라.
```

여형공(呂滎公)의 이름은 희철(希哲)이며 자는 원명(原明)으로 신국(申國) 정헌공(正獻公)의 맏아들이다.

정헌공은 집에서 거처할 때 대범하고 무겁고 말이 없어서 일이나 물건을 가지고 마음에 두지 않았다. 또 신국 부인(申國夫人)은 성품이 엄하고 법도가 있어서 비록 공(公)을 사랑하기는 해도 가르치는데 있어서는 일일이 법도에 따르도록 했다.

나이 10세가 되었을 때, 몹시 추운 날이나 무덥고 비오는 날에도 온종일 부모를 모시고 서서 앉으라고 명령하지 않으면 감히 앉지 않았다.

날마다 반드시 관과 띠를 갖추어서 의복을 단정히 하고 어른을 뵈었으며, 평상시에는 비록 몹시 더울지라도 부모나 어른 곁에 있을 때에는 두건이나 버선이나 행전을 벗지 않고 모든 의복을 조심스럽게 차리고 있었다.

걸어다닐 때나 출입할 때는 찻집이나 술집에 들어가지 않으며, 시장거리나 길거리에서 쓰는 속된 말과 정(鄭)나라와 위(衛)나라의 음악은 한번도 귀를 기울이지 않고, 바르지 못한 글과 예의가 아닌 모습은 한번도 눈에 가깝게 하지 않았다.

정헌공이 영주(潁州)의 통판(通判)으로 있을 때 구양공(歐陽公)이 마침 지주사(知州事)로 있게 되었다. 초선생(焦先生) 천지백강(千之百強)이 그곳 문충공(文忠公)이 거처하는 곳에 손님으로 있었는데, 그 성품이 엄하고 굳세고 반듯하므로 정헌공은 그를 불러 맞아다가 여러 아들들을 가르치게 했다.

그런데 여러 학생들이 조금만 잘못이 있어도 초선생은 단정하게 앉아 학

생들을 불러 마주 앉게 하고 하루 해가 다가도록 말을 하지 않았다. 여러 학생들이 두려워하여 엎드려 있으면, 선생님은 비로소 조금 얼굴빛을 부드럽게 했다.

이때 여형공이 바야흐로 10여세가 되었는데, 안으로는 정헌공과 신국부인의 교훈이 이와 같이 엄하고, 밖으로는 초선생의 교화와 인도가 이와 같이 두터웠기 때문에 공(公)이 덕을 받아들이는 도량과 그 성취에 있어서 다른 사람과는 크게 달랐다.

공이 일찍이 말하기를

"사람이 살아가는데 있어서 안으로 어진 부형(父兄)이 없고 밖으로 엄한 스승이나 벗이 없이 능히 성공한 자가 없을 것이다."

했다.

註解 ∿∿∿∿∿∿∿∿∿∿∿∿∿∿∿

1. 祁寒 : 몹시 추움.
2. 鄭衛之音 : 음란한 음악.
3. 歐陽公 : 여기에서는 구양수를 말함. 자는 영숙(永叔), 호는 취옹(醉翁)이다. 문충(文忠)은 시호. 학문이 깊고 시문(詩文)에 능해 천하에 이름을 날렸으며 당송팔대가(唐宋八大家)의 한 사람으로 꼽힌다.
4. 知州事 : 한 주(州)의 장관.
5. 千之佰強 : 성은 초(焦), 이름은 천지(千之), 자는 백강(伯強)으로 구양수의 문인이다. 성품이 엄격하고 반듯했으며 과거 공부를 버리고 경술(經術)에만 전념했기 때문에 벼슬이 겨우 무석(無錫)의 영(令)에 지나지 않았다.

제 의 계 모 자
齊義繼母者는

제 이 자 지 모 야
齊二子之母也라.

당 선 왕 시
當宣王時하야

유 인
有人이

투 사 어 도 자
鬪死於道者거늘

이 자 입 기 방
二子立其傍이러니

이 문 지
吏問之한데

형 왈 아 살
兄曰 我殺

지
之라 하고

제 왈 비 형 야
弟曰 非兄也라

내 아 살 지
乃我殺之라 하여

기 년
期年을

불 능 결
不能決

결
하여

언 지 어 왕
言之於王이러라.

왕 왈 시 문 기 모
王曰 試問其母하라.

능 지 자 선 악
能知子善惡하나니

청 기 소 욕 살 활 자
聽其所欲殺活者하라.

기 모 읍 이 대 왈 살 소 자
其母泣而對曰 殺少者하소서.

우 문 부
又問夫

少子者 人之所愛也거늘 今欲殺之는 何也오. 其母對曰 少者는 妾之子也요 長者는 前妻之子也니 其父疾且死之時에 屬之於妾曰善養視之하라 하거늘 妾曰 諾이라 하니 今에 旣受人之託하여 許人以諾하고 豈可忘人之託하고 而不信其諾耶아 且殺兄活弟면 是는 以私愛로 廢公義也요 背言忘信이면 是는 欺死者也니 夫言不約束하며 已諾不分이면 何以居於世哉리오. 子雖痛乎나 獨謂行에 何오 하고 泣下沾襟이라. 王이 美其義하고 高其行하여 皆赦하고 而尊其母하여 號曰義母라 하니라.

제(齊)나라 의계모(義繼母)는 제나라에 살던 두 아들의 어머니였다. 선왕(宣王) 때 어떤 사람이 싸우다가 길에서 죽었는데, 이 두 아들이 그 곁에 서 있었다.

관리가 와서 누가 죽였느냐고 묻자 형이 대답하기를

"내가 이 사람을 죽였소."

했다. 그러나 이 말을 듣고 아우가 말하기를

"형이 죽인 것이 아니고 내가 죽였소."

하여 1년 동안 조사해도 판결이 나지 않았다.

이에 이 사실을 왕에게 보고하자 왕은 말하기를

"시험삼아 그 어머니에게 물어보도록 하라. 어머니는 자식의 착하고 악한 것을 아는 것이니, 그가 누구를 살리려 하고 누구를 죽이려 하는지 들어보도록 해라."

했다.

그러나 그 어미는 울면서 대답하기를

"작은 아들을 죽이시옵소서."

하는 것이었다.

왕이 다시 묻기를

"대체로 작은 자식을 사람들이 더 사랑하는 법인데 이제 그대는 작은 자식을 죽이려 하니 무슨 까닭인가?"

하니 그 어머니는 대답하기를

"작은 아들은 내가 낳은 자식이며 큰 아들은 전처(前妻)의 아들입니다. 그 아버지가 병으로 죽을 때 저에게 부탁하기를 잘 양육해 보살피라고 하기에 저는 그렇게 하겠다고 승낙했습니다. 하온데 이제 남의 부탁을 받고 그에게 승낙까지 하고서, 어찌 그 부탁을 잊고 그 승낙한 것을 실행하지 않을 수 있겠습니까? 또 형을 죽이고 아우를 살리면 이는 사사로운 사랑 때문에 공정한 의리를 폐하는 것입니다. 말을 배반하고 신의를 저버린다면 이는 죽은 사람을 속이는 것이니, 대체로 이미 말한 약속을 지키지 않고 이미 승낙한 것을 분명히 하지 않는다면 어떻게 세상을 살아갈 수가 있겠습니까? 자식의 일이 비록 마음아프지만 유독 저 자신이 행한 일이라고 하니 어쩌겠습니까?"

하고는 흐느껴 울어 눈물이 옷깃을 적셨다.

이에 왕은 그 의리를 아름답게 여기고 그 행실을 높이 여겨 모두 용서해 주고, 그 어머니를 높여서 '의모(義母)'라 불렀다.

註解

1. 屬之於妾 : 촉(屬)은 촉(囑)과 같은 뜻으로 부탁을 뜻함.

魏芒慈母者는 魏孟陽氏之女니 芒卯之後妻也라 有三

子러니 前妻之子 有五人하되 皆不愛거늘 慈母遇之甚異하되

猶不愛라. 慈母乃令三子를 不得與前妻子로 齊衣服飮食

하되 猶不愛러라. 於是에 前妻中子 犯魏王令하여 當死거늘

慈母憂戚悲哀하여 帶圍減尺하되 朝夕勤勞하여 以救其罪

거늘 人有謂慈母曰 人不愛母 至甚也거늘 何爲勤勞憂懼

如此오. 慈母曰 如妾親子 雖不愛妾이라도 猶懼其禍而除

其害요 猶於假子而不爲①면 何以異於凡母리오. 其父爲其孤

也하여 而使妾으로 爲其繼母하니 繼母者는 如母也니 爲

人母而不能愛其子면 可謂慈乎아. 親其親而偏其假면 可

謂義乎아. 不慈且無義면 何以立於世리오. 彼雖不愛나

妾이 安可以忘義乎아 하고 遂訟之한데 魏安釐王이 聞之

하고 高其義曰 慈母如此하니 可不赦其子乎아 하고 乃赦其

子하고 復其家하니 自此로 五子親附慈母하여 雍雍若一이

거늘 慈母以禮義之漸②으로 率導八子하여 咸爲魏大夫卿士

하여 各成於禮義하니라.

위(魏)나라의 망자모(芒慈母)는 위나라 맹양씨(孟陽氏)의 딸로, 망묘(芒卯)의 후처이다.

아들 셋을 두었으며, 전처의 아들이 다섯이나 있는데 모두 자모를 사랑하지 않았다. 자모는 몹시 각별하게 대우를 하는데도 오히려 사랑하지 않았다.

이에 자모는 자기의 세 아들에게 전처의 아들과 같은 의복을 입거나 같은 음식을 못 먹게 했다. 그러나 그들은 여전히 자모를 사랑하지 않았다.

그런데 전처의 가운데 아들이 위나라의 법령을 어겨서 죽음을 당하게 되었다. 자모는 근심하고 슬퍼해서 허리띠가 한 자나 줄었고 조석으로 부지런히 애써서 그 죄를 구원하려 했다.

이때 어떤 사람이 자모를 보고

"아들들은 그다지도 어머니를 사랑하지 않는데 어찌 이처럼 부지런히 애쓰고 근심하며 두려워하는가?"

하니 자모는 말했다.

"만일 내 친자식이 비록 나를 사랑하지 않는다고 해도 그들이 화를 입게 되면 이를 두려워하여 그 화를 면하게 할 것인데, 유독 친자식이 아니라고 해서 이를 두려워하지 않는다면 어찌 세상의 보통 어머니와 다를 것이 있겠습니까? 그 아버지가 그들의 어머니 없는 외로운 처지를 생각하여 나로 하여금 그들의 계모로 삼았으니 이 계모는 어머니와 같은 것입니다. 남의 어머니가 되어 능히 그 자식을 사랑하지 않는다면 이것을 자애스럽다고 할 수 있겠습니까? 그 친자식만 사랑하고 친자식이 아니라고 해서 편애를 한다면 이 또한 의리가 있다고 할 수 있겠습니까? 자애스럽지 못하고 의리가 없으면 어떻게 세상에 선단 말입니까? 저들은 비록 나를 사랑하지 않지만 나야 어찌 의리를 잊을 수 있겠습니까?"

하고 드디어 송사를 시작했다.

위나라 안리왕(安釐王)이 이 말을 듣고 그 의리를 높이 여겨 말하기를

"자모가 이와 같으니 어찌 그 아들의 죄를 용서하지 않을 수 있겠는가?"

하고 곧 그 아들을 용서하고 그 집을 다시 일으키게 했다.

이로부터 다섯 아들이 친자식처럼 자모를 따라서 한결같이 화락하게 지냈다. 이에 자모는 예와 의리의 교화로써 여덟 아들을 거느리고 인도하여 모두 위나라의 대부(大夫)와 경사(卿士)가 되어 각각 예와 의를 이루게 했다.

註解

1. 假子 : 자기의 친자식이 아닌 전처의 자식을 말함.
2. 禮義之漸 : 점(漸)은 교화 되어감을 말함.

180

齊相田稷子 受下吏之貨金百鎰하여 以遺其母한데 母曰

子爲相三年矣하되 祿이 未嘗多若此也러니 豈脩士大夫之

費哉리오. 安所得此오. 對曰 誠受之于下니이다. 其母曰 吾

聞 士脩身潔行하여 不爲苟得하며 竭情盡實하여 不爲詐僞

하여 非義之事를 不計於心하며 非理之利를 不入於家라

하니 今君이 設官以待子하며 厚祿以奉子하시니 當以盡力

竭能하여 忠信不欺하며 廉潔公正으로 報其君也거늘 今子

反是하니 夫爲人臣不忠이 是爲人子不孝也라. 不義之財는

非吾有也며 不孝之子는 非吾子也니 子는 起하라 하니 田

稷子 慙而出하여 反其金하고 自歸罪於宣王하여 請就誅焉

이라. 王이 大賞其母之義하고 遂舍稷子之罪하여 復其相位

하고 而以公金으로 賜母하니라.

제(齊)나라의 정승 전직자(田稷子)가 그 밑에 있는 관리에게서 돈 1백 냥을 받아다가 그 어머니에게 드렸다. 그러자 그 어머니는 말하기를
"네가 정승이 된 지 3년 동안에 녹(祿)이 일찍이 이렇게 많은 일이 없었는데, 어찌 이게 사대부(士大夫)들에게 쓰라고 준 돈이겠느냐. 어디서 이 돈이 났느냐?"
하니 대답하기를

"사실은 아랫사람에게서 받은 것입니다."

했다.

그 어머니가 말하기를

"내가 들으니 선비는 몸을 닦고 깨끗이 행하여 구차하게 재물을 얻지 않으며 마음을 다하여 참되게 살면서 거짓스러운 일을 하지 않고, 의리가 아닌 일은 마음 속에 두지 않으며 이치에 맞지 않는 이익을 집에 들여오지 않는다고 했다. 그런데 이제 임금이 벼슬자리를 만들어 너를 대접하고 많은 녹으로 너를 대우하니, 마땅히 힘을 다하고 능력을 다하여 충성과 믿음으로 속이지 말고 청렴하고 깨끗하며 공정한 것으로 그 임금에게 보답해야 할 것인데 너는 여기에 어긋나는 행동을 하고 있으니 대체로 남의 신하가 되어 충성되지 못하면 이는 남의 자식이 되어 효도하지 못하는 것이다. 의롭지 못한 재물은 내 것이 아니며 효도하지 않는 자식은 내 자식이 아니니 너는 일어나 나가거라."

했다.

이에 전직자는 부끄러워하며 나가서 그 돈을 돌려주고 스스로 선왕(宣王)에게 가서 죄를 청하여

"죽여 주시옵소서."

했다.

선왕은 그 어머니의 의리를 크게 칭찬하고 드디어 직자의 죄를 용서하여 그 정승의 자리에 그대로 있게 하고 공금(公金)으로 그 어머니에게 상을 주었다.

註解 ~~~~~~~~~~~

1. **子起** : 너〔子〕는 일어나서 나가라는 뜻.

唐崔玄暐母盧氏 嘗戒玄暐曰 吾見姨兄屯田郎中辛玄馭
하니 曰 兒子從宦者를 有人來云하되 貧乏不能存이라 하면
此是好消息이거니와 若聞貲貨充足하며 衣馬輕肥라 하면

차   악소식   오상이위확론   비견친표③
此는 惡消息이라 하더니 吾常以爲確論이라 하노라. 比見親表

중   사환자 장전물   상기부모   부모 단지회열
中에 仕宦者 將錢物하여 上其父母거든 父母 但知喜悅하고

경불문차물   종하래   필시록봉여자   성역선
意不問此物이 從何來오 하나니 必是祿俸餘資인댄 誠亦善

사   여기비리소득   차여도적하별   종무대구
事거니와 如其非理所得인댄 此與盜賊何別가. 縱無大咎라도

독불내괴어심   현위준봉교계   이청근   견칭
獨不內愧於心가. 玄暐遵奉敎戒하여 以淸謹으로 見稱하니라.

당나라 최현위(崔玄暐)의 어머니 노씨(盧氏)가 일찍이 아들 현위에게 경계하여 말하기를

"내 이종사촌 오라버니 둔전랑중(屯田郎中) 신현어(幸玄馭)를 만났더니 그가 말하기를 '자식이 벼슬살이를 나갔는데 누군가 보고 와서 가난하여 견딜 수가 없다고 말하면 이것은 좋은 소식이지만, 만일 재물이 충분히 많고 의복이나 거마(車馬)가 훌륭하고 살쪘다고 하면 이는 나쁜 소식이 된다'고 하므로 내가 항상 이를 확실히 옳은 말이라고 했었다. 그런데 이제 안팎 친척 중에 벼슬하는 자가 돈이나 물건을 가져다가 부모에게 바치면, 그 부모는 다만 그것이 기쁜 일인 줄만 알고 끝내 이 물건이 어디서 났느냐고 묻지 않는다. 이것이 녹봉으로 받은 것을 쓰고 남은 것이라면 진실로 좋은 일이지만, 만일 올바른 이치가 아닌 것을 얻은 것이라면 이는 도적과 무엇이 다르겠느냐? 그것이 비록 큰 허물은 아니라고 하더라도 어찌 스스로의 마음에 부끄럽지 않겠느냐?"
했다.

이에 현위는 어머니의 가르침과 경계를 잘 받들어 지켜서 청렴하고 근신하는 것으로 칭찬을 받았다.

註解 〰〰〰〰〰〰〰〰〰〰〰

1. **崔玄暐**：시호는 문헌(文獻). 학문과 덕행으로 세상의 칭송을 받았으며 경서(經書)에 밝았다. 천관시랑(天官侍郎) 동평장사(同平章事) 등을 지냈고 송경(宋璟)이 장창종(張昌宗)의 잘못을 탄핵했을 때 경(璟)을 도운 공로로 중서령(中書令)이 되었다.

2. 屯田郎中 : 당나라 때 벼슬이름으로 둔전랑중원외랑(屯田郎中員外郞) 을 말한다. 둔전
(屯田) 과 관전(官田) 의 일을 맡아 보던 벼슬이다.

3. 親表 : 친(親) 은 친족(親族) , 표(表) 는 외척(外戚) 을 말한다. 즉 내외 친척이란 말
이다.

伊川先生母侯夫人은 仁恕寬厚하여 撫愛諸庶하되 不異
己出하더라. 從叔幼姑를 夫人이 存視하되 常均己子하며
治家有法하여 不嚴而整하며 不喜笞扑奴婢하여 視小臧獲②
如兒女하며 諸子 或加呵責이면 必戒之曰貴賤雖殊나 人則
一也니 汝如是大時에 能爲此事否아 하다. 先公이 凡有所
怒거든 必爲之寬解하되 唯諸兒有過則 不掩也하고 常曰
子之所以不肖者는 由母蔽其過而父不知也라 하다. 夫人男
子六人에 所存이 唯二니 其愛慈可謂至矣언만 然이나 於
教之之道엔 不少假也러라. 纔數歲에 行而或蹟일새 家人이
走前扶抱하여 恐其驚啼거늘 夫人은 未嘗不呵責曰 汝若
安徐면 寧至蹟乎아 하더라. 飮食에 常置之坐側이러니 常食
絮羹이거늘 即叱止之曰 幼求稱欲이면 長當何如아. 雖使令
輩라도 不得以惡言罵之故로 頤兄弟平生에 於衣服飮食에
無所擇하여 不能惡言罵人은 非性이 然也라. 教之使然也

라. 與人爭忿이거든 雖直이라도 不右曰 患其不能屈이언정 不患其不能伸이라 하더라. 及稍長에 使從善師友游하여 雖居貧하되 或欲延客이거든 則喜而爲之具러라.

이천 선생의 어머니 후부인(侯夫人)은 어질고 인자하며 너그럽고 후덕하여, 여러 첩들의 자식을 돌보고 사랑하기를 자기 자식과 다름없이 했다. 종숙과 어린 고모들도 부인이 보살폈는데 항상 내 자식과 같이 했다.

집을 다스리는 데는 법도가 있어 엄하게 하지 않아도 정돈되었고, 종들을 매질하는 것을 좋아하지 않았으며 어린 종은 자기 아들딸같이 여겼다. 여러 아들들이 혹 꾸짖고 몹시 책망하면 반드시 경계하기를

"귀하고 천한 것은 비록 달라도 사람은 마찬가지니 너희가 저만큼 컸을 적에 능히 그 일을 해낼 수 있겠느냐?"

했다.

선공(先公)이 노하는 일이 있으면 반드시 너그럽게 해명해 드리지만, 오직 여러 아이들이 잘못을 저지르면 그것을 엄폐하지 않고 항상 말하기를

"자식이 똑똑치 못한 것은 그 어머니가 자식의 잘못을 가리고 있어서 아버지가 모르기 때문이다."

했다.

부인은 아들이 여섯 명이었는데 그 중에 살아 있는 사람은 오직 두 명뿐이었다. 부인이 어질고 인자하게 대하는 것이 가히 지극했지만 가르치는 도리에 이르러서는 조금도 용서가 없었다.

겨우 두어 살 되었을 때 걷다가 혹 넘어지는 일이 있으면 집안 사람들이 앞으로 달려나와 부축하여 안아 일으키고 그 아이가 놀라서 울까 두려워했다. 그러나 부인은 언제나 꾸짖기를

"네가 조심해서 천천히 걸었다면 어찌 넘어지는 일이 있겠느냐."

했다.

음식을 먹을 때는 항상 자리 옆에 앉히고 먹게 했는데, 혹 국에 간을 맞

추는 일이 있으면 즉시 꾸짖기를

"어려서부터 네가 원하는 대로 맞추고자 한다면 자라서는 마땅히 어찌 하겠느냐?"

했다.

비록 부리는 사람들에게라도 나쁜 말로 꾸짖지 않기 때문에 이(頤)의 형제는 평생동안 의복이나 음식에 있어서 가리는 것이 없었고 나쁜 말로 남을 꾸짖지 않았는데, 이것은 본래 그 성품이 그런 것이 아니며 어머니의 가르침을 받은 까닭이었다.

남과 다투다가 상대방이 화를 내면 비록 자신이 한 일이 옳더라도 자기가 옳다고 내세우지 않았으며

"능히 굽히지 못한 것이 걱정될지언정 내가 이기지 못한 것을 걱정하지는 않는다."

고 했다.

점차 자라면서부터는 어진 스승과 벗을 좇아 놀도록 하고 아무리 가난하게 살지라도 혹 손님을 맞으려 할 때에는 기뻐하면서 음식을 준비했다.

註解 ~~~~~~~~~~~~

1. 笞扑 : 태(笞)나 복(扑)은 모두 매를 때리는 것.

2. 臧獲 : 장(臧)은 남자 종, 획(獲)은 여자 종. 즉 노비를 말함.

二義者는 珠崖令之後妻와 及前妻之女也니 女名은 初라.
（이의자）（주애령지후처）（급전처지녀야）（여명 초）

年十三에 珠崖多珠하여 繼母連大珠하여 以爲繫臂러니 及
（연십삼）（주애다주）（계모연대주）（이위계비） （급）

令死하여 當送喪이라 法에 內珠入於關者는 死라. 繼母棄
（령사）（당송상）（법）（내주입어관자）（사）（계모기）

其繫臂珠其子男이 年九歲에 好而取之하여 置之母鏡盒①
（기계비주기자남）（연구세）（호이취지）（치기모경렴）

中하거늘 皆莫之知라. 遂奉喪歸하여 至海關한데 關侯士吏②
（중）（개막지지）（수봉상귀）（지해관）（관후사리）

搜索하여 得珠十枚於繼母鏡盒中 吏曰 嘻라.③ 此值法하니
（수색）（득주십매어계모경렴중）（이왈 희）（차치법）

無可奈何로서니 誰當坐오. 女初在左右라가 顧心恐母忘置

鏡奩中이라 乃曰初當坐之이다. 吏曰其狀이 如何오. 對曰

君이 不幸일새 夫人이 解繫臂棄之러니 初心惜之하여 取

而置夫人鏡奩中하니 夫人은 不知也시니이다. 繼母聞之하고

遽疾行問初한데 初曰 夫人所棄珠를 初復取之하여 置夫人

奩中하니 初當坐之니이다. 母意도 亦以初로 爲實이나 然

이나 憐之하여 乃因謂吏曰 願且待요 幸無劾兒하라. 兒誠

不知也니 此珠는 妾之繫臂也러니 君이 不幸이거늘 妾이

解去之而置奩中하고 迫奉喪道遠하고 與弱小俱하여 忽然

忘之하니 妾當坐之니이다. 初固曰 實初取之니이다. 繼母又

曰 兒但讓耳요 實妾이 取之니이다 하고 因涕泣不能自禁

이라. 女亦曰 夫人이 哀初之孤하여 欲強活孤耳니 夫人은

實不知也니이다 하고 又因哭泣하여 泣下交頤라. 送葬者도

盡哭哀慟이거늘 傍人이 莫不爲酸鼻揮涕하며 關吏執筆書

劾하되 不能取一字하며 關侯도 垂涕終日하여 不能決하다가

乃曰 母子有義如此하니 吾寧坐之언정 不忍加文이로다. 且

우상양
又相讓하니 安知孰是리요 하고 遂棄珠而遣之하니 旣去後에
안 지 숙 시   수 기 주 이 견 지   기 거 후

乃知男이 獨取之也하니라.
내 지 남   독 취 지 야

다음의 의로운 사람 둘은 주애(珠崖)의 현령(縣令)의 후처(後妻)와 전
처(前妻)의 딸이니, 딸의 이름은 초(初)이며 나이는 13세였다.

주애에는 구슬이 많았기 때문에 초의 계모는 큰 구슬을 꿰어서 팔찌를
만들어 팔목에 걸고 있었다.

현령이 죽어서 장사를 지내는데 당시의 법에는 그 고을에서 나는 구슬
을 가지고 관(關)에 들어가는 사람은 사형에 처하도록 되어 있었다. 이에
계모는 팔목에 걸었던 구슬을 버렸다. 그 아들이 나이 9세였는데 그것이
탐이 나서 가져다가 그 어머니 경대(鏡臺) 서랍 속에 넣어두었으나 그 사
실을 아무도 알지 못했다.

드디어 장사를 지내려고 들어가다가 관에 이르렀는데 관을 지키던 관후
(關侯)와 관리들이 수색해 보니 계모의 경대 서랍 속에서 구슬 열 개가 나
왔다.

관리가 말하기를

"가엾구나! 이것은 법에 저촉되는 것이니 어찌할 수가 없도다. 누가 이
죄를 받겠는가?"

하니 딸 초가 그 곁에 있다가 이는 필시 어머니가 깜빡 잊고서 경대에 넣
어 둔 것이라 생각하고 나서서 말하기를

"제가 죄를 받겠습니다."

했다.

관리는 다시 묻기를

"그러면 그때의 상황이 어떠했는지 말해 보라."

하니 초는 대답하기를

"불행히 아버지가 세상을 떠나시자 어머니가 팔찌를 풀어서 버렸는데 제
가 아깝다고 생각하여 주워다가 어머니 경대 서랍 속에 넣어두었던 것으
로 어머니는 알지 못하는 일입니다."

했다.

그러나 계모는 이 말을 듣고 급히 달려가서 초에게 어찌된 일이냐고 물으니 초는 말했다.

"어머니가 버렸던 구슬을 제가 다시 주워다가 어머니 경대 서랍 속에 넣은 것이니 어머니께서는 모르시는 일입니다."

계모의 생각에도 또한 그것이 사실이려니 생각했지만 그래도 초가 가여워 관리들을 보고

"바라건대 잠시 기다리시고 이 아이를 조사하지 마시오. 이 아이는 진실로 알지 못하는 것입니다. 이 구슬은 나의 팔찌인데 남편께서 불행하게 되시자 풀어서 경대 서랍 속에 넣어두었던 것입니다. 그런데 초상 준비에 쫓기고 길이 먼데다 어린 아이들까지 데리고 오느라고 잊었던 것이니, 제가 마땅히 그 죄를 받겠습니다."

했다.

그러나 초는 다시 고집하고 말하기를

"사실은 제가 한 일입니다."

하자 계모는 또 말하기를

"저 아이는 다만 자기가 죄를 받겠다고 하지만, 사실은 제가 한 일입니다."

하고 계속하여 눈물을 흘렸다.

초는 여전히 말하기를

"어머니께서 저의 외로움을 불쌍히 여겨 억지로 저를 살리려고 하시지만 어머니께서는 진정 모르시는 일입니다."

하고 흐느껴 울어 눈물이 턱밑으로 한없이 흘러내렸다.

이것을 보고 장사 지내러 가던 사람들도 모두들 애통하여 울었고, 곁에서 구경하던 사람들도 모두 이 광경을 보고 눈물을 흘리지 않는 자가 없었다. 관의 관리들도 붓을 잡고 심문한 내용을 쓰려 하였으나, 한 글자도 쓰지 못했다.

관후도 이 모양을 보고 하루 종일 눈물을 흘리면서 판결을 하지 못하고 말하기를

"어머니와 딸의 의리가 이와 같으니 내가 차라리 벌을 받을지언정 차마

글로 옮기지 못하겠다. 또 서로가 자기가 했다고 주장하고 있으니 누구
의 말이 옳은지 모르겠다."
하고 드디어 구슬을 버리고 그들을 보내 주었다.

그곳을 떠나온 뒤에야 비로소 그 아들이 혼자서 주워다가 둔 것이었음
을 알았다.

註解 ⌇⌇⌇⌇⌇⌇⌇⌇⌇⌇⌇⌇⌇⌇⌇⌇⌇⌇⌇⌇

1. 鏡奩 : 염(奩)은 경대.
2. 關侯 : 관문(關門)을 지키는 책임자.
3. 嘻 : 놀라서 지르는 소리.

제6 돈목장(敦睦章)

여교　　운　유사제여제공곤①　②　정의지독　　난모타인
女教에　云　唯姒娣女弟共昆하니　情義之篤이　難侔他人

이다.　혹봉숙현　감모흥기　갈력위선　기여지치
或逢淑賢이면　感慕興起하여　竭力爲善하며　期與之齒

하고　혹우흉완　망의상가　단지자책　황휼호타
或遇兇頑하여　妄意相加거든　但知自責이니　遑恤乎他

리오.　양강　공투　필유일절　응지이유　서전
兩剛이　共鬪면　必有一折하나니　應之以柔라야　庶全

기결　아유집공　임기한오　아유선시　불책기
其缺이니　我唯執恭이요　任其狠傲며　我唯先施요　不責其

보　무경소리　이괴지친　지친　난득　이
報니　毋競小利하여　以乖至親이니라.　至親은　難得이니　利

하족운　혹요혹수　불가역계　역탈이유　후지
何足云이리오.　或夭或壽를　不可逆計니　力奪而有인들　後知

수계　공취백년　경각즉과　쟁장경단　욕여
誰繼리오.　共聚百年이　頃刻即過하나니　爭長競短하여　欲如

지하
之何오.

〈여교〉에 이르기를,

손위 동서와 손아랫 동서는 마치 형제와 같은 것이니 정과 의리가 돈독한 것이 남과 같을 수 없는 것이다.

혹 어질고 정숙한 동서를 만나면 감동하고 사모하는 마음이 절로 일어나 있는 힘을 다해 착한 일을 하게 되고 함께 늙으리라 기약하게 된다.

그러나 혹 흉하고 모진 동서를 만나서 망령된 생각이 서로 일어나게 되면 다만 스스로의 책임을 알아서 할 뿐이니 어느 겨를에 다른 생각이 나겠는가.

두 개의 강한 것이 서로 다투면 반드시 하나는 부러지게 마련이니, 대하기를 부드럽게 해야만 그 결점이 온전할 것이다. 그러니 내가 오직 공손한 마음을 가져 그 사납고 거만한 것을 견딜 것이며, 내가 오직 먼저 베풀어서 상대방에게 갚기를 바라지 말 것이다. 작은 이익을 가지고 다투어 지극히 가까운 친척의 사이를 멀리 하지 말 것이다. 지극히 가까운 친척은 얻기 어려운 것이니 어찌 이익을 말한단 말인가?

혹 일찍 죽기도 하고 혹 오래 살기도 하는 것은 거역할 수도 없고 미리 짐작할 수도 없는 것이니, 힘으로 빼앗아 맘대로 얻을 수 있다 한들 죽은 뒤에 누구에게 이어질 지 알 수 있겠는가?

함께 모여 사는 백년의 세월이 눈깜짝할 사이에 지나가는 것인데, 긴 것을 다투고 짧은 것을 겨루어본들 무슨 소용이 있겠는가?

註解

1. 姒娣: 손위 동서와 손아랫 동서. 언니와 동생도 이렇게 쓴다.
2. 共昆 : 곤제(昆弟)라고 하여 곤(昆)은 형을 뜻하지만 여기에서는 형제란 말.

증자왈 친척 불열 불감외교 근자불친
曾子曰 親戚이 不悦이거든 不敢外交하며 近者不親이거든

불감구원 소자 불심 불감언대 고 인지
不敢求遠하며 小者를 不審이거든 不敢言大니라. 故로 人之

생야 백세지중 유질병언 유로유언① 고 군
生也에 百歲之中에 有疾病焉하며 有老幼焉하니 故로 君

자 사기불가부자 이선시언 친척 기몰
子는 思其不可復者하여 而先施焉하나니 親戚이 旣没이면

수욕효 수위효 연기기애 수욕제 수위제
雖欲孝나 誰爲孝며 年旣耆艾면 雖欲悌인들 誰爲悌리오.
고 효유불급 제유불시 기차지위여
故로 孝有不及하며 悌有不時라 하니 其此之謂歟인저.

증자가 말하기를

친척이 기뻐하지 않으면 감히 밖에 나가서 사귀지 말 것이며, 가까운 사람을 친하게 하지 못하였으면 감히 먼 곳 사람과 친하려 하지 말 것이다. 또 작은 것을 살피지 않았으면 감히 큰 것을 말하지 말 것이다.

대체로 사람이 생존해 있는 백년 동안에는 병을 앓는 일도 있으며 늙어서 힘이 빠질 때도 있는 것이니, 때문에 군자는 다시 하지 못할 일을 생각하여 그 일부터 먼저 하는 것이다.

친척이 이미 죽고 나면 비록 효도를 하고자 해도 누구에게 효도를 할 것이며, 나이가 많아지면 아무리 우애를 갖고자 해도 누구와 우애를 갖는단 말인가?

그러므로 효도를 해도 미처 다하지 못한 것이 있으며, 우애를 해도 할 수 없는 때가 있다고 하는 것은 이를 두고 한 말이다.

註解 ～～～～～～～～～～～～～

1. 老幼 : 늙음.

유개중도왈 ① 황고치가 ② 효차엄 단망 ③ 제부
柳開仲塗曰 皇考治家에 孝且嚴이러시니 旦望에 弟婦
등 배당하필 즉상수저면 ④ 청아황고훈계 왈
等이 拜堂下畢하고 即上手佇面하여 聽我皇考訓誡러니 曰
인가형제무불의자 진인취부입문 이성 상취
人家兄弟無不義者건만 盡因娶婦入門하여 異姓이 相聚하여
쟁장경단 점지일문 편애사장 이치배려
爭長競短하여 漸漬日聞하여 偏愛私藏하여 以致背戾하여
분문할호 환약적수 개여부인소작 남자강
分門割戶하여 患若賊讐하나니 皆汝婦人所作이니라. 男子剛

장 자 기 인　　능 불 위 부 인 언 소 혹　　오 견　　다 의　　약 등
腸者幾人이　能不爲婦人言所惑고.　吾見이　多矣로니　若等은

영 유 시 야　　　　　　퇴 즉 췌 췌⑤　　불 감 출 일 어 위 불 효 사
寧有是耶오 하거늘　退則惴惴하여　不敢出一語爲不孝事이니

개 배　　저 차 뢰 지　　득 전 기 가 운
開輩는　抵此賴之하여　得全其家云하노라.

유개 중도(柳開仲塗)가 말하기를

우리 아버님이 집을 다스릴 때는 효도와 위엄으로 다스리셨다.　초하루와 보름날에 아우와 자부들이 당(堂) 아래에서 절을 하고 나면 즉시 손을 위로 올리고 얼굴을 숙이고서 아버님의 훈계를 들었다.

훈계에 말씀하시기를 "사람들의 집안 형제들은 의롭게 지내지 않는 자가 없건만, 모두 장가를 들어 며느리를 집안에 들여서 각성바지들이 어울려 살게 되면 긴 것도 다투고 짧은 것도 겨루게 된다.　남편들은 날마다 듣는 부인의 말이 점점 귀에 젖어져서 편벽되게 자기의 아내만을 사랑하여, 드디어는 서로 거슬리고 배반하게 되어 집안이 나뉘고 호적마저 갈라져서 마침내는 도적이나 원수처럼 여기게 되는 것이니 이는 모두 너희들 부인들이 저지른 것이다.　남자들 중에 몇 사람이 능히 곧은 마음을 지녀 그 부인의 말에 유혹되지 않을 것인가.　내가 보건대 그런 사람이 많았으나, 너희들에게는 어찌 이런 일이 있어서야 되겠느냐?"

물러나서는 조심스럽고 두려워서 감히 한마디도 불효스러운 말은 하지 못했으니 우리들은 다만 아버님의 이러한 말씀에 힘입어서 그 집이 온전할 수가 있었다.

註解

1. 柳開仲塗 : 유개(柳開)는 이름이며 중도(仲塗)는 자이니 송나라 때 사람이다. 문장에 능하여 하동집(河東集) 등 많은 저술이 있고 뜻이 크고 기개가 있었으며 의리를 소중히 여겼다.

2. 皇考 : 돌아가신 아버지의 존칭.

3. 旦望 : 초하루와 보름.

4. 伍面 : 저(伍)는 저(低)와 같음.

5. 惴惴 : 근심하고 두려워하는 모양.

司馬溫公이 與其兄伯康으로 友愛尤篤이러니 伯康이
年將八十이거늘 公이 奉之如嚴父하고 保之如嬰兒하여 每
食少頃에 則問曰 得無饑乎아 하며 天이 少冷이거든 則拊
其背曰 衣得無薄乎아 하더라.

사마온공은 그 형 백강(伯康)과 우애가 몹시 두터웠다.

백강의 나이 장차 80이 되었는데 온공은 받들어 모시기를 엄한 아버지 같이 했고, 보살피기를 마치 어린 아이를 돌보듯 했다.

매양 식사가 끝나고 조금 있으면 즉시

"시장하지 않으십니까?"

하고 묻고 또 날씨가 좀 싸늘하면 그 형님의 등을 쓰다듬으면서

"옷이 얇지 않습니까?"

하고 물었다.

唐英公李勣이 貴爲僕射하되 其姊病이어든 必親爲然火
하여 煮粥이러니 火焚其鬚거늘 姊曰 僕妾이 多矣거늘 何
爲自苦如此오 하니 勣曰 豈爲無人耶리오. 顧今姊年老하고
勣亦老하니 雖欲數爲姊煮粥인들 復可得乎아 하더라.

당나라 영공(英公) 이적(李勣)이 복야(僕射)의 귀한 벼슬에 올랐다.

그 누님이 병들자 친히 불을 피워서 죽을 쑤어 누님이 먹도록 했다. 그런데 어쩌다가 수염을 불에 태우게 되었다.

누님이 이것을 보고 말하기를

"일할 종들이 많은데 어찌 이렇게 스스로 고생을 하는가?"

하니 이적은 말하기를

"어찌 사람이 없어서 그러겠습니까? 이제 생각하니 누님이 나이 많으시고 저도 또한 늙었으니 아무리 자주 누님을 위해서 죽을 끓여드리고 싶어도 이제 다시 할 수가 있겠습니까?"

했다.

> 진 함 녕 중　　대 역①　　　　유 곤 이 형　　구 망　　　　차 형 비 부 위
> 晋咸寧中에 大疫하여 庾袞二兄이 俱亡하고 次兄毗復危
> 태　　　여 기 방 치　　　　부 모 제 제 개 출 차 우 외　　　　곤　　독
> 殆하여 癘氣方熾일새 父母諸弟 皆出次于外거늘 袞이 獨
> 류 불 거　　　제 부 형　　강 지　　　내 왈　곤　　성 불 외 병
> 留不去라. 諸父兄이 強之한데 乃曰 袞은 性不畏病하나이
> 다 하고　수 친 자 부 지　　　주 야 불 면　　　기 간　　부 무 구
> 다 하고 遂親自扶持하여 晝夜不眠하며 其間에 復撫柩하여
> 애 림 불 철　　　　여 차 십 유 여 순③　역 세 기 헐　　　　가 인
> 哀臨不輟하더니 如此十有餘旬에 疫勢旣歇이거늘 家人이
> 내 반　　비 병　　득 차　　곤 역 무 양　　　　부 로 함 왈　이④
> 乃返하니 毗病이 得差하고 袞亦無恙이러라. 父老咸曰 異
> 재　　차 자　　수 인 소 불 능 수　　　행 인 소 불 능 행　　　세 한 연
> 哉라 此子여 守人所不能守하고 行人所不能行하니 歲寒然
> 후　　지 송 백 지 후 조　　　　시 지 역 려 지 불 능 상 염 야
> 後에 知松栢之後凋하나니 始知疫癘之不能相染也로다.

진(晋)나라 함녕(咸寧) 안에 전염병이 크게 유행해서 유곤(庾袞)의 형제가 모두 죽고 둘째형 비(毗)도 또 위태롭게 되는 등 전염병의 기운이 기승을 부렸다.

이에 부모와 여러 아우들은 모두 집 밖으로 피했으나 곤(袞)만이 홀로 집에 남아 있었다. 여러 부형들이 억지로 그를 가게 했으나 그는 말하기를 "저는 원래 성격이 병을 두려워하지 않습니다."

하고 끝내 친히 형을 부축하여 밤낮을 가리지 않고 보살폈다. 또 이따금 관을 어루만지면서 슬퍼해 마지 않았다.

이렇게 하기를 10여순(旬)이 지나고 유행병의 증세도 이미 꺾여 집안사람들이 비로소 돌아와 보니, 비의 병세도 차도가 있고 곧 또한 아무 탈이 없었다.

이것을 보고 노인들이 모두 말하기를

"참으로 이상한 일이로다, 아들아! 남이 능히 지키지 못하는 것을 지키고 남이 능히 행하지 못하는 것을 행했도다. 날씨가 추운 후에야 소나무와 잣나무가 맨 나중에 시든다는 것을 아는 것이니, 이제야 비로소 전염병이 전염되지 않는다는 것을 알겠구나!"

했다.

> 註解

1. **大疫** : 역(疫)은 원래 돌림병으로 지금의 전염병이다. 옛날에는 천연두를 역질(疫疾)로 치기도 했다.
2. **庾褒** : 진나라 때 사람으로 자는 숙포(叔褒). 명목황후(明穆皇后)의 백부이다. 근검하고 학문이 높았으며 효행이 지극하여 세상 사람들이 유이행(庾異行)이라 일컬었다.
3. **十有餘旬** : 순(旬)은 열흘을 말하므로 100일이 된다.
4. **父老** : 한 마을에서 중심이 되는 노인들.

隋吏部尙書牛弘의 弟弼이 好酒而酗하더니 嘗醉하여 射殺弘의 駕車牛라. 弘이 還宅에 其妻迎謂弘曰 叔이 射殺牛라 하니 弘이 聞하고 無所怪問하여 直答曰 作脯하라. 坐定에 其妻又曰 叔이 射殺牛하니 大是異事니이다. 弘曰 已知라 하고 顔色이 自若하여 讀書不輟이러라.

수(隋)나라 이부상서(吏部尙書) 우홍(牛弘)의 아우 필(弼)이 술을 좋

아하여 주정을 잘하는데, 어느 날 술이 취해 그 형 홍(弘)의 수레를 끄는 소를 쏘아 죽였다.

　홍이 집에 돌아오자 그 아내가 남편을 맞아 말하기를

　"시동생이 소를 죽였습니다."

하니 홍은 이 말을 듣고서도 전혀 놀라지 않고 즉시 대답하기를

　"포(脯)를 뜨시오."

한다.

　남편이 자리에 편안히 앉자 그 아내는 또

　"시동생이 소를 죽였으니 이는 보통 일이 아닙니다."

하자 홍은

　"알았소."

하고 얼굴빛 하나 변치 않고 태연히 글 읽는 것을 계속했다.

註解

1. **酗** : 주사(酒邪)를 부림. 주정하는 뜻으로도 씀.
2. **自若** : 기색(氣色)이 태연한 모습.

范文正公[1]이 爲參知政事時[2]에 告諸子曰 吾貧時에 與汝母로 養吾親할새 汝母躬執爨을 而吾親甘旨未嘗充也러니 今而得厚祿하여 欲以養親이나 親不在矣며 汝母亦已早世[3]하니 吾所最恨者라. 忍令若曹로 享富貴之樂也라. 吾吳中[4]에 宗族이 甚衆하니 於吾에 固有親疏나 然이나 吾祖宗[5]視之則 均是子孫이라. 固無親疏하니 苟祖宗之意에 無親疏則飢寒者를 吾安得不恤也리오.

198

범 문정공(范文正公)이 참지정사(參知政事)로 있을 때 여러 자식들에게 말하기를

"내가 가난했을 때 너희 어머니와 함께 나의 부모님을 봉양하는데 너희 어머니가 몸소 음식을 만들었지만 내 부모님께 달고 맛있는 음식을 마음껏 해 드리지 못했었다. 그런데 지금은 많은 녹을 받게 되었기에 이것으로 부모를 봉양하려 하나 부모는 계시지 않고 너희 어머니도 또한 일찍 세상을 떠났으니 내가 가장 한스럽게 여기는 바이다. 그러하니 차마 어찌 너희들로 하여금 부귀의 즐거움을 누리게 할 수 있겠느냐?

내가 살던 오중(吳中)에 친척이 몹시 많아 나에게 있어서는 진실로 가깝고 먼 사람들이 있지만 우리 조상들로 본다면 모두 같은 자손이니 실로 가깝고 먼 사람이 없는 것이다. 진실로 조상들의 뜻에 가깝고 먼 사람이 없다면 이들을 어찌 내가 보살펴 주지 않을 수 있겠느냐?"
했다.

註解 ～～～～～～～～～～～～～～～～

1. 范文正公 : 송나라 인종(仁宗) 때의 명상(名相). 이름은 중엄(仲淹), 자는 희문(希文), 문정(文正)은 시호임. 벼슬이 참지정사(參知政事)에 이르렀다. 변방을 지키고 있을 때 강인(羌人)들의 존경을 받아 용도(龍圖)의 노자(老子)라는 칭호를 받았다. 또 하인(夏人)들도 소범노자(小范老子)의 흉중에는 수만의 군사가 들어 있다 하여 경계했다고 한다.
2. 參知政事 : 송나라 때 재상 다음의 높은 벼슬.
3. 早世 : 일찍 죽음.
4. 吳中 : 강소성(江蘇省)의 오현(吳縣)을 말함.
5. 祖宗 : 여기에서는 대대로의 조상.

노의고자자 노야지부인야 제공로지교 견일부
魯義姑姉者는 魯野之婦人也라. 齊攻魯至郊하여 見一婦

인   포일아   휴일아행   군차급지   기기소포
人이 抱一兒하고 携一兒行이라가 軍且及之거늘 棄其所抱

하고 포기소휴이주어산   아수이제 부인 수행불
抱其所携而走於山이거늘 兒隨而啼라. 婦人이 遂行不

고   제장   집이문지   대왈 소포자 첩형지자야
顧거늘 齊將이 執而問之한데 對曰 所抱者는 妾兄之子也요

所棄者는 妾之子也니 見軍之至하고 力不能兩護故로 棄

吾之子니이다. 齊將曰 子之於母에 其親愛也 痛於心이거늘

今에 釋之하고 而反抱兄之子는 何也오. 婦人曰 己之子는

私愛也요 兄之子는 公義也니 夫背公義而嚮私愛하며 亡兄

子而存妾子하여 幸而得免인들 獨謂義에 何오. 故로 忍棄

子而行義하고 不能無義而立於世니이다. 於是에 齊將이 按

兵而止하고 使人言於齊君而還한데 魯君이 聞之하고 賜束

帛百端하고 號曰義姑姊라 하다. 公正誠信하여 果於行義하니

夫義는 其大矣哉인저. 雖在匹婦①로도 國猶賴之요 況以禮

義로 治國乎아.

노(魯)나라 의고자(義姑姊)는 노나라 시골에 살던 부인이다.

제나라가 노나라를 공격하여 성 밖 교외에까지 이르렀을 때의 일이다. 어떤 부인이 한 아이는 안고, 한 아이는 손을 잡은 채 가는데, 적의 군사가 쫓아왔다.

이에 부인은 안았던 아이는 버리고 손을 잡고 가던 아이를 안고서 산으로 달아나니, 안겨 있던 아이는 부인을 쫓아가면서 울건만 부인은 돌아보지도 않고 도망했다.

제나라 장수가 부인을 잡고 그 까닭을 묻자, 부인은 대답하기를

"안고 있던 아이는 제 형님의 아들이고 버리고 온 아이는 제 아들인데, 군사가 쫓아오는 것을 보고 제 힘으로 두 아이를 다 보호할 수가 없기 때문에 제 아이를 버린 것입니다."

200

하니 제나라 장수가 말하기를

"어머니가 자식을 사랑하는 마음이 지극한 것이거늘, 이제 자기 자식은 버리고 형의 자식을 안고 가니 이게 무슨 까닭인가?"

했다.

이에 부인이 말하기를

"제 자식을 사랑하는 것은 사사로운 애정이나, 형의 자식을 사랑하는 것은 공공의 의리이니 무릇 공공의 의리를 저버리고 사사로운 애정을 좇아서 형의 자식은 죽이고 제 자식만 살린다면 행여 죄를 면한다 한들 그 의리에 있어서 어떻겠습니까? 그런 까닭에 자식 버리는 아픈 마음을 참으면서 의리를 행한 것이니 의리 없이는 세상에 설 수 없을 것입니다."

했다.

이 말을 듣고 제나라 장수는 군사의 진군을 막아 전쟁을 중지하고 사람을 시켜 왕에게 보고한 후 돌아갔다.

노나라 왕이 이런 사실을 듣고 비단 백 필을 내리고 그 부인을 이름하여 의고자(義姑姉)라고 불렀다.

공정하고 성실하고 미더워서 의리를 행하는데 과단성이 있었으니, 무릇 의리란 얼마나 큰 것인가? 비록 한낱 아녀자의 행동에 지나지 않았으나 온 나라가 오히려 그를 따랐으니, 하물며 예의와 의리로써 나라를 다스린다면 더 무엇을 말하랴?

註解 ·~~~~~~~~~~~~~~~~

1. 匹婦 : 한 사람의 보잘것없는 여자.

제7 염검장(廉儉章)

공자왈 현재 회야 일단사일표음② 재루항③
孔子曰 賢哉라 **回也**여, **一簞食一瓢飲**으로 **在陋巷**을

인불감기우 회야 불개기락 현재 회야
人不堪其憂거늘 **回也 不改其樂**하나니 **賢哉**라 **回也**여.

공자가 말하기를

회(回)는 어질도다. 한 그릇의 밥과 한 표주박의 국으로 끼니를 이으며 누추한 골목에 살고 있다. 다른 사람 같으면 그 근심스러움을 견디지 못할 텐데 회는 학문을 닦는 즐거움을 버리지 않으니 참으로 어질도다.

註解

1. **回** : 안회(顏回). 춘추(春秋) 말기의 노나라 사람으로 자는 자연(子淵). 공자의 제자 중에 십철(十哲)의 으뜸으로 꼽힘. 안빈낙도(安貧樂道)의 덕행으로 이름이 높았음.

2. **一簞食一瓢飲** : '食'는 음이 '사'임. 대나무 그릇에 담은 밥 한 술과 표주박에 담은 국 한 그릇. 아주 빈한한 사람의 식사를 비유한 말.

3. **陋巷** : 누추하고 좁은 거리.

호문정공왈 인 수시일체세미 담박 방호①
胡文定公曰 人은 **須是一切世味 淡薄**이라야 **方好**니

不要有富貴相이니라. 孟子謂堂高數仞과 食前方丈과 侍
妾數百人을 我得志라도 不爲라 하니 學者는 須先除去此
等이오. 常自激昂이라야 便不到得墜墮리라. 常愛諸葛孔明이
當漢末하여 躬耕南陽하여 不求聞達하더니 後來에 雖應劉
先主於聘이나 宰割山河하여 三分天下하여 身都將相하여
手握重兵이거니 亦何求不得이며 何欲不遂리오마는 乃與後主
言하되 成都에 有桑八百株와 薄田十五頃하니 子孫衣食이
自有餘饒니이다. 臣身在外하여 別無調度하고 不別治生하여
以長尺寸하나니 若死之日에 不使廩有餘粟하며 庫有餘財하여
以負陛下라 하더니 及卒에 果如其言하니 如此輩人은 眞可
謂大丈夫矣로다.

호 문정공(胡文定公)이 말하기를

"사람은 모름지기 일체의 세상사는 재미를 담박(淡薄)하게 해야만 좋은 것이니 부귀를 누릴 상(相)이란 필요치 않은 것이다."

맹자가 말하기를

"집의 높이를 수척이나 되게 하고 앞에 음식을 열 자나 되게 차려 놓으며 시중드는 종을 수백 명씩이나 거느려 내 마음대로 할 수 있다 해도, 그렇게 하지 않을 것이다."

했는데 학자는 모름지기 먼저 이러한 일들부터 없애고 항상 힘써 분발해야만 끝내 타락하지 않게 되는 것이다.

나는 항상 제갈공명(諸葛孔明)이 한나라 말년에 몸소 남양(南陽) 땅에서 밭을 갈며 이름이 세상에 드러나는 것을 바라지 않았던 그 경지를 사랑한다.

후에 비록 유선주(劉先主)의 초빙을 받아서 온천하의 산하(山河)를 마음대로 주장하여 천하를 셋으로 나누었고, 몸은 장수와 재상의 자리에 있으면서 손으로 많은 군사의 권리를 잡았으니 무엇을 구한들 얻지 못할 것이 있으며 무엇을 하고자 한들 되지 않았겠는가?

하지만 그는 후주(後主)에게 말하기를

"성도(成都)에 뽕나무 8백 그루와 메마른 밭 열 다섯 이랑이 있어서 자손들이 입고 먹기에는 스스로 여유가 있습니다. 제 몸이 밖에 있어서 별다르게 갖추어 놓은 것도 없고 또 남다르게 생계를 마련하여 이 작은 몸을 기를 처지도 못 됩니다. 그러니 만일 죽는 날에 곳간에 곡식을 남기고 창고에 재물을 남겨 폐하께 부끄러움을 보이는 꼴이 되지는 않을 것입니다."

했다.

그가 죽자 과연 그 말과 같았으니 이러한 사람이야말로 참으로 대장부라고 할 수 있을 것이다.

註解

1. **胡文定公** : 송나라 때 사람으로 이름은 안국(安國), 자는 강후(康侯), 호는 무이선생(武夷先生) 또는 초암거사(草菴居士), 문정(文定)은 시호. 벼슬이 태학박사(太學博士)로부터 급사중(給事中)에 이르렀다. 많은 저서가 있다.

2. **數仞** : 인(仞)은 한 길. 8척의 높이.

3. **方丈** : 사방 10척.

4. **諸葛孔明** : 삼국시대 촉(蜀)의 재상. 이름은 양(亮), 자는 공명(孔明). 융중(隆中)에 은거하고 있을 때 유비(劉備)의 삼고초려(三顧草廬)에 못이겨 출사(出仕)한 후 유비로 하여금 촉한(蜀漢)을 건국(建國)케 했음. 유비가 죽을 때의 유조(遺詔)를 받들어 후주(後主) 유선(劉禪)을 보필하다가 위의 사마의(司馬懿)와 오장원(五丈原)에서 대전 중에 진중에서 죽었다. 그가 지은 출사표(出師表)는 명문(名文)으로 유명하다.

5. **南陽** : 제갈공명이 세상에 나오기 전에 은거하던 곳으로 중국 하남성(河南省) 남양현을 말함.

6. **劉先主** : 유비를 말함. 삼국시대 촉한의 임금. 자는 현덕(玄德). 제갈공명을 융중에 가서 맞다가 그의 천하를 삼분(三分)하는 계책을 써서 파촉(巴蜀)을 평정한 후 성도(成

204

都)에서 제위에 오르고 국호를 한(漢)이라 했다. 시호를 소열황제(昭烈皇帝)라 했으며 세상에서는 그를 선주(先主), 그 아들 선(禪)을 후주(後主)라고 한다.

7. 十五頃 : 경(頃)은 땅의 면적으로 1경은 백묘(畝)에 해당함.

양진소거형주무재왕밀 ① ② 위창읍령 알현 회금
楊震所擧荊州茂才王密이 爲昌邑令하여 謁見할새 懷金

십근하여 이유진한데 진왈 고인③ 지군 군부지고
十斤하여 以遺震한데 震曰 故人은 知君이거늘 君不知故

인 하야 밀왈 모야④ 무지자 진왈 천지신지
人은 何也오. 密曰 莫夜라 無知者로이다. 震曰 天知神知

아지자지 하위무지 밀 괴이거
我知子知거니 何謂無知리요 하니 密이 愧而去하니라.

양진(楊震)이 천거한 형주(刑州)의 재주 있는 사람 왕밀(王密)이 창읍(昌邑)의 수령이 되어 양진을 찾아가 뵙는데 황금 10근을 가지고 갔다.

이것을 보고 진이 말하기를

"나는 그대를 잘 아는데, 그대는 나를 잘 모르니 어찌된 일이오?"

하니 왕밀은

"어두운 밤이라서 아무도 아는 사람이 없습니다."

했다.

그러나 진은 말했다.

"하늘이 알고 신이 알고 내가 알고 그대가 아는데, 어찌 아는 자가 없다고 하시오?"

밀은 이 말에 부끄러워하면서 그대로 돌아갔다.

註解 ~~~~~~~~~~~~~~~~~

1. 楊震 : 후한의 학자. 자는 백기(伯起). 학식이 높고 제자가 많아 당시 사람들이 관서(關西)의 공자라고 일컬었다. 성격이 충직(忠直)하여, 태위(太尉)로 있을 때 불의(不義)를 탄핵하여 역간(力諫)하다가 참소를 당해 관직을 파면당하고 스스로 독을 마시고 죽었다.

2. 茂才 : 재주가 뛰어난 사람.

3. 故人 : 친구. 여기에서는 양진 자신을 말한 것.

4. 莫夜 : 莫은 음이 모로 모(暮)와 같음. 늦은 밤이라는 말.

온공왈 오가 본한족 세이청백 상승
溫公曰 吾家는 本寒族이라. 世以淸白으로 相承하나니

오성 불희화미 자위유아시 장자 가이금은화
吾性이 不喜華靡하여 自爲乳兒時로 長者가 加以金銀華

미지복 첩수난 기거지 연 이십 첨과
美之服이거든 輒羞赧하여 棄去之러니 年이 二十에 忝科

명 문희연 독부대화 동년 왈 군사 불가
名하여 聞喜宴에 獨不戴花하니 同年이 曰 君賜니 不可

위야 내잠일화 평생 의취폐한 식취충복
違也라 할새 乃簪一花라. 平生에 衣取蔽寒하고 食取充腹

역불감복구폐 이교속간명 단순오성이이
하되 亦不敢服垢弊하여 以矯俗干名이요 但順吾性而已로다.

온공이 말하기를,

내 집은 본래 빈한한 가문이었다. 대대로 청렴하고 결백한 것으로 전해 오고 있었다. 내 성격도 역시 화려하고 사치스러운 것은 좋아하지 않았다.

젖먹던 어린 시절부터 어른이 금은으로 장식한 화려하고 아름다운 옷을 입혀 주면 나는 얼굴을 붉히며 물리치곤 했다.

나이 20세가 되자 분에 넘치게도 과거에 급제하여 벼슬을 얻게 되어 문희연(聞喜宴)에 나갔으나 나만 홀로 꽃을 꽂지 않았다.

나와 같은 해에 함께 과거에 급제한 사람들이 말하기를

"임금이 내리신 것이니 감히 거역해서는 안되오."

하였으므로 나는 마지못해 비로소 꽃 한송이를 꽂았었다.

평생에 옷은 추위를 가릴 정도로만 입었고, 음식은 배를 채우기만 할 정도로 먹었다. 그러나 감히 때묻고 해진 옷을 입어서 일반의 풍속에 어긋나게 하는 행색으로 이름을 얻으려고 하지는 않았으며, 다만 내 천성대로 따랐을 뿐이다.

註解

1. 溫公 : 사마 온공. 이름은 광(光). 언행장에 나와 있다.
2. 忝科名 : 과거에 급제한 것을 겸양해서 한 말. 과거에 합격된 것이 분에 넘친다는 표현.
3. 聞喜宴 : 과거에 급제한 사람들에게 나라에서 베풀어 주는 연회.

先公이 爲群牧判官하여 客至거든 未嘗不置酒하되 或三
行하고 或五行하고 不過七行하되 酒沽於市하고 果止梨栗
棗柿하고 肴上於脯醢菜羹하고 器用甖漆하니 當時士大夫
皆然하되 人不相非也하더라. 會數而禮勤하며 物薄而情厚
近日士大夫家는 酒非內法이며 果非遠方珍異며 食非多
品이며 器皿이 非滿案이면 不敢會賓友라. 常數日營聚然
後에야 敢發書하나니 苟或不然이면 人爭非之하여 以爲鄙
吝이라. 故로 不隨俗奢靡者鮮矣니 嗟乎라. 風俗頹弊如是
거늘 居位者 雖不能禁이나 忍助之乎아.

돌아가신 아버님께서 군목판관(群牧判官)으로 계실 때 집에 손님이 오면 언제나 술상을 차려 대접했다. 혹은 세 차례, 혹은 다섯 차례씩 술상을 차렸지만 일곱 차례를 넘긴 적은 없었다.

술은 시장에 가서 사오고 과일은 배·밤·대추·감에 그쳤으며, 안주는 육포·장국·나물·국물에 그쳤고 그릇은 사기그릇과 옻칠한 그릇을 사용했다.

당시에는 사대부들이 모두 그러했기 때문에 아무도 서로 이것을 그르다고 하지 않았다. 모임이 잦았으나 예의를 부지런히 갖추었으며 비록 물질은 소박하였으나 인정을 두터이 하였다.

그런데 요즘의 사대부 집안에서는 자기 집 법도에 맞는 술이 아니거나 먼 곳에서 구한 진귀한 과일이 아니거나, 음식의 가짓수가 많지 않고 그릇이 상에 가득하지 않으면 감히 손님들을 부르지 않는다. 그렇기 때문에 항상 여러 날 계획을 세우고 이것저것 모아들인 후에야 감히 손님을 청하는 글을 보낸다.

혹시 그렇게 하지 못하면 사람들이 다투어 구차하고 인색하다고 책하게 되니, 사치스럽고 화려한 풍속을 따르지 않는 자가 드물게 되었다.

슬프다! 풍속이 이렇듯 무너지고 쇠퇴하니 벼슬자리에 있는 자들로서 비록 이것을 금하지는 못할지언정 어찌 차마 이것을 조장한단 말인가?

註解

1. **先公** : 죽은 아버지를 말함.
2. **群牧判官** : 당나라 때의 절도사(節度使)·관찰사(觀察使)의 속관(屬官). 여기에서는 사마광의 아버지가 이 자리에 있었다.
3. **奢靡** : 지나치게 사치스러운 것.

張文節公이 爲相에 自奉이 如河陽掌書記時러니 所親이 或規之曰 今公이 受俸不少하되 而自奉이 若此하니 雖自信淸約이라도 外人은 頗有公孫布被之譏하나니 公은 宜少從衆이니이다. 公이 歎曰 吾今日之俸이 雖擧家錦衣玉食인들 何患不能이리오마는 顧人之常情이 由儉入奢는 易하고 由奢入儉은 難하니 吾今日之俸이 豈能常有며 身豈能常存이리오. 一旦에 異於今日이면 家人이 習奢已久하여 不能頓儉하여 必至失所하리니 豈若吾의 居位去位와 身存身亡이 如一日乎아.

장 문절공(張文節公)은 재상이 되었으나 자기 자신을 다스리는 것은 하양(河陽) 땅에서 서기(書記)를 맡아보던 때와 같았다.

　이것을 본 친한 사람들이 이를 옳지 못하다고 하여 말하기를

　"이제 공께서 녹봉을 받으시는 것이 적지 않은데 자신을 봉양하는 것이 이와 같으니, 비록 스스로는 청렴하고 검소하다고 믿을 지 모르지만 밖의 사람들은 자못 공손(公孫)이 베옷 입던 것을 흉내낸다고 헐뜯을 것이니 공께서는 마땅히 조금쯤은 여러 사람의 뜻을 좇으십시오."

했다.

　이 말을 듣고 공은 탄식하기를

　"내가 오늘날 받는 녹봉이 비록 온 집안 모두에게 비단옷을 입히고 좋은 음식을 먹인다 한들 어찌 부족함을 걱정하겠는가? 하지만 사람들의 심리를 보면 검소하게 지내다가 사치하기는 쉽고, 사치하다가 검소하게 지내기는 어려운 것이니 내가 오늘날 받는 봉록(俸祿)이 어찌 항상 그대로 있을 수 있는 것이며 이 몸 또한 어찌 항상 건강할 수가 있겠는가? 하루아침에 오늘과 다른 형편에 놓여진다면 집안 사람들은 사치하는 것에 습관된 지 이미 오래인데 어떻게 갑자기 검소할 수가 있겠는가? 그 때는 반드시 내가 사는 자리마저 잃게 될 것이다. 그러니 어찌 내가 벼슬자리에 있을 때나 이 자리를 떠났을 때나, 이 몸이 있을 때나 없을 때나 한결같이 처신하지 않을 수 있겠는가?"

註解 ～～～～～～～～～

1. **張文節公**: 송나라 때 사람으로 이름은 지백(知白), 자는 용회(用晦), 문절(文節)은 시호다. 인종(仁宗) 때 공부상서(工部尚書)·동중서문하평장사(同中書門下平章事)를 지냈으며 학문이 높았다.

2. **規之**: 잘못을 고치도록 함.

3. **公孫布被之譏**: 전한 때의 재상 공손홍(公孫弘)이 삼공(三公)의 지위에 있으면서도 너무 검소하여 베옷을 입었기 때문에 남들의 눈길을 모았다는 고사(故事)에서 온 말로 이런 것을 남들이 헐뜯는다고 한 말이다.

포 효 숙 공①　　윤 경 시②　　민 유 자 언　　이 백 금 백 량　　　기
包孝肅公이　**尹京時**에　**民有自言**하되　**以白金百兩**으로　**寄**

아 자　사 의　　여 기 자　　불 긍 수　　　원 소 기 자 여 지
我者 死矣거늘　**予其子**하니　**不肯受**하나니　**願召其子予之**하소

서. 尹_이 召其子_{하니} 辭曰 亡父 未嘗以白金_{으로} 委人也

라 하여 兩人_이 相讓久之_{러라.} 呂滎公_이 聞之_{하고} 曰 世人_이

喜言無好人三字者_는 可謂自賊者矣_{로다.} 古人言 人皆可以

爲堯舜_{이라 하니} 蓋觀於己而知之_{로다.}

포 효숙공(包孝肅公)이 서울의 윤(尹)으로 있을 때 어떤 백성이 스스로 찾아와서 말하기를

"백금(白金) 백 냥을 내게 준 사람이 죽었기에 그 아들에게 백금을 주었더니 받으려 하지 않습니다. 하오니 바라건대 그 아들을 불러서 이것을 받도록 해주시옵소서."

했다.

윤이 그 아들을 불러서 백금을 받으라고 하자 사양하여 말하기를

"돌아가신 우리 아버님께서 일찌기 백금을 남에게 맡기신 일이 없습니다."

하여 두 사람은 오랫동안 서로 양보했다.

여형공(呂滎公)이 이 이야기를 듣고 말했다.

"세상 사람들 중에 '無好人(좋은 사람이 없다)'이란 세 글자를 즐겨 말하는 사람이 있는데, 이것은 자기 스스로를 해치는 사람이라고 할 수 있다."

옛사람이 말하기를

"사람마다 누구나 모두 요·순(堯舜)이 될 수 있다."

고 했으니 이는 모름지기 실제 자기 자신을 생각하면 알 수 있는 것이다.

註解

1. 包孝肅公 : 송나라 때 사람으로 이름은 증(拯)이다. 그의 제자 장전(張田)이 편찬한 '포효숙주의(包孝肅奏議)'가 있다.

2. 尹京時 : 윤(尹)은 벼슬 이름. 경조윤(京兆尹) 따위.

李文靖公^①이 治居第於封丘門外러니 廳事前^②에 僅容旋馬
라. 或이 言其太隘한데 公이 笑曰 居第는 當傳子孫이니
此爲宰輔廳事^③에는 誠隘이거니와 爲太祝奉禮廳事^④이면 則已
寬矣니라.

이 문정공(李文靖公)이 사는 집을 봉구문(封丘門) 밖에 마련했는데 청사(聽事) 앞이 좁아서 간신히 말머리를 돌릴 수 있을 정도였다.

어떤 사람이 너무 비좁다고 말하자 공은 웃으면서 이르기를

"사람이 사는 집은 자손에게 전해지는 것인데 이 집이 재상을 보좌하는 청사로는 진실로 비좁지만 예의를 받들고 축원하는 개인의 청사로서는 너무 크고 넓은 것이다."

했다.

註解

1. **李文靖公**: 송나라 때 사람으로 이름은 동(侗), 자는 원중(願中), 문정(文靖)은 시호. 연평선생(延平先生)이라고도 한다. 관직에서 물러나 세상과의 인연을 끊고 띠집을 짓고 유유히 40여년을 살았다.
2. **廳事**: 관청 안에서 사무를 보는 곳. 여기에서는 손님을 맞고 일을 보는 대청을 말한다.
3. **宰輔**: 재상
4. **太祝**: 벼슬 이름. 나라의 제사를 받드는 벼슬.

文中子之服은 儉以絜하여 無長物焉이러니 綺羅錦綉^①를
不入于室하고 曰 君子는 非黃白이거든 不御니 婦人은 則
有靑碧이니라.

문중자(文中子)의 의복은 검소하고 깨끗하여 쓸데없는 치장을 하지 않았다.

무늬 있는 비단과 얇고 좋은 비단은 방에 들이지 않고 말하기를

"군자는 누런 빛이나 흰 빛이 아니면 입지 않는다. 그러나 부인은 옥같은 푸른 빛도 입을 수 있다."

했다.

註解

1. **綺羅錦綉** : 기(綺)는 무늬 있는 화려한 비단, 나(羅)는 얇은 비단. 금수(錦綉)도 모두 고운 비단을 말한다.

초광접여① 경이위식   처종시래왈 선생② 소이위의
楚狂接輿 耕以爲食이러니 妻從市來曰 先生이 少而爲義

기 장로이유지재   문외거적   하기심야   접여
러니 豈將老而遺之哉리오. 門外車跡이 何其深也오. 接輿

왈 왕 부지오불초야   욕사아   치회남③   견사자
曰 王이 不知吾不肖也 欲使我로 治淮南하여 遣使者하고

지금사래빙   기처왈 득무허지호   접여왈 부부
持金馹來聘이니라. 其妻曰 得無許之乎이까. 接輿曰 夫富

귀자   인지소욕야   자하오아   허지의   처왈 의사
貴者는 人之所欲也니 子何惡我의 許之矣오. 妻曰 義士는

비례   부동   불위빈이역조   불위천이개 행
非禮거든 不動이니 不爲貧而易操하며 不爲賤而改行하나니

첩   사선생   궁경이위식   친적이위의   식포의
妾이 事先生하여 躬耕以爲食하며 親績以爲衣하여 食飽衣

난   거의이동   기락   역자족의   약수인중록
暖하며 據義而動에 其樂이 亦自足矣거늘 若受人重祿하며

승인견량   식인비선   이장하이대지   접여왈 오
乘人堅良하며 食人肥鮮하고 而將何以待之오. 接輿曰 吾

불허야   처왈 군사부종   비충야   종지우위 비의
不許也하리라. 妻曰 君使不從은 非忠也요 從之又違 非義

야 불여거지   부부부증   천대임기④   변성역
也니 不如去之라 하고 夫負釜甑하고 妻戴紝器하여 變姓易

212

名而徙하여　莫知所之러라.
명 이 사　　　막 지 소 지

초나라의 미치광이 접여(接輿)는 밭을 일구어 먹고 살았다.

어느 날 그 아내가 시장에 갔다가 돌아와서 말하기를

"당신이 젊어서는 의롭게 지내더니 어찌 장차 늙어가면서 그것을 버리십니까? 문 밖에 수레바퀴 자국이 어찌 저렇게 깊이 났나요?"

하니 접여가 말하기를

"임금께서 나의 불초함을 알지 못하고 나로 하여금 회남(淮南) 땅을 다스리라 하시면서 금과 사마(駟馬)를 보내어 나를 맞으려 하는 것이오."

했다.

그 아내가 말하기를

"허락하지는 않으셨겠지요?"

하니 접여가 말하기를

"대체로 부귀란 사람들이 누구나 욕심내는 것인데, 그대는 어찌 내가 허락하는 것을 싫어하오?"

했다. 아내가 말하기를

"의로운 선비는 예가 아니면 움직이지 않는 법입니다. 가난하다고 해서 지조를 바꾸지 않으며 천하다고 해서 행동을 고치지 않는 것입니다. 제가 당신을 섬겨 몸소 밭을 갈아서 음식을 먹고 친히 길쌈을 해서 옷을 지어 드리어, 배불리 먹고 따뜻하게 입으면서 의리를 좇아 움직이고 있으니 그 즐거움 또한 스스로 만족합니다. 그런데 만일 남에게 많은 녹을 받고 남의 견고하고 좋은 말을 타며 남의 살찌고 신선한 생선을 먹는다면 장차 무엇을 얻을 수 있겠습니까?"

하니 접여는 말하기를

"내 허락하지 않을 것이오."

했다. 그 아내가 말하기를

"임금께서 시키는 일을 좇지 않으면 충성되지 못하고 그 말을 따르는 것이나 어기는 것이나 모두 의리가 아니니, 이곳을 떠나는 것이 마땅할 것입니다."

이리하여 남편은 솥과 시루를 등에 지고, 아내는 베틀을 머리에 이고서 성을 갈고 이름을 바꾸어 옮겨 가니 그 옮긴 곳을 알 수가 없었다.

註解 〰〰〰〰〰〰〰〰〰〰〰〰〰〰〰

1. **楚狂接輿** : 춘추시대의 은자(隱者). 원래의 성은 육(陸), 이름은 통(通), 자가 접여(接輿)라고 한다. 소왕 때 정령(政令)이 어지러운 것을 보고 거짓 미치광이짓을 하면서 서슬에 나가지 않았다. 그래서 초광(楚狂)이라고 했다.

2. **先生** : 여기에서는 남편을 존칭한 말.

3. **淮南** : 회수(淮水) 이남의 땅.

4. **紝器** : 베짜는 기계.

발 문(跋文)

공유아인수왕대비전하 자재제조대왕잠저① 승사양궁
恭惟我仁粹王大妃殿下 自在世祖大王潛邸로 承事兩宮하여

주야미해 급책위빈 우근부도 궁집어찬②
晝夜靡懈러니 及冊爲嬪에 尤謹婦道하여 躬執御饌하며

불리좌우 세조대왕 상칭효부 조사효부도서③
不離左右하니 世祖大王이 常稱孝婦하여 造賜孝婦圖書하여

이현효언 천자엄정 소육왕손등 소유과실
以顯孝焉이러라. 天資嚴正하여 所育王孫等이 少有過失이면

약불엄호 즉정색계칙 양궁 희명폭빈④
略不掩護하고 即正色誡飭하니 兩宮이 戲名暴嬪이라 하더라.

세조대왕 칭아주상전⑤하왈아자 대왕대비 칭월
世祖大王이 稱我主上殿下曰我子라 하면 大王大妃는 稱月

산대군왈오자 이위언 엄교여차 이지금
山大君曰吾子라 하여 以慰焉이러라. 嚴敎如此하여 以至今

일 가승언재 승환장락지여⑦ 환녀부지무지 자
日히 可勝言哉아. 承歡長樂之餘에 患女婦之無知하여 孜

자훈회⑧ 연 열녀 여교 명감 소학등서 권질호번
孜訓誨나 然이나 烈女 女教 明鑑 小學等書는 卷帙浩繁

초학 병언 친자예단 촬기절요
하여 初學이 病焉이라 하여 親自睿斷하여 撮其切要하여

惣成七章하니 名曰内訓이라. 繼以諺譯하여 使之易曉하니

雖至愚騃⑨라도 一覽瞭然하여 以便習誦이라. 臣은 竊觀歷代

賢妃 勤事舅姑하여 以盡仁孝之德하고 嚴於教子하여 以成

國家之慶者多하되 而躬撰訓書하여 垂誠者는 鮮矣라. 是

書之作이 奚啻仁粹殿下之教玉葉耶⑩아. 以至閭巷愚婦히

女工之暇에 朝習暮誦하여 於心玩味⑪ 則漸知克家之道리니

其於風化⑫에 豈小補云이리오. 嗚呼至哉인저.

成化乙未孟冬十月十有五日 尚儀 臣 曹氏 敬跋

황공하옵게도 우리 인수왕대비전하(仁粹王大妃殿下)께서는 세조대왕 (世祖大王) 잠저(潛邸)에서 두 궁(宮)을 받들어 섬겨 낮이나 밤이나 게을리하지 않았고, 빈(嬪)으로 책봉되자 더욱 며느리로서의 도리를 다하여 몸소 어찬(御饌)을 보살피면서 좌우에서 떠나지 않으니, 세조대왕은 항상 효부(孝婦)라고 칭찬하여 '효부(孝婦)'라는 인장을 만들어 하사하심으로써 그 효성을 널리 드러내시었다.

대비전하께서는 천품이 엄격하고 바르셔서 자신이 양육하는 왕손들이 조금만 과실이 있어도 이를 조금도 가리어 보호하는 일이 없이, 즉시 정색하고 훈계하며 타이르니 양쪽 궁에서 우스개소리로 '폭빈(暴嬪)'이라고 불렀다.

세조대왕께서는 우리 주상전하(主上殿下)를 내 아들이라 하셨고, 대왕대비께서는 월산대군(月山大君)을 우리 아들이라고 하시면서 위안했다. 엄격한 교훈이 이와 같았으니 오늘에 이르러서는 어찌 다 말하랴?

어른을 기쁘게 해 드리고 길이 즐겁게 지내는 여가에, 여자들의 무지함을 걱정하여 부지런히 훈계하고 가르쳤다. 그러나 열녀(烈女)·여교(女教)·명감(明鑑)·소학(小學) 등 책의 권수가 너무 많고 번잡하여 처음 배우는 자들에게는 참으로 힘이 들었다. 이에 친히 스스로 지혜롭게 잘라내고 절실하고 중요한 것만을 추려서 모두 일곱 장(章)으로 만들어 이름을 〈내훈(內訓)〉이라 하였다.

이후 이것을 언문으로 번역하여 쉽게 알아보게 했으니 비록 어리석은 자라도 한번 보면 분명히 알 수 있어서 익히고 외기에 편하였다.

내가 살펴보건대 역대(歷代)의 어진 왕비 중에는 시부모를 부지런히 섬겨서 어질고 효성스러운 덕을 다하고, 자식을 엄격하게 교육하여 나라와 가문을 경사스럽게 한 분은 많았지만 몸소 교훈하는 글을 지어서 후세에 경계하는 말을 남긴 분은 드물었다.

이 책의 지음이 어찌 인수전하의 일족(一族)을 가르치는데만 그치겠는가? 민간의 어리석은 부인들에 이르기까지 조석으로 틈틈이 익히고 외어 마음속 깊이 참뜻을 음미한다면 점차 집을 다스리는 도리를 알게 될 것이니, 이 어찌 그 풍속과 교화에 주는 도움이 적다고 하겠는가? 아아, 참으로 지극한 분이로다!

성화(成化) 을미(乙未) 첫겨울, 10월 15일에 상의(尚儀) 조씨(曹氏)는 공경스럽게 발문을 쓴다.

|註解|∿∿∿∿∿∿∿∿∿∿∿∿∿∿∿∿∿∿∿

1. **潛邸**:임금이 아직 즉위하지 않았을 때 살던 집.
2. **御饌**:임금께 올리는 음식상 차림.
3. **圖書**:여기에서는 인장(印章)을 뜻함.
4. **暴嬪**:세조가 그 며느리를 사랑스럽게 부른 우스갯말. 즉 "사나운 며느리"란 뜻이다.
5. **主上殿**:세조의 장자이자 인수왕비의 남편인 덕종(德宗)을 말함.
6. **月山大君**:인수왕비의 아들.
7. **承歡**:사람을 기쁘게 해 줌.
8. **孜孜**:부지런한 모양.
9. **愚騃**:애(騃)도 어리석다는 뜻.
10. **玉葉**:임금의 일족(一族)을 말함.
11. **玩味**:글 뜻을 음미함.
12. **風化**:풍속과 교화.

한국 남북 문학 100선

1 소나기 · 이리도	황순원 ●	30 절망 뒤에 오는 것	전병순
2 무녀도 · 역마	김동리 ●	31 청동기	장용학
3 사랑손님과 어머니	주요섭 ●	32 수라도	김정한
4 삼 대	염상섭 ●	33 신과의 약속	한말숙
5 표본실의 청개구리	염상섭 ●	34 때까치	최일남
6 농 민	이무영 ●	35 서울 1964년 겨울	김승옥
7 을지문덕	안수길 ●	36 청산을 기다리며	백시종
8 고향 없는 사람들	박화성 ●	37 가사자의 꿈	최창학
9 남풍북풍	이호철 ●	38 토비아의 집	김의정
10 감자 · 붉은 산	김동인 ●	39 비	박경수
11 운현궁의 봄	김동인 ●	40 디데이의 병촌	홍성원
12 무영탑	현진건 ●	41 핏 들	이동희
13 고향 · 운수좋은 날	현진건 ●	42 수난이대	하근찬
14 상록수	심 훈 ●	43 여름사냥	김주영
15 물레방아	나도향 ●	44 아테나이의 비명	정을병
16 탁 류	채만식 ●	45 무 정	이광수
17 레디 메이드 인생	채만식 ●	46 흙	이광수
18 메밀꽃 필 무렵	이효석 ●	47 유 정 · 꿈	이광수
19 동백꽃	김유정 ●	48 사 랑	이광수
20 날 개	이 상 ●	49 단종애사	이광수
21 순애보	박계주 ●	50 무 명(단편집)	이광수
22 한밤의 목소리	최상규 ●	51 이차돈의 사	이광수
23 화요일의 사내들	김병총 ●	52 마의 태자	이광수
24 그날의 초록	천승세 ●	53 소설 이순신	이광수
25 이상한 토요일	김문수 ●	54 원효대사	이광수
26 광상곡	구혜영 ●	55 난중일기	이순신
27 농 지	유승규 ●	56 만세전	염상섭
28 메아리 메아리	조정래 ●	57 태평천하	채만식
29 세화의 성	손장순 ●	58 백범일지	김 구

🜂 일신서적출판사   121-855 서울시 마포구 신수동 177-3호
TEL (02)703-3001~5 / FAX (02)703-3009

東洋 古典 百選

① 菜根譚
   洪自誠 / 趙洙翼 譯解

② 論 語
   金榮洙 譯解

③ 大學 · 中庸
   朱熹 / 金榮洙 譯解

④ 孟 子
   金文海 譯解

⑤ 老 子
   權五鉉 譯解

⑥ 莊 子
   石仁海 譯解

⑦ 韓非子
   許文純 譯解

⑧ 諸子百家
   金榮洙 譯解

⑨ 史記列傳 I
   司馬遷 / 權五鉉 譯解

⑩ 史記列傳 II
   司馬遷 / 權五鉉 譯解

⑪ 栗谷의 思想
   金榮洙 譯解

⑫ 內 訓
   昭惠王后 / 李民樹 譯解

⑬ 千字文
   周興祠 / 朴晌大 譯解

⑭ 孫子兵法
   孫 武 / 孟恩彬 譯解

⑮ 明心寶鑑 365日
   范立本 / 趙洙翼 譯解

⑯ 漢文總論
   朴晌大 編著

⑰ 小 學
   朱熹 / 朴晌大 譯解

⑱ 牧民心書
   丁若鏞 / 趙洙翼 譯解

⑲ 孝 經
   朴晌大 譯解

⑳ 周 易
   朴晌大 譯解

㉑ 書經新講
   柳正基 講術

㉒ 論語新講
   柳正基 講術

㉓ 孟子新講
   柳正基 講術

㉔ 禮記新講
   柳正基 講術

Ⓤ 일신서적출판사   12 1 -8 5 5 서울시 마포구 신수동 177-3호
TEL (02)703-3001~5 / FAX (02)703-3009

完譯版 世界 名作100選

번호	제목	저자	번호	제목	저자
54	안네의 일기	안네 프랑크	83	오만과 편견	제인 오스틴
55	달과 6펜스	서머셋 모옴	84	설 국	가와바타야스나리
56	나 나	에밀 졸라	85	일리아드	호메로스
57	목로주점	에밀 졸라	86	오디세이아	호메로스
58	골짜기의 백합(外)	오노레드 발자크	87	실락원	J. 밀턴
59 60	마의 산 I II	도스토예프스키	88	나의 라임오렌지나무	바스콘셀로스
61 62	악 령 I II	도스토예프스키	89	서부전선 이상없다	E.레마르크
63 64	백 치 I II	도스토예프스키	90	주홍글씨	A. 호돈
65 66	돈키호테 I II	세르반테스	91 92 93	아라비안 나이트	
67	미 성 년	도스토예프스키	94	말테의 수기(外)	R.M. 릴케
68 69 70	몽테크리스토백작 I II III	알렉상드르 뒤마	95	춘 희	알렉상드르 뒤마
71	인간의 대지(外)	생텍쥐페리	96	사랑의 기술	에리히 프롬
72 73	양철북 I II	G. 그라스	97	타인의 피	시몬느 보브와르
74 75	삼총사 I II	알렉상드르 뒤마	98	전락 · 추방과 왕국	A. 카뮈
76	크리스마스 캐럴	찰스 디킨스	99	첫사랑 · 아버지와 아들	
77	수레바퀴 밑에서(外)	헤르만 헤세	100	아Q정전 · 광인일기	루 쉰
78	셰익스피어의 4대 비극	셰익스피어	101 102	아메리카의 비극	드라이저
79 80	쿠오 바디스 I II	솅키에비치	103	어머니	고리키
81	동물농장 · 1984년	조지 오웰	104		
82	도리안 그레이의 초상	오스카 와일드	105 106	암병동 I II	솔제니친

일신서적출판사

121-110 서울 마포구 신수동 177-3 호
공급처 : ☎ 703-3001～6, FAX : 703-3009

完譯版　世界　　名作100選

1	누구를 위하여 종을 울리나	E. 헤밍웨이	25	백 경	허먼 멜빌
2	폭풍의 언덕	에밀리 브론테	26	죄와 벌	도스토예프스키
3	그리스 로마신화	T. 불핀치	27 28	안나 카레니나 I II	톨스토이
4	보바리 부인	플로베리	29	닥터 지바고	보리스 파스테르나크
5	인간 조건	A. 말로	30 31	카라마조프가의 형제 I II	도스토예프스키
6	생의 한가운데	루이제 린저	32	마지막 잎새	O. 헨리
7	분노의 포도	존 스타인 백	33	채털리부인의 사랑	D.H. 로렌스
8	제인 에어	샤일럿 브론테	34	파우스트	괴 테
9	25時	게오르규	35	데카메론	보카치오
10	무기여 잘 있거라	E. 헤밍웨이	36	에덴의 동쪽	존 스타인 백
11	성	프란시스 카프카	37	신 곡	단 테
12	변신/심판	프란시스 카프카	38 39 40	장 크리스토프 I II III	R. 롤랑
13	지와 사랑	H. 헤세	41	마 음	나쓰메 소세키
14 15	인간의 굴레 I II	S. 모옴	42	전원교향곡·배덕자·좁은문	A. 지드
16	적과 흑	스탕달	43 44 45	레 미제라블	빅토르 위고
17	테 스	T. 하디	46	여자의 일생·목걸이	모파상
18	부 활	톨스토이	47	빙 점　　48 (속)빙 점	미우라 아야꼬
19 20	바람과 함께 사라지다 I II	마가렛 미첼	49	크눌프·데미안	H. 헤세
21	개선문	레마르크	50	페스트·이방인	A. 카뮈
22 23 24	전쟁과 평화 I II III	톨스토이	51 52 53	대 지 I II III	펄 벅

일신서적출판사

121-110 서울 마포구 신수동 177-3호
공급처 : ☎ 703-3001～6, FAX : 703-3009

東洋古典百選 · 12

內 訓

著 者:昭惠王后 韓氏
譯解者:李 民 樹
發行者:南 溶
發行所:一信書籍出版社

주소:121-110
　　서울 마포구 신수동 177-3
등록:1969. 9. 12. NO. 10-70
전화:영업부/703-3001~6
　　　편집부/703-3007~8
　　　FAX/703-3009